南京大学民族与边疆研究丛书

美国殖民统治时期菲律宾边界史研究

（1898-1946）

王　胜◎著

上海三联书店

　　维护中国在南海的历史性权益是近年来以及未来相当长时间内中国外交实践和国际关系研究领域的重要任务。由于人类海洋活动的困难、历代政权对海洋不够重视等原因，特别是在中国诸多历史资料中，对南海岛礁分布、中国人在南海岛礁上的开发经营、管理维护等做系统描述的文字留世不多，错讹时出，因此中国历史性权益的确定和足够历史证据的发掘，仍然是中国国际关系研究和边疆研究面临的巨大挑战。

　　王胜于 2013 年入南京大学元史研究室，在我的指导下攻读博士学位。王胜入学后，抓住南海周边诸多原殖民地国家摆脱殖民统治、形成为主权国家的历史，辟出蹊径，以菲律宾现代主权国家及其疆域的形成为个案，探讨原殖民国家在南海的活动及其对南海某一地区和国家的历史控制及相关国际条约，讨论殖民地国家在二战后摆脱殖民统治、形成现代主权国家的过程中，其疆域的确定及相关国际条约，从现代国际秩序形成的视角出发，讨论南海相关现代国际秩序的形成及相关主权国家对南海历史性权益声索的有限性。这样的视角和研究，对了解和支持中国在二战后当时的国际秩序中划定南海断续线，声明中国在南海的历史性权益，非常重要。具体而言，王胜本书以美国殖民统治时期菲律宾边界的形成为主要讨论对象，研究 20世纪上半叶美国殖民统治时期菲律宾边界，尤其是岛屿边界的形成演变，否定了菲律宾提出的种种南海历史性权益的依据，从侧面为中国主张的南海历史性权益提供支撑。更为重要的是,由于美国是菲律宾边界形成中的重要行为者,本研究也揭示了美国外交在南海问题上的前后矛盾立场,有利于我外交上的对美交涉。从王胜在博士研究期间即能够发表多篇相关论文看,国内学术界对这样的研究视角和成果,是认可的。

本研究的一个重要特色是利用了多种档案材料,包括 1898 年《美西巴黎和平条约》《1896—1900 年西班牙外交信函和文件》《美国对外关系文件集(1907—1929)》《菲律宾国家领土:相关文件汇编》以及美国国家档案馆所藏岛务局涉黄岩岛档案、日本国家档案馆亚洲历史资料中心所藏外务省涉菲律宾边界外交文献等。其中特别值得一提的是,美国岛务局档案中关于 1937—1938 年美菲内部对"菲律宾条约界限"是否还有可变性的讨论,档案背后反映的条约界限可变性问题与黄岩岛的关系非常重要,目前国内学术界较少关注,本书做了较仔细的分析。

中国统一多民族国家是经过漫长、曲折的历史发展而最终形成的。只有避免简单的公式化言说,实事求是地分析材料,寻找合理的阐释路径,才能科学地讲述好这一伟大的历史进程,才能讲好中国故事。王胜本书以较合理的研究视角和观点,为南海问题的研究做出了贡献,也提供了深入讨论的基础。我祝贺王胜书的出版,也期盼他取得更多的成绩!

是为序。

华　涛

2022 年 8 月 8 日于南京

目 录 CONTENTS

绪论

第一节　概念界定

一、边界

本课题研究 1898 年美西战争后至 1946 年菲律宾独立前,即美国殖民统治菲律宾时期美属菲律宾的岛屿边界与海洋边界及其形成史。根据商务印书馆版《现代汉语词典(2002 年增补本)》,边界系指"地区与地区之间的界线,多指国界,有时也指省界、县界"(第 74页);国界则指"相邻国家领土的分界线"(第 481 页);另外汉语中还存在"疆界"一词,指"国家或地域的边界"。可见,边界、国界与疆界均有指称一国与另一国领土分界线的含义,本书使用"边界"一词。其与"疆域"的区别是:后者强调国家领土的面积大小,与"疆土"皆指陆地。① 换言之,"边界"与"疆域"的显著区别在于,前者强调的是

---

① 参见方堃:《中国海疆史研究的几个问题》,《中国海洋大学学报(社会科学版)》2022 年第 1 期,注释 3;张炜:《中国海疆史研究几个基本问题之我见》,《中国边疆史地研究》2001 年第 2 期。

一条线,后者则指代一块区域。①

　　自然资源部地图技术审查中心在对"国家边界"进行定义时阐述更详尽:"国家边界也叫国界、疆界,指划分一个国家的领土与另一个国家的领土、一个国家的领土与公海以及国家领空和外层空间的界线。这条界线上通常有界碑、界墙等实际存在的标志物,但有时只是一条可以表示在地图上的假想线。"边界还分为陆地边界、海上边界、空中边界和地下层边界:"把一国领陆与毗连的另一国领陆隔开的界线,是该国的陆地边界;把一国领海与毗连的另一国领海或公海隔开的界线,是该国的海上边界;垂直于一国陆、海边界之上的假想平面,则构成该国的空中边界;这个假想平面向地下延伸,则构成该国的地下层边界。"②

　　国际法对边界也有明确规定。国家边界是确定国家领土范围的界限,是划分一国领土与他国领土、一国领土与公海或专属经济区以及一国领空与外层空间的界线。与国家领土的组成部分相适应,国家边界可以分为陆地边界、水域边界(界河、界湖、领海)、空中边界和地下边界。国家边界具有十分重要的法律意义。边界标示着国家领土的范围和国家行使领土主权的界限,是维护国家领土主权的屏障。相邻国家通过缔结划界条约来确定边界线是当今普遍采用的方式。③

　　按照上述定义与分类法,本书将研究对象与范围限定在:(1)研究美属菲律宾边界线;(2)仅研究美属菲律宾的陆地边界(岛屿边界)和海上边界,不涉及空中边界和地下层边界。

---

① 参见秦树才、马亚娜著:《疆域、历史疆域与中国历史空间范围讨论的反思与辨析,关于"疆域"概念的辨析部分》,《思想战线》2021 年第 1 期。
② 地图技术审查中心,"版图与边界",2010 年 5 月 11 日,参见 https://www.zrzyst.cn/gjbtdtzs/400.jhtml。
③ 李寿平等主编:《国际公法教程》,北京:对外经济贸易大学出版社,2007 年,第 43—45 页。

现有研究表明,边界还包括两个层面的内容:划界(delimited)和标界(demarcated)。民国时期学者董绍良就已指出,国界包括两个层面的内容,内涵各异。国界的形成,有两步骤:一为"立界"(delimitation,本书翻译为"划界"),二为"划界"(demarcation,本书翻译为"标界")。前者乃条约的工作,政治家尤其是外交官之事……对界区之地形,居民种种情形,认识清楚,此乃地理家与工程师的工作……现在我们在地图上所看到的界限,或以颜色分辨,或以线条表示,只是条约上的"立界",并非国界之真相……国界的真实情形,乃一区域,名"边疆",或"边地"较为适当。在这边疆上,组织健全的国家,为求国家的安全,彼此皆有特殊的组织,如营房,如炮台,如海关,如交通机关等。[1] 国际法对这方面的定义则是:根据边界条约来划界一般要经过以下步骤:定界、划界、标界、制定边界文件等。因此,本书研究主题将进一步聚焦于美属菲律宾的定界、划界而不涉及标界问题。

边界在英语中对应的单词是 boundary。牛津在线词典对其解释是"一条标记某物界限或边缘的真实或想象的线,以与其他物体或地点向分隔开来;一条分隔线"(a real or imagined line that marks the limits or edges of something and separates it from other things or places; a dividing line)。因此用于国家领土场合时,其就表示一条分隔两国领土的分界线,或将一国的领土与另一国领土相区别开来。英语中与"边界"相关联的词语,还有"边境"(frontier)和"国界"(border)。[2] 对边界、边境和国界的含义与区别,及划界(delimited)与标界(demarcated)的含义,英语世界的学者已做了大量研究。这

---

① 董绍良:《国家与国界》,《统一评论》1937 年第 7 期,第 1—3 页。

② boundary、frontier 和 border 三个词汇翻译成中文时均有"边界""国界"的意思,本书为行文方便,根据下文提及的西方学者对其作出的含义区分,分别将它们译作"边界""边境""国界"。

里不妨简单做一概述。

威斯特伐利亚体系建立以后,地图、条约和定义明确的边界成为西方领土观的重要组成部分。[1] 早在 1895 年德国政治地理学家拉采尔(Ratzel)就提出国家有机体学说,认为边界相当于一国的皮肤。不过第一次世界大战以前,学者并未对"边界"和"边境"两词作出区分,比如寇松 1907 年在关于边境(frontier)的演讲中未提及两词有何差异,而莱德(L. W. Lyde)教授和霍尔迪奇(Sir T. H. Holdich)则将两词含义等同。[2] 20 世纪 20 年代以后,随着民族自决理念深入人心,民族国家概念中所牵涉的主权、边界等问题更引人关注,学者对边界问题的研究也更为深入,两词含义随之日益清晰明朗。[3] 1918 年福塞特(Fawcett)认为:"边境(frontier)表示一块区域,边界(boundary)是指一条线。划界,是在地图和外交文件中定义一条边界的过程;而标界,是将边界在实地进行标记。"[4]1940 年美国著名地理学家博古斯(S. Whittemore Boggs)谈及两词区别时说:"边界(boundary)表示一条线,比如在条约、仲裁裁决或边界调查委员会报告中被定义为从一点到另一点。边境(frontier)实际上更倾向于是一块地区或区域(region or zone),有宽度和长度。"[5]

1968 年阿拉斯泰尔·兰姆(Alastair Lamb)又说:"边界

① Robert L. Solomon, *Boundary Concepts and Practices in Southeast Asia*, Santa Monica: The Rand Corporation, 1969, p. 5.

② 参见:J. R. V. Prescott, *The Geography of Frontiers and Boundary*, London: Hutchinson University Library of Geography, 1965, pp. 9-32。

③ Douglas M. Johnston, *The Theory and History of Ocean Boundary-Making*, Kingston & Montreal: McGill-Queen's University Press, 1988, p. 3. 作者还在第一章注释 2 部分,对法语、德语中的边界概念进行了界定。

④ C. B. Fawcett, *Frontiers: A Study in Political Geography*, Oxford: At the Clarendon Press, 1918, p. 6.

⑤ S. Whittemore Boggs, *International Boundary: A Study of Boundary Functions and Problems*, New York: Columbia University Press, 1940, p. 22.

(boundary)能够在地图上明确地以一条线进行标记。如果边界能够在地图上展现,并且确定为主权国家所接受,那么边界就已划界了(delimited)。如果边界也在实地进行标记了,那么就说其已标界(demarcated)。实际进行标界就意味着不存在争议了。边境(frontier),是一块区域而不是一条线,它是分隔两个主权国家中心区的一片土地。”①进入新世纪,李大卫(David Lee)在其著作中也强调了两词的含义与区别,并对“划界”“标界”有所说明:边界(boundary)可以定义为“在地图上能够标记出一条线以明确区分主权国的分界”。如果国家接受一条边界,即使他们没有实地完成竖桩立碑任务,那么这条边界就被认为是划界(delimited)。如果边界也实地标记了,那么它将被视作已完成标界(demarcated)。其与边境(frontier)的区别是,边境有时被理解成一块区域(zone)而不是一条线(line)——作为分隔两主权国中心区的陆上地带(as tracts of land separating the centers of two soverergnties)。②

克里斯托夫(Ladis K. D. Kristof)1959 年在《边界与边境的性质》一文中,对边境和边界的性质作了比较详细地分析,指出“前者更多是自然形成的结果,或至少是临时作出处理的产物,而后者是根据系列偏好和身边的机会作出有意识选择后,通过一种更加理性、更多的协调行动,使边界得以固定并产生效力”③。“边界是内向的(inner-oriented),有向心的(centripetal)功用,其划分并分隔国与国间的边

① Alastair Lamb, *Asian Frontiers: Studies in a Continuing Problem*, London: Pall Mall Press, 1968, pp. 4-6.
② David Lee, *Historical Survey of Borders in Southeast Asia*, In James Clad, Sean M. McDonald & Bruce Vaughn ed., *The Borderlands of Southeast Asia: Geopolitics, Terrorism, and Globalization*, Washington: National Defense University Press, 2011, p. 60.
③ Ladis K. D. Kristof, "The Nature of Frontiers and Boundaries", *Annals of the Association of American Geographers*, Vol. 49, No. 3, 1959, pp. 269-282.

界,是强化了一国的领土完整;而边境是外向的(outer-oriented),有离心的(centrifugal)特性,表面上适应并整合不同的栖居区(ecumenes),却又挑战着一国对该区的控制能力。"①

澳大利亚地理学家维克多·普莱斯考特(Victor Prescott)又将国界(border)一词纳入,讨论中认为术语 boundary,frontier,border都有边界的意思,但也有区别,"boundary 是指一条线(line),而后两者更倾向于是不同类型的区域(area)"。即前者和后两者是一种"线"与"面"的关系。普莱斯考特还对涉及领土边界的另外几个概念进行了解释,实际上这也是现代一国领土边界发展的四个阶段:"术语分配(allocation)、划界(delimitation)、标界(demarcation)和管理(administration),经由拉帕德尔(Lapradelle)和琼斯(Stephen B. Jones)的贡献其已有精准含义。分配是指两国最初政治上的分配。划界是指一条边界的选址(site),并给出具体的定义。标界则指实地设立边界石碑。管理则涉及维持这些边界石碑与存在的边界一样长久。"②

综上所述,边界(boundary)系指一条线,在外交文件和地图中可以展示出来,而边境(frontier)和国界(border)则是一块区域。边界又涉及划界和标界问题,前者只是在文件和地图上显示,后者则是要具体到实地,以立碑标桩为主要标志。

上述学者中也有人指出了陆上边界和海上边界的差异。博古斯说:"无论陆地边界有多么复杂,其都能通过一条完整的路线进行标记,且任何有必要的时候就能进行标记。不过水上边界却有其特定的问题,包括定义和标界。水上边界的定义通常在表达时涉及它们

---

① Jussi P. Laine, *A Historical View on the Study of Borders*, In Sergei V. Sevastianov, Jussi P. Laine & Auton A. Kireev ed., *Introduction to Border Studies*, Vladivostok: Dalnauka, 2015, pp. 28 – 29.

② Victor Prescott, Gillian D. Triggs: *International Frontiers and Boundaries: Law, Politics and Geography*, Leiden & Boston: Martinus Nijhoff Publishers, 2008, p. 12.

的向陆边缘,海岸线的改变既有垂直的,也有水平的。标界问题也是独特的,一般来说,部分是因为实践上很少标记水上边界的转折点,陆地上使用立碑和电灯来标界的方法通常不合适它们。"①

普莱斯考特则依据 1982 年形成的《联合国海洋法公约》的相关规则,对陆上边界和海上边界作了更为详细的区分。他说:"陆地边界与海洋边界的区别有四:第一,1958 年和 1982 年的海洋法还存在一些划界不太精准的规则,且划界更多是一种技术活,涉及海岸线、海床,以及适当考虑一些微小岛屿和低潮高地。陆地边界划定时更多突出历史与文化因素,而海洋边界很少涉及这些。第二,陆地边界经常使用一条线划界或标界。而海洋边界,海洋法允许沿岸国单方面划定内水、领海、群岛水域和海底边界。第三,海洋边界比陆地边界更容易被渗透。第四,不像陆地边界,海洋边界很少标界。所有的海洋边界都是由直线基线或圆弧(arcs of circles)确定,而一些陆地边界常常是一条不规则的线。不像陆地边界,海洋边界很少通过战争手段来解决。"②因此,根据普莱斯考特对海洋边界的阐述,海洋边界涉及多条,比如内水、领海等,常呈半弧状,其很少采取类似于陆地边界那样的标界行动。

综合上述与边界相关的中英文词语与用法,本书所研究的边界系指外交文件和地图上显示的一条线,而不涉及地区或区域的边境和国界。具体至美属菲律宾边界,就是研究其在外交文件、地图上呈现出来的所谓的"菲律宾条约界限",而不是菲律宾的岛屿和海洋面积。由于本书研究的对象美属菲律宾边界,既涉及陆地,也牵涉海

① S. Whittemore Boggs, *International Boundary*: *A Study of Boundary Functions and Problems*, New York: Columbia University Press, 1940, p. 176.

② Victor Prescott, Gillian D. Triggs: *International Frontiers and Boundaries*: *Law, Politics and Geography*, Leiden & Boston: Martinus Nijhoff Publishiers, 2008, pp. 13 – 14.

洋,因此本课题将研究对象和范围最终限定在以下方面:第一,研究美属菲律宾的陆地边界,即岛屿边界及其形成史;第二,研究美属菲律宾的海上边界,不涉及空中边界和地下层边界;第三,研究美属菲律宾边界的定界、划界,而不关注其标界。换言之,本书研究对象既涉及岛屿边界(land boundary),也涉及海洋边界(maritime boundary),但只研究"线"而不涉及"面";只研究"划界"而不涉及"标界"。

二、"菲律宾"之相关概念

菲律宾(Philippines),作为主权国家,今天全称为"菲律宾共和国"(The Republic of Philippines),位于亚洲东南部西太平洋赤道与北回归线之间,即北纬 4°23′～21°25′、东经 116°40′～127°之间。北隔巴士海峡与中国台湾省遥遥相望,南面、西南隔苏拉威西海、苏禄海和巴拉巴克海峡与印度尼西亚、马来西亚相望,西濒中国南海,东临太平洋,扼亚洲、澳洲大陆及东亚、南亚国家之间的交通要道。群岛共计有大小岛屿 7107 个,其中有名称者 2800 个。国土总面积 30.02 万平方公里,南北长 1851 公里,东西宽 1107 公里。[①]

从地理构造上看,菲律宾群岛大致由三部分组成,即吕宋群岛、米沙鄢群岛和棉兰老群岛。星罗棋布的岛屿使得菲律宾国土呈现出一种不规则的形状,著名的菲律宾地理学家弗斯蒂诺(Faustino)将其形容为一只坐在地上的上身稍向前倾斜的树懒,"吕宋就是其头和肩膀,米沙鄢就是颈椎和肋骨,棉兰老岛如同骨盆,巴拉望恰如前肢,苏禄则为后腿"[②]。今天的菲律宾独立于 1946 年,此前该地为美国的殖

[①] 马燕冰、黄莺:《菲律宾》,北京:社会科学文献出版社,2007 年,第 1 页。

[②] Leopoldo A. Faustino, *The Natural Resources of the Philippine Islands*, Manila: Oriental Commercial Company, 1928, pp. 3 - 4. 转引自,邱普艳:《西属菲律宾前期殖民统治制度研究:从征服到 17 世纪中期》,昆明:云南美术出版社,2013 年,第 17 页。

民地,1898 年前其又是西班牙的殖民地。故而此地理区域以"菲律宾"之名存世经过了西班牙属菲律宾(1521—1898)、美国属菲律宾(1898—1946)、独立后的菲律宾(1946 年至今)三个阶段。本研究主要针对美国殖民统治菲律宾这一时段。

"菲律宾"一名是西方殖民的产物。1543 年,为表达对西班牙亲王菲力普的敬意,西班牙探险家德·维拉洛博斯(Ruy Lopez de Villalobos)将西班牙属"西部群岛"中的萨马岛(Samar)命名为"菲律宾那"(Felipina)。① 在给葡萄牙人的通信中,维拉洛博斯又将萨马岛周边的岛屿群以复数形式命名为"菲律宾那斯"(Las Felipinas)。② 这一名称最早出现于 1554 年威尼斯出版的一幅稀有地图上,该图附录于意大利地理学家焦旺尼拉穆肖所著《各处航海与航海术》一书的第二版。③

中国古代文献对菲律宾吕宋岛一带地理也有记载。在中国宋元时代史籍中,今天的吕宋岛和民多洛岛一带常被称作麻逸、摩逸,三岛、三屿,蒲哩噜(今马尼拉)。④ 据载,麻逸商人在宋太平兴国七年(公元 982 年)已载宝货至广州海岸贸易。⑤ 这时中文史籍中的"麻逸"一般指今天的民多洛岛以宁(Ilin)一带,但其广义上的指代区域仍不会溢出今天吕宋岛的西部。明代张燮撰《东西洋考》有"吕宋"专条,并列其属国有:大港(今吕宋岛北部阿帕里港,Aparri),

---

① David P. Barrows, *A History of the Philippines*, New York: World Book Company, 1914, p. 118.

② E. H. Blair & J. H. Robertson, *The Philippine Islands*, *1493 - 1898*, Vol. 3, Cleveland: The Arthur H. Clark Co., 1903, pp. 192 - 194.

③ 转引自,[菲]格雷戈里奥·F. 赛义德:《菲律宾共和国:历史、政府与文明》(下册),温锡增译,北京:商务印书馆,1979 年,第 8 页。

④ 赵汝适著、杨博文校释:《诸蕃志校释》,北京:中华书局,1996 年,第 141—146 页。

⑤ 见《文献通考·四裔考》"阇婆"条。另参见,汪大渊著、苏继顾校释:《岛夷志略校释》,北京:中华书局,1981 年,第 23—33 页。

南旺(今吕宋岛北部),玳瑁港(今吕宋岛西部博利瑙港南部),吕蓬(吕宋以南之卢邦岛,Lubang),磨荖央(今吕宋岛南部八打雁省西南部之巴拉央,Balayano),以宁(今民多洛岛港口,Ilin),屋党、朔雾(今宿务),并将吕宋与苏禄、猫里务(今菲律宾布里亚斯岛,Burias Island),沙瑶呐(今菲律宾棉兰老岛达比丹 Dapitan 一带)并举。① 据此可知,明人所指吕宋的范围最远可达今宿务岛一带,但不包括米沙鄢群岛的东侧、南部的棉兰老岛,以及巴拉望岛。与麻逸相比,其范围有所扩大。

　　因菲律宾位处中国古代舟船的"东洋"航路上,中国舟师、船员及商贾最先接触的是吕宋岛的西部,因此无论是宋元之际的"麻逸"还是明代以后的"吕宋",中国人对之地域了解大抵集中于吕宋岛西部沿岸地区及其周围岛屿。这与西班牙"东来"首先接触菲律宾群岛东部区域的萨马岛、宿务岛、莱特岛正好相反。中国人笔下的"麻逸"或"吕宋"主要以马尼拉湾为中心逐渐向南扩展,而西班牙人意象下的"菲律宾那"则是以萨马岛为中心向北逐渐扩展的。根据《东西洋考》中"东洋针路"的记载,当时明代中国人对"吕宋"一词所指的最大范围,应仅限于吕宋岛、民多洛岛、班乃岛、宿务岛,可能及至甘马粦一带,但似未及米沙鄢群岛的东部岛屿,即西班牙人最先接触的萨马岛、莱特岛等。因此,不能将"吕宋群岛"意指的范围与西班牙早期的"菲律宾群岛"等同。

　　西班牙人占领马尼拉后,菲律宾群岛(Philippine Islands)的范围开始逐渐指代北迄巴坦群岛、南至苏禄群岛和巴拉望岛的整个群岛,并成为西班牙人在东南亚海岛殖民地的代名词。例如,这时由西班牙殖民当局监制或私人编绘的菲律宾群岛地图,大抵已将菲律宾群岛用来指代北至巴坦群岛、南抵苏禄群岛,大抵等同于当今菲律宾国

① 张燮著、谢方点校:《东西洋考》,北京:中华书局,1981 年,第 95—96 页,附录地名。

家领陆范围这一片区域。① 然而从法律意义上讲,直至 19 世纪中叶西班牙当局与苏禄苏丹签订吞并苏禄的条约时,才真正形成今天意义上的菲律宾群岛的雏形。

1851 年 4 月 30 日,苏禄苏丹穆罕默德·普拉伦(Mohammed Pulalun)与西班牙三宝颜(Zamboanga)军政总督卡洛斯(José Maria de Carlos)签订的"苏禄苏丹国并入西班牙王国"条约第三款规定"苏禄岛及其附属岛屿已经并入西班牙王国,那里的居民已成为大西班牙家庭的一员,他们居住在大菲律宾群岛(Vast Philippine Archipelago)","整个苏禄群岛作为菲律宾群岛的一部分"。② 不过,即便如此,菲律宾群岛的范围此后通常情况下仍仅指代基督教化的北方,而不包括南部穆斯林地区,以至于西方文献中有时会出现一个叫作"菲律宾本部"(Philippine Proper)的地方,其就专指基督教化的北方。1898 年美西战争后,当美方向西班牙提交关于割让菲律宾群岛的草案时,西班牙政府认为美国所立界限"不但包括菲律宾群岛,而且还包含巴拉望岛、苏禄群岛、棉兰老岛,甚至巴坦群岛和巴布延群岛"。③ 显然,当时西班牙人眼中的菲律宾群岛与南部穆斯林地区仍是并列而非隶属的两个地理单元。

可以说,西班牙统治时期,"菲律宾群岛"这一符号有着截然不同的两种含义,表现在地理层面和政治层面。地理菲律宾群岛系指地理学范畴内由分布于特定海洋区域内的岛屿群组合而成的地理空间。具体而言,是由中国南海、苏禄海、太平洋包围的巴坦群

---

① 参见:Philippine-Spanish Friendship Day Exhibit, *Three Hundred Years of Philippine Maps 1598 - 1898*, Manila:Metropolitan Museum of Manila,2012。

② Najeeb M. Saleeby, *The History of Sulu*, Bureau of Science Division of Ethnology Publications, Volume Ⅳ, Part Ⅱ, Manila:Bureau of Printing, 1908, pp. 210 - 213。

③ *Spanish Diplomatic Correspondence and Documents 1896 - 1900*, Washington:Government Printing Office,1905, p. 310。

岛、吕宋岛、米沙鄢群岛、巴拉望岛、棉兰老岛、苏禄群岛等诸岛屿组合而成的地理空间。其北部界限由 1895 年西班牙与日本签定的东京条约所定,南部界限则由 1885 年西班牙、英国和德国所签马德里条约所定。在 19 世纪末美西战争前,某种程度上,它是作为一块可由西班牙掌控的、优先于他国扩张势力范围的地理存在。政治菲律宾群岛则指西班牙实际控有的领属空间,也就是基督教化的北方,在该区域内西班牙已建立起一套较为完善的殖民统治体系,包括建立殖民机构、对土著居民征收赋税、维持一支常驻军队、设立天主教布道所、开展文教事业等。地理菲律宾群岛与政治菲律宾群岛事实上不一致,使得西属菲律宾群岛还处于一种"有界无疆"的状态。

地理菲律宾群岛后来被转让给美国。1898 年美西战争后,双方于巴黎签订美西和约(*Treaty of Peace between the United States and Spain*),规定将西班牙属菲律宾群岛割让给美国。1900 年双方又于华盛顿签订《美西割让菲律宾偏远岛屿条约》(*Treaty for Cession of Outlying Islands of the Philippines between the US and Spain*,简称 1900 年美西华盛顿条约),规定将锡布图岛和卡加延苏禄岛纳入菲律宾群岛。1930 年美国又与英国在华盛顿签订《美英间关于菲律宾及北婆罗洲边界条约》(*Treaty Between the US and the UK concerning the Boundaries of the Philippines and North Borneo*,简称 1930 年美英华盛顿条约),规定将茫西群岛和海龟群岛划归菲律宾。1928 年美荷通过国际仲裁将巴黎和约规定的隶属于菲律宾群岛的帕尔马斯岛划归荷属东印度。经过上述三个国际条约和仲裁,美国最终确立了菲律宾群岛的岛屿边界,也就是所谓的"菲律宾条约界限"(Philippine Treaty Limits)或称"国际条约界限"(International Treaty Limits),该边界又为 1946 年独立后的菲律宾共和国所继承。上述过程实际上就是对由 1885 年马德里条约和

1895 年东京条约确立的地理菲律宾进行交割与细化的表现。在此过程中,经过美菲统治精英的努力,特别是经由一系列顶层设计与整合,政治菲律宾与地理菲律宾日趋一致,美属菲律宾群岛开始呈现出"有界有疆"状态。

第二节　研究现状

一、国外有关菲律宾边界的研究

截至目前,前东盟秘书长、菲律宾人罗多夫·塞韦里诺(Rodolfo C. Severino)较为全面地对菲律宾的领土问题展开了研究。其研究主题虽未直接围绕菲律宾边界展开,但论述本身却与美属菲律宾边界大有关联,因为领土与边界正如钱币的两个面一般,彼此依存,不可割裂。在 2011 年出版的专著《菲律宾在世界何方? 其国土争论》(*Where in the World is the Philippines? Debating its National Territory*)中,作者以时间为主轴,叙述了自西班牙时代,尤其是美国占领以来菲律宾领土的发展演变进程,以及独立后菲律宾宪法等法律文件对国家领土的相关规定。同时作者也关注菲律宾与周边国家——马来西亚与中国分别在沙巴州和南海内部分岛礁问题上的领土争端,及相关海域划界争议。作者最后还展望了在《联合国海洋法公约》框架下相关争端解决的可能性。

在第二章殖民遗产(The Colonial Legacy)部分,作者注意到 1898 年巴黎条约和 1900 年华盛顿条约对菲律宾国家领土形成的重要性,尤其是条约对棉兰老岛和苏禄岛并入菲律宾,作出了明确规定,"美西 1898 年和 1900 年条约使菲律宾群岛的地理统一性得以正式化,除了部分菲律宾穆斯林外,其政治上的完整性开始深入菲律宾人心和美国人的政策之中"。对菲律宾北部巴坦群岛的归属问题,亦即巴黎条约规定菲律宾北部界限为北纬 20 度抑或北纬 21 度 30 分问题,作者在文中认为是当时美西双方犯了"错误"才将巴黎和约中菲律宾北部界限确定为北纬 20 度,其原因,"无疑是源自西班牙的档案数据(有误),某种程度上可以追溯至西班牙的体制问题"。为了避免人们对菲律宾北部边界产生困惑,应将北纬 21 度 30 分对应的巴士海峡中间线作为菲律宾实际边界。

尽管作者已指出 20 世纪上半叶三个国际条约是菲律宾国家边界形成的重要法律依据,特别是在整合棉兰老岛和苏禄群岛并入菲律宾国家过程中所起到的决定性作用,但作者没有、也不愿注意到由三个国际条约所确立的"菲律宾条约界限",已然确立了美属菲律宾的岛屿边界,其后为独立的菲律宾所继承,从而奠定了现代菲律宾国家的陆地领土边界。由"菲律宾条约界限"圈定的岛屿才是现代菲律宾的合法领陆,这显然不包括界限之外的南海诸岛。然而出于自身的立场,在谈及中菲南海岛礁争议问题时,作者只是片面强调菲律宾在相关岛屿的行动是为了"减少菲律宾国家威胁",却避而不谈其是否符合菲律宾边界,尤其是美国统治时期菲律宾边界的形成史。

在书中作者还认为巴黎条约中的"boundary"一词,意味着西班牙不仅将菲律宾群岛的岛屿割让给了美国,亦将线内的水域作为菲律宾群岛的"领海"(territorial waters)转移给了美国。[①] 作者将线内所有水域一并转让给美国的说法是站不住脚的,因为哪怕至 20 世纪早期,国际法上通行的领海宽度只是 3 海里,最多不超过 12 海里。当时对菲律宾群岛拥有处置权的西班牙和美国双方也不可能将线内的水域进行物化交易。然而,作者将该词理解成"边界"并将线内水

---

① Rodolfo C. Severino, *Where in the World is the Philippines? Debating its National Territory*, Singapore: Institute of Southeast Asian Studies, 2011, pp. 19 - 20.

域视作菲律宾领海的说法,还获得了任职于澳大利亚卧龙岗大学法律系、澳大利亚国家海洋资源与安全中心的菲律宾裔澳大利亚人巴迪斯塔(Lowell B. Bautista)的支持。不同的是,后者强调以"历史性权利"(historic rights of title)为由,声称条约界限内的水域为菲律宾所有。其具体理由是:

(1)同时代或以后(的国家)对巴黎条约正式批准美国享有线内所有领土和领海(sea territory)的主权都没有异议;(2)菲律宾早在1955年即向联合国秘书长提交了一份主旨为"条约界限内水域皆为菲律宾领海"的照会(note verbales),当时未引起任何国家的抗议;(3)20世纪以后几乎所有为人所知的菲律宾地图均绘制了菲律宾条约界限,并描绘了"菲律宾的领土管辖范围"。由于上述三个理由的存在:"菲律宾宣称拥有条约界限内陆地与水域的历史权利具有合法性。"[1]在2010年其博士论文《国际法上菲律宾条约界限与领水主张的法律地位:国内和国际法视角》一文中,巴迪斯塔从法律角度对菲律宾条约界限的性质与菲律宾的领水主张问题有更为详细的分析。[2]

菲律宾将条约界限内所有水域视为菲律宾领海的说法毫无疑问遭致了他国学者的反对。例如,印度尼西亚资深外交官、联合国第三次海洋法会议印尼代表团副主席、印尼国家海洋委员会成员哈希姆·贾拉尔(Dr Hasjim Djalal)赞同很多观察者的意见,认为1898年的巴黎条约线从根本上说是一条"分配线"(allocation line),意味着

---

[1] Lowell B. Bautista, "Philippine Territorial Boundaries: Internal Tensions, Colonial Baggage, Ambivalent Conformity", *Journal of Southeast Asian Studies*, Vol. 16, December 2011, pp. 35 – 53.

[2] Lowell B. Bautista, *The legal status of the Philippine Treaty Limits and territorial waters claim in internayional law: national and international legal perspective*, doctor thesis, Wollongong: Australian National Centre for Ocean Resources and Security, 2010.

线内的岛屿被西班牙转让给了美国,而非一条"领土线"(territorial line),因为那时西班牙并不对菲律宾群岛之外的广阔海域享有"主权"。因此,西班牙不可能转让相应的海域。[①]

显而易见,对菲律宾条约界限内水域性质作出定位,不仅仅需要参考 1935 年菲律宾实行自治以来政府颁发的法律法规和具体实践,更需要依据签署形成"菲律宾条约界限"的边界条约制定者所秉持的意图来研判。参与形成"条约界限"的当事方美国、西班牙和英国而非菲律宾,才对条约界限内水域的性质享有优先发言权。巴迪斯塔在其博士论文中虽对美国一方的意见进行了梳理,但更多关注于美国一方行为的法律意义的分析,未对菲律宾条约界限形成中关键条约签署时美国的意图进行历史回顾,也未涉及西班牙和英国两国的态度,本研究将针对此问题进行详细分析与论证。

对于圈定菲律宾群岛边界的菲律宾条约界限,2012 年法国学者巴奈特(François-Xavier Bonnet)依据新发现的美国岛务局解密档案,撰文认为,其"是可变动的,而不是固定的边界"。理由是"1900年菲律宾获得了一些岛屿(锡布图岛和卡加延苏禄岛),但 1928 年失去了帕尔马斯岛(Palmas),1930 年又获得了海龟岛和茫西岛"。作者进而根据美国解密的岛务局档案指出,斯卡伯格礁(黄岩岛)已据 1900 年美西华盛顿条约纳入菲律宾群岛。[②] 因为当时中菲两国正因黄岩岛事件发生外交纠葛,因此巴奈特的观点一经出笼,菲律宾如获至宝,引起极大重视。巴奈特之后菲律宾诸多学者纷纷撰文指出,1937—1938 年的美菲内部讨论已将黄岩岛依据 1900 年华盛顿条约

---

① Rodolfo C. Severino, *Where in the World is the Philippines? Debating its National Territory*, Foreword.

② François-Xavier Bonnet, "Geopolitics of Scarborough Shoal", *Irasec's Discussion Papers*, November 2012, No. 14, www. irasec. com.

纳入菲律宾群岛。① 美国学者也注意到巴奈特的论述,并在一些研究报告中加以引用。②

　　然而,对菲律宾条约界限在30年代中期以后是否还具有可变性问题,无论是巴奈特抑或菲律宾学者并不愿注意到30年代末美菲内部的具体讨论,尤其是未考虑到美国国务院所作结论时的措辞表达,能否真正、充分地说明美菲当时已将黄岩岛“纳入”了菲律宾群岛。同时,菲律宾和美国一些学者现有的研究成果,也不愿从1900年华盛顿条约本身内涵,及30年代末以后美国和菲律宾的具体行动等多重视角,审视、验证黄岩岛是否确实“纳入”菲律宾群岛。毋庸讳言,在上述“事实”进行论证过程中,研究者背后隐藏的政治动机远超过事实真相。

　　除却对菲律宾国家领土及“菲律宾条约界限”作出研究外,国外学者业已关注西班牙统治时期菲律宾群岛范围(总督辖区范围)问题。对菲律宾群岛与北婆罗洲间问题,英国人怀特(Leigh R. Wright)所著《英属婆罗洲的起源》(The Origins of British Borneo)③一书,详细探讨了英国与沙捞越、文莱和北婆罗洲(沙巴)之间的关系,特别是1885年英、西、德三方于马德里签订的条约对北婆罗洲的影响。其另一部著作《北婆罗洲争端的历史注释》(Historical Notes on the North Borneo Dispute)④,又详细介绍了北婆罗洲与英国的历史

---

① A. Baviera & J. Batongbacal, *The West Philippine Sea: The Territorial and Maritime Jurisdiction Disputes from a Filipino Perspective - A Primer*, the Asian Center and Institute for Maritime Affairs and Law of the Sea, University of the Philippines, 15 April, 2013.

② Mark E. Rosen, "Philippine Claims in the South China Sea: A Legal Analysis", *A CNA Occasional Paper*, August 2014, p. 13.

③ L. R. Wright, *The Origins of British Borneo*, Hongkong: HongKong University Press, 1988.

④ Leigh R. Wright, "Historical Notes on the North Borneo Dispute", *The Journal of Asian Studies*, Vol. 25, No. 3 (May, 1966), pp. 471 - 484.

政治纽带联系。

而特雷彻（W. H. Treacher）所撰写的《英属婆罗洲》（*British Borneo*）①一书，则从当时英国驻北婆罗洲总督专员的亲历者角度，记录了北婆罗洲如何一步步被纳入英国殖民体系中的历史。美国学者沙利比（Najeeb M. Saleeby）的早期作品《苏禄史》（*The History of Sulu*）②，则从苏禄苏丹国的角度，对苏禄苏丹与北婆罗洲的历史纽带进行了深入阐释，并关注到 19 世纪后半叶，北婆罗洲是如何被卷入英国、西班牙和德国等西欧列强在苏禄海域进行势力范围"大博弈"的漩涡之中的。上述论著为我们勾勒一幅清晰明了的 19 世纪中叶以来北婆罗洲政治史图像提供了较好的文本窗口。

国外学者也注意到了菲律宾声索北婆罗洲（沙巴州）问题。1951 年桑托斯（Santos）和伦霍夫（Lennhoff）合撰的《塔卡纳岛灯塔争端》（*The Taganak Island Lighthouse Dispute*）一文，提及了菲律宾声索北婆罗洲的原因，特别是对独立一年后的 1947 年菲律宾政府依据 1930 年美英华盛顿条约收回海龟群岛和茫西群岛管辖权的具体史实进行了叙述。③ 马汀（Martin Meadows）的《菲律宾对北婆罗洲的主权宣称》（*The Philippine Claim to North Borneo*）一文则对菲律宾独立后主张北婆罗洲的原因、过程等进行了更为详细的论述。④ 进入新世纪，随着马来西亚和印度尼西亚两国成功解

---

① W. H. Treacher & M. A. Oxon., *British Borneo: Sketches of Brunai, Sarawak, Labuan, and North Borneo*, Singapore: The Government Printing Department, 1891.

② Najeeb M. Saleeby, *The History of Sulu*, Bureau of Science Division of Ethnology Publications, Volume IV, Part II, Manila: Bureau of Printing, 1908.

③ Vicente Abad Santos & Charles D. T. Lennhoff, "The Taganak Island Lighthouse Dispute", *The American Journal of International Law*, Vol. 45, No. 4 (Oct., 1951), p. 682.

④ Martin Meadows, "The Philippine Claim to North Borneo", *Political Science Quarterly*, Vol. 77, No. 3 (Sep., 1962), pp. 321—335.

决苏拉威西海一带数个小岛归属,学者们也从历史和法律角度对北婆罗洲、苏禄海和苏拉威西海近代以来的边界划分问题进行了较为详尽的梳理。2019 年辛格所撰《印度尼西亚和马来西亚有关西巴丹岛和利吉丹岛主权争端》(*The Indonesia－Malaysia Dispute Concerning Sovereignty over Sipadan and Ligitan Islands*)一书不仅对两国围绕上述两岛的争议过程进行了阐述,在第三、四章也对西班牙与英国 1885 年划分西班牙属菲律宾与英属北婆罗洲的边界条约,及 20 世纪上半叶美国统治菲律宾时期北婆罗洲沿岸的一些岛礁归属问题进行了分析。[①] 上述论著对再现和澄清美国统治菲律宾时期,特别是美国和英国划定菲律宾与北婆罗洲的边界颇具参考意义。

有关帕尔马斯岛仲裁一案,1926 年美国外交关系协会(Council on Foreign Relations)刊发的《帕尔马斯岛争端》一文为了解早期美国和荷兰有关帕尔马斯岛争议与双方主张立场提供了一些背景资料。[②] 1928 年杰赛普(Philip C. Jessup)所撰《帕尔马斯岛仲裁》一文除了提供美荷相关立场外,还对仲裁裁决进行了详细分析,这对增进仲裁结果的理解有很大帮助。[③] 此外,丹尼尔—伊拉斯莫斯汗(Daniel-Erasmus Khan)写的《作为仲裁者的马克斯·胡伯:帕尔马斯岛(米昂阿斯岛)案和其他仲裁》一文[④]和洛克(H. Hay L

[①] D. S. Ranjit Singh, *The Indonesia－Malaysia Dispute Concerning Sovereignty over Sipadan and Ligitan Islands*: *Historical Antecedents and the International Court of Justice Judgment*, Singapore: ISEAS Publishing, 2019, pp. 46－71.

[②] "The Palmas Island Dispute", *Foreign Affairs*, Vol. 5, No. 1 (Oct. , 1926), pp. 152 - 153.

[③] Philip C. Jessup, "The Palmas Island Arbitration", *The American Journal of International Law*, Vol. 22, No. 4, Oct. , 1928, pp. 735 - 752.

[④] Daniel-Erasmus Khan, "Max Huber as Arbitrator: The Palmas (Miangas) Case and Other Arbitrations", *The European Journal of International Law*, Vol. 18, No. 1, 2007, pp. 145 - 170.

Roquelr)所撰《帕尔马斯岛仲裁回顾》一文[1],也对研究美国和荷兰间的帕尔马斯岛争议与仲裁一事有所裨益。

二、国内有关美属菲律宾边界的研究

相较于国外对菲律宾群岛边界问题的研究,国内现有研究迄今为止还较为零散。不过,早在 20 世纪早期,中国学者已关注到菲律宾群岛的地理分布与范围大小,如一篇文章写道:"吕宋岛及属岛、威撒雅诸岛(米沙鄢群岛——作者注),民答那峨及属岛(棉兰老岛——作者注),巴拉汪列岛和苏禄列岛合为菲律宾群岛。北隔巴希(Bashi)海峡,面对台湾,东临太平洋。南濒西里伯(Celebes)海、西南控苏禄海、西望中国海。极南至北纬四度。极北至北纬二十一度三十分。极西至东经一百十六度五十分。极东至东经一百二十六度三十五分。"[2]

这一时期中国学人在提及菲律宾群岛时,大体上都会以确切的经纬度描绘菲律宾群岛的边界,这无疑是受美西巴黎条约影响。菲律宾"在北纬二十一度三十分与北纬四度四十分,东经一百十六度五十分,至一百二十六度三十四分之间。四邻环海,西北为中国海,东为太平洋,南为西里伯斯海及渤泥海"。[3] 菲律宾纯属一群岛联成至国家,故普通多以"菲律宾群岛"称之。"菲岛的位置,在北纬五度至二十二度及东经一一七度至一二七度之间。"[4]其位置"在东半球经度

---

① H. Harry L. Roque Jr. "Palmas Arbitration Revisited", *Philippine Law Journal*, Vol. 77, No. 4, 2003, pp. 437 – 462.

② 何箕庵:《菲律宾群岛述略》,《地学杂志》1916 年第 7 卷第 8 期,第 76—80 页。

③ 张星烺:《三百年前至菲律宾群岛》,《南洋研究》1928 年第 1 卷第 4 期,第 9 页。

④ 洪涤尘编著:《亚洲各国史地大纲》,上海:正中书局,1935 年第 1 版,第 227 页。

一一六点四度至一二六点三四度,与纬度二一点一度至四点四度之间"①。菲律宾群岛地处欧亚非美澳五大洲之间,为马来群岛之一部,在亚洲之东南,东部沿太平洋,西南临中国海,与安南相对,南临荷属东印度之西里伯海,与北婆罗洲相距凡二千余哩,北与台湾仅一衣带水之隔。位于北纬二十一度十分与四十度四十分及东京一一六度四十分与一二六度又三十四分之间。②菲律宾是一群位于西太平洋赤道以北的岛屿,主要的岛屿集中在东经一百二十一— 一百三十,北纬十五—二十度之间。③ 显而易见,美西战争后双方签订的巴黎条约第三款关于菲律宾群岛边界的规定,是当时中国学者认识美属菲律宾群岛边界的重要依据。

除却以经纬度方式确定菲律宾群岛外,20 世纪上半叶的中国学人有时亦会论及其地理位置与构成:"菲律宾地理位置,北接中国闽粤两省及台湾,西连越南泰国及南洋群岛,南临婆罗洲及西利伯岛,东傍田园要塞之关岛。"④菲律宾群岛,"位于太平洋之东,距中国海之西南,面临亚细亚大陆,北距百六十里,与台湾在指呼之间,南隔西里伯海与婆罗洲及西里伯岛等相对峙"⑤。对菲律宾群岛中的重要岛屿,当时学人也有过介绍:"苏禄群岛位于东经一一九度至一二二度北纬四度至七度之间,自巴息阑(Basilan)迄于婆罗洲(Borneo)之地,全岛向西南错列,北界苏禄海,东南界西里伯海(Celebes Sea)。群岛之全长约一三七哩,期间面积广大至岛凡百三十。"⑥此外,对曾属于苏禄苏丹国的沙巴州地理沿革、分布、简史等,当时学人亦有

① 文公直:《菲律宾之史地调查》,《新亚细亚》1930 年第 1 卷第 2 期,第 75 页。
② 吴春熙:《菲律宾群岛经济地理概观》,《新亚细亚》1934 年第 8 卷第 2 期,第 61 页。
③ 陈碧涛:《菲律宾问题的研究》,《女子月刊》1935 年第 3 卷第 9 期,第 4927 页。
④ 矫汉治:《菲律宾群岛》,《政治生活》1944 年第 1 卷第 5 期,第 24 页。
⑤ 周汇潇:《菲律宾之地理与气候》,《南洋研究》1937 年第 7 卷第 2 期,第 143 页。
⑥ P. J. Wester 原著:《苏禄群岛》,赵鉴光译,《史地学报》1923 年第 2 卷第 4 期,第 1 页。

所着墨。①

　　当代,国内学界主要是从中菲南海岛礁争端视角,来认识美属菲律宾边界问题。通过探讨菲律宾条约界限的西部位置,来说明美西战争以后菲律宾群岛就不包括南沙群岛中的部分岛礁(即菲律宾所谓的"卡拉延群岛")和黄岩岛。由于"菲律宾国家领土的西边界限是在东经 118°,也就是所谓的'条约界限',但黄岩岛位于东经 $117°44'—117°48'$,显然不在其范围之内,根本就不是菲律宾领土的一部分"②。(1898 年巴黎条约和 1900 年美西华盛顿条约)"都明确规定(割让)的是群岛,丝毫不涉及南海海域,尤其是南沙群岛及其附近海域"③。"菲律宾方面的法律文件和有关国际条约表明,黄岩岛根本就不是菲律宾的领土。"④学者也谈及了巴黎条约线内水域性质的问题,"巴黎条约线割让的只是界限内的岛屿部分,而没有包括全部水域",条约"使用的是一种地理速记的简单方法,即以经纬线划界,为的是省却把割让的众多岛屿一一列举出来"⑤。也就是说,这条巴黎条约线不能成为菲律宾的国界线,其只能是一条岛屿归属线,线内的岛屿属于菲律宾,但线内的水域并不全是菲律宾的领海。

　　国内学者还注意到巴黎条约中关于"菲律宾北部边界"的歧义之处。他们撰文认为,"美西和约中规定菲律宾领土最北端是在北纬20°",因此 1961 年 6 月 17 日菲律宾通过的《菲律宾领海基线法案》将

① 有关婆罗洲的情况,请参见梁治荀:《英属北婆罗洲概况》,《中外评论》1930 年第 29、31 期;郭后觉:《北婆罗洲概况》,《南洋研究》1930 年第 3 卷第 1 期;苏鸿宾:《英属婆罗洲之概述》,《南洋研究》1936 年第 6 卷第 3 期;《婆罗洲志》,《禹贡》1937 年第 6 卷第 8—9 期,第 147—148 页;《英属婆罗洲》,《侨务月报》1936 年四周年纪念专号。
② 李金明:《南海争端与国际海洋法》,北京:海洋出版社,2003 年,第 155—156 页。
③ 郭渊:《晚清时期中国南海疆域研究》,哈尔滨:黑龙江教育出版社,2010 年,第 197 页。
④ 张良福:《聚焦中国海疆》,北京:海洋出版社,2012 年,第 106 页。
⑤ 李金明:《从历史与国际海洋法看黄岩岛的主权归属》,《中国边疆史地研究》2001 年第 4 期;《菲律宾国家领土界限评述》,《史学集刊》2003 年第 3 期。

菲律宾最北端定于北纬 21°7′03″,是将"菲律宾的领土向北延伸了1°7′03″",从而"违背了美西和约的有关规定,而且在与中国台湾划分海域界线时,侵害了中国海域"①。若台湾地区依据"美西和约之规定向菲律宾要求北纬 20°以北的岛屿,在法理上是没有问题的"②。美西战后的和平谈判,"美国认为菲律宾最北部应位于北纬 21°30′,但西班牙认为不可将不属于西班牙的任何领土转让给美国……因此 1898年美西和平条约将北纬 20°作为美西分界线"③。事实上这一说法是不符合历史事实的,因为根据 1895 年西班牙和日本签订的协定,及美西 1898 年巴黎和平谈判期间的条约文本草案,菲律宾北部的边界即为北纬 21 度 30 分之处的巴士海峡中线,这一点是确定无疑的。菲律宾北部边界定于北纬 21°30′这一史实,亦为 1934 年菲律宾自治政府制定宪法时领土委员会的相关说明所证实。

　　2012 年以来随着中菲南海争端再起波澜,为世人瞩目,中国学者,尤其是与菲律宾有一衣带水之隔的台湾地区的学者,更加关注菲律宾的领土及其海域问题。学者蒲国庆于 2012 年撰文,回顾了菲律宾领域主张的演进过程。作者在其文中不仅分析了菲律宾将"国际条约界限"内的水域视作领海及其变更此观点的历程,而且详细列举了与菲律宾有领土争端的地区:沙巴、卡拉延群岛、黄岩岛、巴坦岛、帕尔马斯岛、延伸大陆礁层(大陆架)。此外,作者对 2009 年菲律宾制定新群岛基线法的意义总结道:(菲律宾)"终止国际条约界限主张,正式由公约群岛国水域地位取代;废除马可仕总统第 1596号行政命令以直线基线将卡拉延群岛周边海域、海床、底土及大陆

---

① 郭渊:《晚清时期中国南海疆域研究》,哈尔滨:黑龙江教育出版社,2010 年,第 198 页。
② 陈鸿瑜:《南海诸岛主权与国际冲突》,台北:幼狮文化事业公司,1987 年,第 123 页。
③ Hoon Ting, "Batan isles have never been part of Philippines," *Taipei Times*, May 25, 2013,参见网址:http://www. taipeitimes. com/News/editorials/archives/2013/05/25/2003563102. html(上网时间 2014 年 4 月 4 日)。

礁层边坡等全部划入菲国主权范围之决定,周遭海域恢复为公海地位"①。虽然作者未专门论及美国统治时期菲律宾边界问题,但其使用中文撰写的论文乃是这一时期较为全面论及菲律宾领土问题的新作,其中多少对美属菲律宾边界问题有所论及,因而也显意义重大。

大陆学者王看、孔令杰指出,"1898—1930 年间,美国通过与西班牙签署《巴黎条约》和《华盛顿条约》,与英国签署《美英条约》,明确界定了美治菲律宾的领土界限,我国黄岩岛和南沙群岛部分岛礁并不位于其中",同时,作者也注意到了 1937—1938 年美菲内部讨论能否依 1900 年美西华盛顿条约"声索"黄岩岛的这一史实,并认为:"美国和菲律宾自治领在 1937 年之前对黄岩岛缺乏'以主权者行事的意图和意愿',在 1938 年之后未有展示主权的活动"。② 从 20 世纪以前西方古地图视角分析黄岩岛的主权归属是国内学者重点关注的问题。曹树基、许盘清借助 17—19 世纪西方古地图和现代地图的套叠技术,分析了菲律宾不拥有黄岩岛主权的理由。③ 许盘清、沈固朝对 2014 年菲律宾大法官卡皮奥通过举办地图展《关于古地图中黄岩岛的历史真相与谎言》、利用西方古地图来说明黄岩岛是菲律宾的领土这一观点进行了批驳,④指出"西班牙从未将黄岩岛划入菲律宾版图"。⑤ 上述论文对本研究相关章节内容也有重要的借鉴或参考意义。

---

① 蒲国庆:《菲律宾领域主张之演进》,《台湾国际法季刊》2012 年第 2 期(第 9 卷),第 145 页。
② 王看、孔令杰:《菲律宾领土"条约界限"在中菲南海领土争端上的地位和证明价值》,《东南亚研究》2021 年第 2 期。
③ 曹树基、许盘清:《菲律宾不拥有黄岩岛主权:基于 17—19 世纪西文古地图的分析》,《上海交通大学学报(哲学社会科学版)》2016 年第 3 期。
④ 许盘清、沈固朝:《菲律宾地图展览中的"北岛"地理位置与地名沿革考》,《亚太安全与海洋研究》2016 年第 4 期。
⑤ 许盘清、何晴霞:《西班牙从未将黄岩岛划入菲律宾地图——"300 年地图史"展评述》,《江海学刊》2017 年第 1 期。

总体而言,目前国内外有关菲律宾群岛边界的探讨,特别是对 20 世纪上半叶美国殖民统治时期菲律宾边界的专题研究十分缺乏。现有零散的研究成果,既没有动态地展示美属菲律宾边界形成的历史演变过程,也没有深入地探讨美属菲律宾群岛边界形成过程中的国际法依据。对菲律宾条约界限的性质问题,现有国内研究只是根据已有的国际条约内容或法律文书静止地对其加以肯定,尚未发现某些国际条约的内容,实质上蕴含了条约界限具有开放性的可能,对这一部分我们还需要加以研究论证,并得出客观的结论。而国外研究中,尽管运用了新材料得出了一些独特新颖的结论,有些更是前所未有的,但对论证菲律宾条约界限具有进一步可变性时,其内在逻辑尚有待进一步商榷,甚至有的研究在分析菲律宾条约界限与黄岩岛关系时演绎了错误的历史事实,更是得出了错误的结论等等。上述问题的存在就要求对美属菲律宾边界问题进行更为深入仔细的剖析研究,以历史事实为经,以国际法为纬,重现美属菲律宾边界形成史的固有面貌和法律意义。

第三节 框架结构

本研究正文共分为七章:

第一章主要叙述西班牙殖民统治菲律宾时期菲律宾疆域的演进,及美西战争前西班牙属菲律宾边界,特别是南北岛屿边界的形成情况。其中,1885 年西班牙、英国和德国签订的马德里条约,及 1895 年西班牙与日本签订的划界宣言,分别对西属菲律宾南北边界作出了划分,对形成西属菲律宾边界具有关键性作用。

第二章重点分析美西战争后西班牙与美国通过两份边界条约对美属菲律宾边界的决定性塑造。第一份边界条约是 1898 年美西双方签署的巴黎和平条约,其中第三款以具体经纬度的方式对菲律宾群岛边界作出了规定,形成一条所谓"巴黎条约线"的菲律宾边界。作为战后划定西班牙转让给美国的菲律宾岛屿范围线,这条边界基本形塑了美属菲律宾的边界架构,未来对菲律宾边界的微调均是在这条边界基础上作出的。第二份边界条约是 1900 年西班牙和美国签订的华盛顿条约,其重点将卡加延苏禄岛和锡布图岛纳入了菲律宾群岛。该条约首次对西南和东南方向的巴黎条约线作了局部调整。西班牙与美国签署的两份边界条约对菲律宾边界的形塑直接决定了美属菲律宾边界的未来走向。

第三章主要论述美国与当时南部邻国——英国和荷兰通过合作与竞争对菲律宾边界再次进行了局部调整与变更。围绕菲律宾南部数个岛礁主权归属问题,美国分别于荷兰和英国进行了外交接触与协商谈判,结果通过国际仲裁美国失去了本是巴黎条约线内的帕尔马斯岛,同时通过与英国 1930 年签署华盛顿条约将英属北婆罗洲公司所管辖的海龟群岛和茫西群岛纳入了菲律宾群岛。由此美属菲律宾边界由 1898 年形成的"巴黎条约线"转化成了 1930 年的"菲律宾条约界限"。

第四章则重点阐述菲律宾自治政府对菲律宾边界的法律化顶层设计与美菲内部对菲律宾条约界限是否还有可变性的讨论。1930年菲律宾条约界限成为美属菲律宾边界。1935 年菲律宾自治政府制定本国根本大法——宪法时便将此时由菲律宾条约界限表示的国家边界和国家领域进行了法律化确认,从而使菲律宾条约界限规定的菲律宾边界具有了法律依据。由于美西战争后美属菲律宾边界发生过几次局部调整与变动,因此围绕菲律宾条约界限是否还有可变性问题,1937—1938 年美菲内部进行了讨论,结果是美国认为菲律宾条约界限已然不再具有可变性,美属菲律宾边界就是菲律宾条约界限。

第五章主要分析日本占领时期菲律宾的边界。美西战争后至占领菲律宾前日本通过驻外机构对涉菲律宾边界条约进行了及时关注,对涉菲律宾边界条约资料展开了全面搜集与整理,因此在太平洋战争前日本已形成了对美属菲律宾边界的精确认知,即由菲律宾条约界限来表示美属菲律宾边界。日本占领菲律宾期间,美属菲律宾边界得以继续保持。日本对此时菲律宾边界的认知可以从此时日本出版的一些专门的菲律宾地图、有关菲律宾专著中所附菲律宾地图上得到反映。

第六章主要介绍了二战结束后至菲律宾独立之际及独立之初美国与菲律宾签署的相关法律文件对涉菲律宾边界三个国际条约的肯定。而1947年菲律宾对茫西群岛和海龟群岛的接收则标志着美属菲律宾边界最终形成。1946年7月4日,菲律宾自治政府宣告从美国统治下独立。独立之际,美国与菲律宾签署的相关法律文件承认美国统治时期签署的三个国际条约法律效力,肯定了国际条约对菲律宾边界的约束力,因此独立后的菲律宾共和国继承的美属菲律宾岛屿边界也就具有法律依据。1947年菲律宾政府正式接管30年代初期仍被置于英属北婆罗洲公司管辖下的茫西群岛和海龟群岛。茫西、海龟群岛的接管标志着美属菲律宾岛屿边界最终形成。

第七章则从美属菲律宾边界的内涵是什么、美属菲律宾边界形成中参与者有谁,及美属菲律宾边界是通过何种方式形成的三个角度对美属菲律宾边界问题进行了研究。美属菲律宾边界包括岛屿边界与海洋边界,岛屿边界就是菲律宾条约界限,而海洋边界包括以菲律宾各岛屿正常基线(低潮线)向外推算的三海里领海,以及以菲律宾条约界限为限的菲律宾渔业管辖线。美属菲律宾边界形成中的主要参与者是殖民国家西班牙、美国、英国、荷兰以及日本,而久居菲律宾本土的菲律宾人则是充当着美属菲律宾边界看客和承认既定事实的角色。美属菲律宾边界是通过国际法上的时效与割让形成的,具体是通过双边协商谈判、签署边界条约,从而形成美属菲律宾的条约边界。

第四节　档案说明

本研究较多使用了一手的政府部门档案,特别是外交档案,涉及美国、菲律宾、日本等。这些材料包括 1898 年美国与西班牙签署的《美西巴黎和平条约》《1896—1900 年西班牙外交信函和文件》《美国对外关系文件集(1907—1929)》、美国新解密的岛务局档案、《菲律宾国家领土:相关文件汇编》、日本国家档案馆亚洲历史资料中心所藏外务省涉菲律宾边界外交文献。使用情况分述如下:

(一)美国方面的档案

1.《美西巴黎和平条约》(U. S. Department of State and States Department of Spain, Treaty of Peace between the United States and Spain, Washington: Government Printing Office, 1899)是美西战争后双方和谈期间的历次会谈纪要汇编,由 1899 年美国国务院出版。其是认识美西战争后美属菲律宾边界内容、形成原因及意义的第一手材料。

2.《1896—1900 年西班牙外交信函和文件》(Spanish Diplomatic Correspondence and Documents 1896 - 1900, Washington: Government Printing Office, 1905)集中汇集了美西战争前后西班牙政府与西班牙谈判代表之间,关于海外殖民地形势、美国对西班牙外交反应等方面内容的外交往来信件。其中特别收录了 1900 年美西双方关于卡加延苏禄岛和锡布图岛发生争议后,西班牙一方对美交涉的外交信函。后者对厘清西班牙一方对巴黎和平条约中关于割让的菲律宾群岛范围态度,1900 年美国与西班牙关于卡加延苏禄岛和锡布图岛争端过程、解决机制等意义重大。

3.《美国对外关系文件集(1907—1929)》(U. S. Department of State,Papers Relating to the Foreign Relations of the United States,U. S. Government Printing Office,1907—1929)中关于美英双方在 20 世纪早期的外交信函,对探究美英关于菲律宾南部与北婆罗洲之间界限划定问题,如双方的谈判进程、解决方案、存在问题等,具有重要的借鉴与参考意义。

4. 2012 年最新发现的美国岛务局解密档案,是 20 世纪上半叶美国驻菲律宾高级专员、美驻菲海岸与大地测量局、菲律宾自治政府总统办公室、美国国务院、战争部、商务部,关于菲律宾群岛能否依据 1900 年华盛顿条约,将黄岩岛纳入菲律宾群岛的官方商讨信函。该档案是迄今为止国内学者未曾注意到的,对研究"菲律宾条约界限"能否具有可变性,进而扩大至包括黄岩岛,影响甚巨。本研究揭示了美菲内部讨论最终未将、也不能将黄岩岛纳入菲律宾群岛。菲律宾条约界限在 30 年代末已固定,不再变动。

(二) 菲律宾方面的档案

1995 年菲律宾外交部下属机构外交事务所与菲律宾大学国际法研究中心合编的《菲律宾国家领土:相关文件汇编》(Raphael Perpetuo M. Lotilla, ed., *The Philippine National Territory*:*A Collection of Related Documents*,Diliman,Quezon City:Institute of International Legal Studies,University of the Philippines Law Center,and Manila:Foreign Service Institute,Department of Foreign Affairs,1995)一书,为作者 2014 年暑假于菲律宾外交部下属图书馆搜集而来。该书虽然有很多资料与前述美国方面资料相重叠,但该汇编中仍有部分原始资料对本研究探析美国统治时期菲律

宾群岛边界的形成有着重要使用价值,尤其是部分有关菲律宾自治政府时期的法律文件,和 1946 年菲英双方关于茫西群岛和海龟群岛主权交接的外交信函,为还原、恢复相关历史事实提供了重要的原始素材。

(三)日本方面的档案

日本国家档案馆亚洲历史资料中心收藏了国立公文书馆、外务省外交史料馆、防卫省防卫研究所提供的近现代日本与亚洲近邻各国相关的资料,其数据库已公布于网络,可在线查询。其中外务省所藏日本驻外机构对 1898 年美西巴黎条约、1900 年美西华盛顿条约、1925 年美国和荷兰关于帕尔马斯岛国际仲裁、1930 年美英华盛顿条约相关情况的汇报和报告,对涉菲律宾边界形成过程中相关国际条约的搜集与整理,不断建构了太平洋战争前日本对美属菲律宾边界的认知,至 30 年代日本视域下美属菲律宾边界就由菲律宾条约界限表示。这一认知让日本占领菲律宾时期美属菲律宾边界得以继续保持。这一时期日本出版的一些地图文献直接验证了日本人的美属菲律宾边界观。

第一章

西班牙殖民统治时期西属菲律宾的岛屿边界

  西班牙的东方探险与殖民活动直接催生了"菲律宾群岛"。1521年以麦哲伦（Ferdinand Magellan，约1480—1521年）为首的西班牙探险队航抵托尔德拉斯条约（Treaty of Tordesillas）所定西班牙属"西部群岛"（the Islas del Poniente or Islands of the West）后，将其一部命名为"圣拉萨罗群岛"（Saint Lazarus）。1542年德·维拉洛博斯首将萨马岛为中心的周边岛屿称作"菲律宾那"（Felipina）。随着1565年黎牙实比正式占领宿务岛，并扩张于米沙鄢群岛和吕宋岛，"菲律宾群岛"内涵不断扩大，渐次囊括了今天菲律宾群岛的大部，但菲律宾总督辖区仅局限于北部天主教徒之地。1851年，随着西班牙对菲律宾南部穆斯林地区的征服，及与苏禄苏丹关于归并苏禄于西班牙政治协定的达成，菲律宾群岛从理论上正式包含了南部苏禄群岛等穆斯林居住区，包括北婆罗洲。苏禄群岛与菲律宾群岛北部天主教区一并构成"大菲律宾群岛"（Vast Philippine Islands）。而1885年马德里条约和1895年东京条约的相继签订，又从法律上正式确定了西班牙属菲律宾群岛的南北边界。

第一节 西班牙势力东渐与"菲律宾" 名谓的产生

西班牙与葡萄牙两国于 1494 年签订托德西拉斯条约后,西班牙将海外扩张的矛头对准了大西洋以西地区。1521 年麦哲伦远征队航抵西班牙属"西部群岛"后,将莱特岛(Lyte)附近的岛屿称作"圣拉萨罗群岛"。西班牙在该地区的活动,引起已于"香料群岛"站稳脚跟的葡萄牙的反对,双方剑拔弩张。1529 年萨拉戈萨条约(Treaty of Saragossa)的签订暂缓了双方于南太平洋一带的冲突。1542 年,西班牙再次组织对"西部群岛"的探险,为纪念菲利普王子,德·维拉洛博斯(Lopez de Villalobos)正式将萨马岛周围的岛屿称作"菲律宾那"(Felipina)。随着殖民活动的开展,西班牙人又将"菲律宾群岛"(Las Felipinas)一词用来指代,北至巴布延群岛,南抵苏禄群岛这一整体岛屿群。

一、麦哲伦探险队对西班牙属"西部群岛"的探险

为获取东方香料瓷器等奢侈品,打破葡萄牙人的封锁,并满足国王贵族们扩充领地的贪欲,1519 年 9 月 20 日,在西班牙王室的支持下,葡萄牙人斐迪南·麦哲伦率船 5 艘、水手 265 人,从西班牙圣卢卡港(Solucar)扬帆启程,正式开启了其梦寐以求向西航抵"香料群岛"的征程。船队向西航抵南美洲后,沿巴西海岸南下,于翌年 10 月 21 日通过南美大陆与火地岛之间的万圣海峡(后称"麦哲伦海峡",Strait of Magellan),10 月 28 日进入浩瀚的"南海"(the South Sea,即太平洋)。

　　麦哲伦船队的既定目标是驶向香料产地,但因航向偏离,结果驶向了欧洲人未知的新岛屿(今菲律宾群岛)。1521 年 3 月 17 日,麦哲伦船队驶抵萨马岛(Samar)南部、被意大利籍记录员比加费达(Antonio Pigafetta)称作“合茫夯”(Homonhon,即今霍蒙洪岛)的小岛。经短暂休整后,3 月 25 日船队又驶抵莱特岛南端的利马萨瓦岛(Limasaua)。补给的缺乏迫使麦哲伦一行于 4 月 7 日改向宿务岛(Cubu)进发。在宿务岛,远征队鸣炮轰击,显示威力,吓唬居民,随船神父将“圣水”洒在岛民头上,宣称岛民已皈依天主教。[①] 不过,麦哲伦在岛上的殖民活动,遭致宿务邻近马克坦岛(Mactan)首领拉普拉普(Lapu-Lapu)的激烈反抗。4 月 27 日在企图进攻马克坦岛的战斗中,麦哲伦本人亦被拉普拉普领导的岛民所击毙。[②]

　　麦哲伦死后,探险队余下人员又相继走访、停靠了棉兰老岛的达皮丹(Dapitan)、卡加延苏禄(Cagayan Sulu)、普兰(Puluan)[③]、文莱(Brunei)、苏禄(Sulu)和萨兰加尼(Sarangani)等地,并于 1521 年 11 月 8 日,最终抵达素有“香料群岛”之称的马鲁古群岛之蒂多雷岛(Tidor)。[④] 在埃尔卡诺(Juan Sebastian Elcano)的带领下,嗣后“维多利亚”号满载香料,渡过印度洋,绕过好望角,于 1522 年 9 月 6 日回到了西班牙塞维利亚港(Seville),正式结束了为期三年的海外探险活动。

---

① 梁志明主编:《殖民主义史(东南亚卷)》,北京:北京大学出版社,1999 年,第 76 页。

② Conrado Benitez, *History of the Philippines*, revised edition, Manila: Ginn and Company, 1954, pp. 25 - 26.

③ 即今巴拉望岛,Palawan。中文史籍《两种海道针经》在谈及“吕宋往文莱”针路时有云:“单丁五更取芭荖员。丁未五更取萝匐山”(向达校注:《两种海道针经》,北京:中华书局,1981 年,第 90 页)。芭荖员,即对应于 puluan。张燮在《东西洋考》中谈及东洋针路条时亦提到“巴荖圆”(张燮著、谢方点校:《东西洋考》,北京:中华书局,1981 年,第 184 页)。

④ David P. Barrows, *A History of the Philippines*, New York: World Book Company, 1914, pp. 77 - 83.

麦哲伦与埃尔卡诺的东方探险活动在世界历史上具有极其深远的意义。他们完成了人类历史上的首次全球航行,从而验证了地圆学说,为后来世界市场的形成与各洲洋间的交流奠定了基础。在此次环球航行中,欧洲人首次接触并登陆了被后世称作"菲律宾群岛"的地方,当时麦哲伦将之称作"圣拉萨罗群岛"。该名源于麦哲伦在利马萨瓦举行弥撒,并宣布以西班牙的名义领有该地的当天,正值天主教历法的"圣拉扎拉斯节"(Saint Lazarus)。[①] 在早期西班牙文件中,"圣拉萨罗群岛"一名常被用来描述菲律宾群岛,尽管另外一个名字"西部群岛"更加常见,(这种情形)直到"菲律宾"一名正式形成为止。[②]

二、1529 年西班牙与葡萄牙签订萨拉戈萨条约

麦哲伦船队在"西部群岛"的探险和游历,为后继西班牙探险队进一步探险与拓殖菲律宾群岛作了技术与舆论上的准备。"维多利亚"号满载香料的成功归来,在西班牙掀起了新一轮的航海探险热,"西班牙国王们对在东方建立一个立足点都表示出兴趣"。1525 年 7 月 24 日和 10 月 31 日,西班牙又组织以洛阿萨(Jofre de Loaisa)和萨阿维德拉(Saavedra)为首的探险队,分别从西班牙本土和墨西哥开

[①] [菲]格雷戈里奥·F·赛义德著:《菲律宾共和国:历史、政府与文明》(上册),温锡增译,北京:商务印书馆,1979 年,第 119—120 页。

[②] David P. Barrows, *A History of the Philippines*, p. 79. 西部群岛或西方群岛(Western Islands),亦即中文语境下的南洋群岛。对西班牙而言,因其位于教皇子午线规定的界限之西,故有此命名(参阅张星烺:《三百年前之菲律宾群岛》,《南洋研究》1928 年第 1 卷第 4 期,第 19 页)。对葡萄牙而言,因其位于界限之东,故称之为"东方群岛"(Islas de Oriente)(参阅唐雄中:《中国与菲律宾》,《外交月报》1936 年第 8 卷第 1 期,第 105 页)。此外,麦哲伦之后欧洲的其他航海家又把这些群岛命名为"麦哲伦群岛""累加斯皮(黎牙实比)群岛"和"马尼拉群岛"。参见,[菲]格雷戈里奥·F·赛义德著:《菲律宾共和国:历史、政府与文明》(上册),温锡增译,北京:商务印书馆,1979 年,第 9 页。

赴东方。两次探险队都经棉兰老东部,抵达香料群岛的蒂雷多岛,但因葡萄牙人的封锁、当地人的敌视和恶劣的环境等原因,两次探险队染指香料群岛的企图最终均以失败告终。

16世纪20年代,西班牙人经太平洋进入马鲁古群岛的多次航海探险活动,与葡萄牙人单独控制马鲁古群岛的企图发生了冲突。按照1493年教皇谕令和双方间的协定,西葡两国均认为香料群岛应属于本国的势力范围。在哥伦布发现西印度群岛之后,经西班牙王室的请求,教皇亚历山大六世将新世界作出了划分。他宣布以亚速尔(Azores)和佛得角群岛(Cape Verde Islands)以西100里格处为界,以西新发现土地归西班牙,以东归葡萄牙。第二年,西班牙同意葡萄牙的意见,将此线向西移至佛得角以西370里格处,是为托德西拉斯条约(Treaty of Tordesillas)。这一平分地球的划分(即将地球180度平分)将印度和马来西亚置于葡萄牙属下,新世界除巴西外归属西班牙。事实上,分界线以西180度处已延伸至新几内亚的西部,而不是马鲁古;但在对地理知识缺乏准确认识的情况下,双方均宣称对香料群岛享有权利。葡萄牙也否认西班牙占有菲律宾的权利。[1]

以当时的地理知识水平和测绘技术来看,(人们)并不能准确获悉佛得角以西370里格处向西至特尔纳特(德那地,Ternate)西部的准确经度。西班牙人认为其少于180度,因此,马鲁古"理应"属于西班牙,尽管葡萄牙人早先"发现"了它。例如,领航员玛蒂娜(Medina)向国王查理五世解释说,从370里格处圣安东(San Anton,佛得角群岛最西的岛屿)的西边至墨西哥城是59度,从墨西哥到纳维达德(Navidad)是9度,从该港口到宿务是100度,共计168度,与180度相差12度;因此按照协定,(西)印度、马鲁古、婆罗洲、贾伊洛洛

---

① David P. Barrows, *A History of the Philippines*, New York: World Book Company, 1914, p. 86.

(Gilolo)和菲律宾是属于西班牙的。[①] 这表明,在西葡两国于太平洋地区争夺日趋激烈的背景下,划分双方势力范围的"教皇子午线",已不能够明辨双方的势力范围。一条规定双方于太平洋地区势力范围的界限亟待划定。

1524年,由双方使节和宇宙志学者组成的庞大委员会,于西班牙巴达霍斯(Badajoz)[②]召开会议,试图确定双方的势力范围,但结果没有达成任何共识。然而,面对遍地的黄金、香料诱惑,西班牙已迫不及待地宣称将占领马鲁古群岛,而葡萄牙则宣布将会对马鲁古发现的西班牙探险家采取非常措施,包括捕拿、处决。这一紧张情况直至1529年双方签订新的条约规定双方在太平洋地区的势力范围为止。是年4月22日,西葡签订萨拉戈萨条约(Treaty of Zaragoza)。条约规定,两国在太平洋的势力范围,以马鲁古群岛以东17度或297.5里格(1763公里,952海里)处为限,线以东属西班牙,线以西属葡萄牙。同时,西班牙国王查理五世同意葡萄牙支付350,000达克特(Ducat)金币,作为西班牙对马鲁古群岛宣称权利的抵押。13年后,该条款的内容得到了西班牙事实上的承认。萨拉戈萨条约的签订暂时缓解了西葡两国在南太平洋一带的冲突。

三、"西部群岛"再探险与"菲律宾"名谓的产生

1529年萨拉戈萨条约的签订并未就此打消西班牙人对"西部群岛"进行再次探险的念想。1542年,西班牙国王查理五世决定向"西部群岛"再次派遣一支新的探险队。同时,可能的话,寻找通往中国

---

① *Demarcacion del Maluco*, *hecha por el maestro Medina*, in Documentos ineditos, Vol. V, p. 552,转引自,David P. Barrows, *A History of the Philippines*, pp. 114 - 115。

② 西班牙西南部一城市,位于葡萄牙边界附近的瓜迪亚纳河岸边。为古代要塞城市,曾在摩尔斯(1022—1094年)的庞大独立酋长国统治下繁荣昌盛。

的道路及探寻跨洋通道。11 月 1 日,被西班牙王室任命担任指挥的德·维拉洛博斯(Lopez de Villalobos)率领船队,从墨西哥的纳维达德(Navidad)出发,开始对"西部群岛"再次进行勘察。船队于 1543 年 2 月到达棉兰老岛东部,旋被季风吹向棉兰老岛最南端的萨兰加尼岛(Sarangani)。

抵达萨兰加尼岛后,维拉洛博斯派出小型船队试图北上,进抵宿务岛,但船队却误入了萨马岛。为表达对西班牙亲王菲利普——其即将继任查理五世的国王之位——的尊敬,维拉洛博斯将该岛命名为菲律宾那(Felipina)。① 在给葡萄牙人的通信中,维拉洛博斯又将该区域的群岛以复数形式命名为菲律宾群岛(Las Felipinas)。② 尽管后来"西部群岛"的名称继续使用了许多年,但维拉洛博斯的"菲律宾"逐渐获得了地位,并最终得以广泛使用。③

对"菲律宾群岛"一名的来源,20 世纪早期的中国学人曾写道:"菲律宾群岛为西人所知,盖自一五二一年麦哲伦之探险始,而因探险者之名名之为麦哲伦尼亚(Magallania)。此时麦哲伦西航以此为极地,故又呼为西方群岛,亦有称为圣拉查尔(Saint Lazare)者。以国王菲律(Philip)二世之名誉纪念,名之为菲律俾奈斯(Jalas Filipinas Archipielago Filibino),自是地理学者遂通用之。"④

根据维拉洛博斯对"菲律宾"一词的使用情境看,"菲律宾"一词最初是用来指代萨马岛的。维拉洛博斯此次在"西部群岛"的行驶路

---

① Conrado Benitez, *History of the Philippines*, revised edition, Manila: Ginn and Company, 1954, p. 28.
② 有一种观点认为,此时的菲律宾是指米沙鄢群岛中的萨马岛和莱特岛。参阅,Oona Paredes, *A Mountain of Difference: The Lumad in Early Colonial Mindanao*, Ithaca: Cornell University, 2013, p. 17。
③ David P. Barrows, *A History of the Philippines*, New York: World Book Company, 1914, p. 118.
④ 何箕庵:《菲律宾群岛述略》,《地学杂志》1916 年第 7 卷第 8 期,第 84 页。

线最北原打算至宿务岛（后误行至萨马岛），南部则经过了棉兰老岛东部。因此，就更宽泛的意义讲，"菲律宾群岛"当指萨马岛、宿务岛、棉兰老岛及其附近岛屿，而不应该包括米沙鄢群岛的西部，及更北的吕宋岛。某种程度上，该名指代的范围当与麦哲伦的"圣拉萨罗群岛"有异曲同工之处。然而，维拉洛博斯的远征活动可以认为是对西班牙人以往在该地区探险活动的继续，其很可能从前任或以往的远征队那里获悉了"菲律宾群岛"的诸多社会知识，包括部分岛屿的分布情况，因此"菲律宾群岛"的实际指代范围可能远比维拉洛博斯远征队航行所至的区域范围广，例如，麦哲伦及其后继者的活动范围也包括巴拉望、苏禄等岛屿。

菲律宾一词的政治社会意义更为明显。在谈及西班牙对菲律宾的贡献时，有学者就指出："西班牙统治菲律宾期间给菲律宾人带来了很多生活方式的变化，不过这并未消除本土文化，变化的仅是政府制度和物质文化。更为重要的是，我们的国家获得了一个名称。从那时起，在世界上有了一个叫做菲律宾的地方，住在那里的人被叫做菲律宾人。"[1]也就是说，西班牙创造的菲律宾一词为后来菲律宾人构建现代民族国家奠定了重要基础。

不过，纵使维拉洛博斯笔下的"菲律宾群岛"范围要比预想的、其实际行至的范围要宽广（这种范围仍处于一种不确定性状态），但有一点可以肯定，即绝不能将其与当代的菲律宾群岛划等号。早期欧洲人的东方地理知识储备也决定了西班牙人不可能一开始就认识到菲律宾群岛的范围有多大。逻辑地讲，这种地理知识应该是随着西班牙人在菲律宾群岛的南北探险与拓殖逐渐获取而来的。因而，菲律宾群岛的范围或大小，也应该是随着西班牙人的殖民范围扩大、行

---

① Niels Mulder, "The Ideology of Philippine National Community", *Philippine Studies*, Vol. 46, No. 4, Fourth Quarter 1998, p. 479.

政统治区域的扩展而逐渐增扩的。

维拉洛博斯探险队在菲律宾群岛活动了九个月之余,终因当地人的反抗而无法建立殖民据点。后来远征队转至马鲁古群岛活动。1546 年,维拉洛博斯死于安汶岛(Ambon),远征队陷于崩溃。残余人员经印度返回西班牙。然而,西班牙对东方的殖民探险活动并未就此停歇,相反,随着 1556 年西班牙菲利普二世的继位(1556—1598年在位),西班牙的对外扩张达到了顶峰。

第二节　菲律宾总督区的建立及西属菲律宾的扩大

1565 年,黎牙实比(M. L. de Legaspi, 1505—1572 年)率领西班牙殖民军正式占领宿务岛及其附近岛屿,正式开启了西班牙殖民菲律宾群岛新的历史进程。随后西班牙王室在菲律宾设立殖民总督等机构,统辖菲律宾事务。此后在不到半个世纪的时间内,西班牙殖民者相继占领了米沙鄢群岛和吕宋岛,将西班牙的统治推进至棉兰老岛的北境一线。[1]

16 世纪末 17 世纪初,西班牙人对菲律宾群岛的辖境已有初步认识,所制菲律宾地图已将菲律宾群岛全境大致等同于当代的疆域。但菲律宾总督权力所及之地相当长时期内仅局限于菲律宾北部天主教徒居住区。19 世纪中叶,在菲西班牙当局加大了对南部穆斯林地区

---

[1] 「スペイン」统治时代ノ比岛及ビ比岛人,「JACAR(アジア歴史资料センター)Ref. B02130185400、比律宾及ビ比律宾人ノ过去ニ就テ-古代ヨリ最近世(1898 年)マデ-(南洋-8)(外务省外交史料馆)」, https://www.jacar.archives.go.jp/aj/meta/listPhoto? LANG=default&BID=F2006090417273290505&ID=M2006090417273390529&REFCODE=B02130185400.

的征服力度,相继使棉兰老岛、苏禄群岛等穆斯林地区俯首臣服,终于19世纪中后期形成所谓的"大菲律宾群岛"(Vast Philippine Islands)。

一、黎牙实比远征队占领宿务岛及菲总督区的建立

1559 年,西班牙国王菲利普二世命令墨西哥总督贝拉斯科(Velasco)再次组织人员对"马鲁古附近"的岛屿进行探险。在给总督的信函中,国王还反复强调拓殖菲律宾群岛的重要性。总体上,远征队此次的要旨是：第一,派到菲律宾的两艘船只要带回在那里种植的香料样品;第二,远征队要找到返回新西班牙的航线;第三,远征队不要触及摩鹿加(马鲁古)群岛及其周围地区,以免违反 1529 年与葡萄牙国王签订的协议。[①]

这时太平洋地区的现状仍有利于西班牙人的再次殖民探险。正如贝大卫(David P. Barrows)所说："马鲁古群岛东部分布着大量尚未探索的群岛,这些岛屿位于西班牙的势力范围内,并蕴藏着香料和其他有益的大宗商品;由于葡萄牙尚未有效占领菲律宾,西班牙探险家又企图染指这一群岛,尽管它们位于马鲁古群岛范围之内,且为西班牙所签订的条约所否认,这一点是非常明确的。"[②]对菲律宾群岛进行殖民,西班牙的主要目标有三：一是分得获利颇丰的香料贸易一杯羹;二是直接与中国、日本建立联系,为未来传播天主教铺平道路;三是使菲律宾群岛的土著居民基督教化。[③]

[①] 金应熙主编：《菲律宾史》,郑州：河南人民出版社,1990 年,第 101 页。

[②] David P. Barrows, *A History of the Philippines*, New York：World Book Company, 1914, p. 125.

[③] John Leddy Phelan, *The Hispanization of the Philippines：Spanish Aims and Filipino Respones 1565 -1700*, Madison：The University of Wisconsin Press, 1959, p. 7.

　　经 5 年多的准备,西班牙在墨西哥成立了一支以黎牙实比为总指挥的远征队。1564 年 11 月 21 日,船队从墨西哥的纳维达德出发,于次年 2 月 13 日抵达菲律宾萨马岛的南端,并占领了它。[①] 3 月中旬,船队抵达保和岛(Bohol),黎牙实比与当地首领(dato)斯卡图纳(Sicatuna)歃血为盟,建立了友好关系。

　　占领战略要地的宿务岛是黎牙实比的重要任务之一。4 月 27日,远征队在宿务岛登陆,用武力击败了岛民的反抗,并焚毁了宿务城,在一片废墟上建立了第一个殖民地。[②] 最后,"一份正式的和平条约签订了,(宿务岛)首领图帕斯(Tupas)承认西班牙的主权,宿务和西班牙人要互相帮助,以对付各自的敌人"[③]。通过武力与谈判,西班牙终于在菲律宾群岛获得了第一个殖民据点。此后远征队中的古兹曼(Enriquez de Guzmán)船长相继"发现"了马斯巴特(Masbate)、布里亚斯(Burias)、替考(Ticao),并在邻近阿尔拜(Albay)的地方登陆吕宋,那时奥贝被称为伊塔隆(Italon)。[④]

　　1569 年 1 月,为巩固立足点与保障供给安全,黎牙实比远征队占领班乃岛(Panay)[⑤],在菲律宾建立了第二个殖民据点。[⑥] 米沙鄢群岛的陆续拓殖进一步巩固了西班牙人在菲律宾的地位。为此,1569年 8 月 14 日,西班牙国王正式任命黎牙实比为菲律宾总督,归墨西

---

① David P. Barrows, *A History of the Philippines*, p. 126.

② 梁志明主编:《殖民主义史(东南亚卷)》,北京:北京大学出版社,1999 年,第 79 页。

③ David P. Barrows, *A History of the Philippines*, p. 130.

④ 参阅,张星烺:《三百年前之菲律宾群岛》,《南洋研究》1928 年第 1 卷第 4 期,第 15 页;Conrado Benitez, *History of the Philippines*, revised edition, Manila: Ginn and Company, 1954, p. 32。

⑤ 班乃,是从西班牙语班爱(pan hay)演变而来,意为"有粮"。参见,[菲]格雷戈里奥·F·赛义德著:《菲律宾共和国:历史、政府与文明》(上册),温锡增译,北京:商务印书馆,1979 年,第 140 页。

⑥ 梁志明主编:《殖民主义史(东南亚卷)》,北京:北京大学出版社,1999 年,第 80 页。

哥总督府("新西班牙"副王)节制。[1]

二、西班牙对吕宋岛的拓殖

经休整后,1570年1月,黎牙实比派其孙子萨尔塞多(Salcedo)远征盘踞于民多洛岛(Mindoro)的摩洛人。萨尔塞多从民多洛岛西部登陆,迅速占领曼布劳镇(Mamburao)。不久又攻占卢邦岛(Lubang)。卢邦岛的占领使西班牙人进抵马尼拉湾成为可能。经过准备,1571年4月20日,黎牙实比亲率230名殖民军,乘坐23艘战船,入侵马尼拉。5月19日,正式占领马尼拉,宣布它为西属菲律宾首府,并在这里修筑城堡,建设街道和教堂。马尼拉于是成为西班牙在菲律宾的殖民统治中心。

在吕宋,黎牙实比的副手戈提(Goiti)接着又带领一支军队,从马尼拉继续向北远征至林加延湾湾(Gulf of Lingayen),迫使土著居民俯首称臣。不久戈提被调往米沙鄢,吕宋远征队的指挥权被移交给22岁的萨尔塞多。在其指挥下,西班牙军团渡过帕西格河(Pasig River),迅速攻占名噪一时的重镇卡因塔(Cainta,位于今菲律宾黎刹省)和泰泰(Taytay,位于今菲律宾黎刹省),并进抵内湖(Laguna de Bay or Lake of Bay)南部诸地。接着,萨尔塞多越过崇山峻岭,兵锋直逼太平洋沿岸,继而南转至甘马粦(Camarines)地区,在此萨尔塞多发现了帕拉卡莱(Paracale)和曼姆布劳(Mambulao,即今天的何塞潘加尼班港,Port of Jose Panganiban)金矿。大约与此同时,西班牙人又"发现"了库约群岛(Cuyos),卡拉棉群岛(Calamianes islands)以及巴拉望岛的北部等地。

1572年,萨尔塞多继而率领一支由45名士兵组成的军队,从马

---

① 金应熙主编:《菲律宾史》,郑州:河南人民出版社,1990年,第108页。

尼拉出发向北对吕宋岛北部进行探险。他们从三描礼士（Zambales）和邦阿西楠（或班诗兰，Pangasinan）登陆，深入纵深悠长的伊罗戈（Ilokos）海岸一带。在此，他们继续北进，抵达菲律宾群岛最长的河流——卡加延河流一带，进而抵达东部海边。他们继续沿着吕宋岛面向太平洋的海岸南下，直至波利略群岛（Polillo Islands），后经由内湖返抵马尼拉。[①]

随着西班牙人在吕宋岛的殖民扩张，黎牙实比的权力逐渐达到了顶峰。作为总督和远征队的总指挥，他对远征队的部属官兵进行了"分封"与"赏赐"。根据与西班牙王室的协议，他被授予在马里亚纳（Mariana）群岛占有两个岛屿的权力。[②] 然而 1572 年 8 月 20 日，黎牙实比未来得及见证西班牙在菲律宾群岛的进一步荣耀而客死他乡。黎牙实比死后，西班牙人在菲律宾又进行了一系列的殖民扩张，不过随着 1576 年 27 岁的萨尔塞多卒于俾甘（Bigan），西班牙在菲律宾群岛第一阶段（1565—1576 年）的大规模征服行动也落下了帷幕。

此后的 25 年，野心勃勃的西班牙人已不再满足于对菲律宾的进一步探险。对士兵和传教士们而言，他们选择了以更加积极的引人瞩目式的热情投入到开发建设菲律宾的活动中去。正如贝大卫所言，在 16 世纪剩下的"四分之一年代，西班牙人在菲律宾的政策不仅仅是限于开发该群岛，而是努力将其建设成征服东方的商业和传教中心"[③]。也就是说，经过前十年的殖民扩张，西班牙人在米沙鄢群岛和吕宋岛，尽管尚未完全占有这些岛屿，但已建立为数不少的殖民据点，他们需要做的是进一步巩固这些已经获得的据点，并将其建设成

---

① David P. Barrows, *A History of the Philippines*, New York：World Book Company，1914，pp. 136 - 137.

②《菲律宾史》，第 111 页。

③ David P. Barrows, *A History of the Philippines*, New York：World Book Company，1914，p. 143.

东方商贸中心。

不过缓慢向各据点周遭区域进行渗透仍是 16 世纪后 25 年西班牙人的重要目标。在总督桑德(Sande,1575—1580 在任)任内,甘马粦经由查韦斯(Juan Chaves)将军被完全征服,并在此兴建了 Nueva Cáceres 城(即今天的那牙城,Naga City)。1580 年,继任总督的龙基略(Don Gonzalo Ronquillo,1580—1583 年在任)又进一步巩固了西班牙在菲律宾的统治地位。在班乃岛,西班牙人建立了一处据点——澳顿(Oton)——靠近今天的伊洛伊洛(Iloilo)城址。在龙基略指挥下,西班牙又平定了卡加延河谷的土著叛乱,在如今 Lallok 的地方兴建了新塞哥维亚(Nueva Segovia)城。这一河谷遂为西班牙人永久性占领。[1]

至 16 世纪末,西班牙人在菲律宾群岛的殖民活动已进行了长达 35 年之久,在菲律宾北部大规模的征服活动已告完成。通过早期军队和传教士的工作,西班牙在菲律宾建起了有限统治且保持了 250 年。直到 1850 年,西班牙人很少征服新的领地(南部的摩洛人早已熟知,但没有成功征服)。

至 17 世纪初,除巴拉望岛和摩洛人世界外,菲律宾群岛中所有较大的岛屿均被置于委任监管统治之下(Encomiendas)。土著民向西班牙人交纳贡赋,他们中的大部分改宗了天主教。即便很小的岛屿或礁石(islet),甚至,位于吕宋岛的太平洋沿岸微小的卡坦端内斯岛(Catanduanes),几乎都被开发了。1591 年,群岛北部的巴布延诸岛(Babuyanes)又被委任给塞尼娜(Esteban de la Serna)和卡斯蒂略(Francisco Castillo)。不过,也不是所有岛屿都获得了有效开发利用,有些西班牙人早期站稳脚跟的岛屿,后来出现了反复。例如,民多洛岛在西班牙征服菲律宾的早期占有重要地位,数十年内西班牙

---

[1] David P. Barrows, *A History of the Philippines*, p. 147.

的权力都及于此。然而除了少许来自吕宋岛的流动人口和南部苏禄的海盗外,该岛后来被摩尔人隔绝,长期处于荒芜状态。[①]

随着对吕宋岛的殖民与实地探险,西班牙人逐渐获得了对吕宋岛的地理知识。1583 年,墨卡托在其所绘东印度群岛中,不仅标出了民多洛岛、布里亚斯岛、替考岛和南部著名岛屿,而且包括了吕宋岛。进入 16 世纪 90 年代,吕宋岛的存在已成为欧洲制图员们的共识。[②] 1597 年 6 月 27 日,由埃尔南多·德·洛斯·里欧斯·哥罗内尔(Hernando de los Ríos Coronel)于马尼拉所绘《菲律宾群岛、艾尔摩莎岛与中国海岸地图》中吕宋岛已被清晰地绘出,包括该岛中的卡加扬(Cagaian)、伊洛戈(Iloco)、傍佳施兰(Pangasinan)、三描礼士(Canbales)、马尼拉、甘马鄰(Camarines)等地。[③]

随着西班牙人对菲律宾群岛南北岛屿分布实况的深入了解,至 16 世纪末欧洲的制图员已能较为全面地绘出菲律宾群岛的大致范围。例如,1601 年《卡斯提亚人于海外群岛及大陆事迹之通史》(Historia General de los Hechos de los Castellanos en las Islas y Tierrafirme de Mar Oceano)第二十六章关于"西印地亚斯群岛的地区"构成中,菲律宾群岛被描述成:"菲律宾群岛为 30 或 40 个大型岛屿所组成的群岛,没有许多密集分布的小岛,由南到北不到 200 里格长,宽则为 100 里格……大约在北纬 5 度到 15 或 16 度……棉兰老岛……保和岛……内格罗斯岛……宿务岛……巴拜岛(莱特岛)……担打耶(Tandayala,即萨马岛)……马斯巴特岛……班乃岛……民多

---

① David P. Barrows, *A History of the Philippines*, New York: World Book Company, 1914, pp. 156 - 157.

② Carlos Quirino, *Philippine Cartography 1320 - 1899*, third edition, pp. 33 - 35.

③ 李毓中主编:《台湾与西班牙关系史料汇编 I》,南投市:"国史馆"台湾文献馆,2008 年,第 344 页。

洛岛……吕宋岛。"①在该地区的地图描绘中,菲律宾群岛包括:吕宋、马尼拉、民多洛、马斯巴特、担打耶、班乃、布格拉斯、宿务、阿布尤、马克坦、保和、圣胡安(San Juan,可能是现在的 Siargao)、棉兰老、巴尔马斯岛(Palmas)。②

更为重要的是,这一时期还出现了专门的菲律宾群岛地图,而非将其作为东印度群岛的一部分。1598 年,荷兰人范登·科雷(Pieter van den Keere)首创了单独以菲律宾群岛为对象的地图,虽然地图中错讹交杂,但其初创之举功不可没,且与同时代的地图相比,其表达内容更为丰富。③ 1659 年,西班牙人奥罗兹科(Manuel Orozco)绘制了一幅题名为"Planta de las Filipinas"的地图。该图囊括的范围已与今天的菲律宾群岛相差无几,其北达巴布延岛、巴坦群岛,南至苏禄群岛中的霍乐岛及邻近岛屿。不过尚未涉及塔威塔威岛及其以南诸岛屿和巴拉望岛(Paragua)。④ 尽管该图因当时技术条件所限,不可避免地出现某些错漏,例如遗漏了早已为人们所熟知的巴拉望岛,但与以前分散、零星的,特别是作为东印度群岛一部分的绘制方式相比,此图还是有进步意义的。

进入 18 世纪,西班牙人的拓殖活动大为减少,主要是巩固、扩大已有据点。1778 年 7 月,巴斯克(Don José Basco y Vargas)就任菲律宾总督。作为一位奋发有为的总督,他对吕宋岛西北部伊哥洛特地区(Igorot country)组织了一系列军事征服行动。1785 年,异教徒伊哥洛特人于帕尼基(Paniqui)和伊图(Ituy)——即新比斯开(Nueva Vizcaya)两地发动叛乱,总督不得不从卡加延调集火枪队将其镇压。

---

① 李毓中主编:《台湾与西班牙关系史料汇编 I》,第 426—429 页。

② 同上书,第 446 页。

③ Carlos Quirino, *Philippine Cartography 1320–1899*, third edition, p. 49.

④ Philippine-Spanish Friendship Day Exhibit, *Three Hundred Years of Philippine Maps 1598–1898*, Manila: Metropolitan Museum of Manila, 2012, p. 13.

巴斯克也对吕宋岛北部的巴坦群岛（Batanes）进行了征服，并建立了要塞，明确将其纳入菲律宾。巴斯克对上述岛屿的军事征服，为其赢得了荣誉和广泛尊重。在其返回西班牙后，被授予"巴坦征服伯爵"（Count of Conquest of Batanes）的称号。①

西班牙人的影响力继续在北吕宋异教徒部落中缓慢渗透。那些狂热强悍的部落占据着整个中科迪勒拉山脉（Cordillera Central）。然而，18 世纪后半叶，传教士们的工作在新比斯开沿着马加特（Magat）河流一带部分地获得了成功，尽管那些狂热的猎人头山民仍未被征服或基督教化。1823 年至 1829 年间，在一名奥古斯汀神父的带领下，辟地甘（Pidigan）布道团使得阿布拉（Abra）河流域成千的町基安人（Tingians）皈依了天主教。1829 年，在加维（Don Guillermo Galvey）带领下，一支约 60 人的远征队进入了寒冷高峻的本格特（Benguet）高原。虽然远征队遭到了土著的伊格洛特人的多次袭扰，但他们最终抵达了如今称之为拉特立尼达（La Trinidad）盆地的地方。然而，直到 1846 年，本格特委任统治方才建立。阿布拉省亦于同年成立。②

自从黎牙实比于 1565 年 4 月在宿务建立第一块殖民地后，西班牙人以迅雷不及掩耳之势，短短十年之内兵锋横扫米沙鄢群岛的大部和整个吕宋岛，建立了为数众多的殖民据点。如果说麦哲伦命名的"圣拉萨罗群岛"和维拉洛博斯笔下的"菲律宾群岛"仍停留于对接触岛屿及附近岛屿宽泛的地域构建，寓地理区域范围于一种不确定性的话，那么随着黎牙实比远征队在米沙鄢群岛、吕宋岛多个殖民据点的建立及有效统治，菲律宾群岛已从早期西班牙人的"区域想像"

---

① David P. Barrows, *A History of the Philippines*, New York：World Book Company, 1914，pp. 244 - 245.

② Ibid., pp. 257 - 258.

逐渐走向了清晰的"实体单元"，从地理结构上不断形塑菲律宾群岛的四至轮廓范围。

三、"大菲律宾群岛"的形成：对棉兰老岛、苏禄群岛的征服

获取有香料群岛之称的马鲁古群岛向来是西班牙的战略目标之一。从地缘角度上看，这一目标的完成有赖于对棉兰老岛和苏禄群岛等穆斯林居住区的占领或控制。此外，这些岛屿 16 世纪还处于日益繁荣的中菲海上贸易航道上，是东南亚海岛地区的香料、海产与中国商品的集散地之一，具有十分重要的战略和经济地位。因此，在占领米沙鄢群岛和吕宋岛后，西班牙人立即发动了对这些岛屿的征服战争。由于西班牙人称穆斯林为"摩洛人"（Moros），故而西班牙史学家将对菲律宾南部穆斯林的殖民战争称为"摩洛战争"。[①]

1577 年，英国德雷克爵士（Sir Francis Drake）率领英国船队经由南美洲，横跨太平洋，进抵棉兰老岛东部，继而访问了马鲁古群岛，后经好望角返抵英国，完成了继麦哲伦之后的又一次环球航行。英国在香料群岛的行动引起了菲律宾总督桑德的极大不安，促使其加快了对南部岛屿的征战步伐。此时恰逢婆罗洲马来国王之一的斯莱拉（Sirela）请求西班牙人帮助对抗其兄长，以夺取苏丹宝座，并允诺以承认西班牙对婆罗洲的主权为交换。这为桑德出兵南部群岛觅得了千载难逢的良机。桑德随即派遣一支船队护送斯莱拉返回婆罗洲，并成功将其扶上苏丹宝座。然而船队中流行病的暴发和物资的短缺，迫使西班牙人不得不提前返回马尼拉。在返回途中，桑德派遣一位助手袭击了苏禄和棉兰老两岛，并向两地摩洛人首领提出归顺要

---

① ［菲］格雷戈里奥·F·赛义德：《菲律宾共和国，历史、政府与文明》（上册），北京：商务印书馆，1979 年，第 242 页。

求。西班牙人对摩洛人的袭击引起了摩洛人的报复行动,由此开启了西班牙人和摩洛人以后三百年的纷争。[1]

1596 年,菲律宾总督授予统帅菲格罗阿(Rodriguea de Figueroa)棉兰老省长的职务,允许其享有殖民该岛的独占权。是年 4 月,菲氏带领 214 名西班牙人、2 名耶稣会士和众多土著离开伊洛伊洛(Iloilo),于棉兰老的里奥格兰(Rio Grande)登陆,但他们随即遭到了当地摩洛人的激烈抵抗,终因寡不敌众而被迫撤至三宝颜(Zamboanga)附近的卡尔德拉(Caldera),并在此兴建了要塞。[2]

17 世纪,西班牙人和摩洛人进行了多次较量。西班牙采用建立前进基地(三宝颜要塞)和剿抚并用(天主教传教士配合军事行动)的策略,一度攻占了南部穆斯林的诸多要地,马巾达瑙首府莱米坦和苏禄首府霍乐(Jolo)相继陷落。然而退据内地的穆斯林没有放弃抵抗,他们在荷兰人的支持下不断袭扰西班牙人,最终迫使后者于 1646 年退出霍乐。不过在撤退前,西班牙人于 4 月 14 日与苏丹签订条约,建立攻守互助同盟。条约目的在于维持双方和平,与御敌时互相帮助。西班牙政府承认苏禄苏丹对从塔威塔威岛到 Tutup 和 Pagahak 一线岛屿的主权,西班牙国王则保留对塔普尔(Tapul)、锡亚西(Siasi)、巴兰金基(Balangingi,或 Samal)和潘古塔兰群岛(Pangutaran)的主权。作为西班牙从霍乐撤退的交换条件和表达兄弟般的友谊,苏禄苏丹承诺每年向三宝颜输送满载三艘船长 8 英寻当量的稻谷,并同意耶稣会士可在霍乐自由传教。然而,该条约并未得到有效遵守,1647 年苏禄人又袭扰了米沙鄢岛屿和三宝颜附近地

---

① David P. Barrows, *A History of the Philippines*, New York: World Book Company, 1914, p. 146.

② Ibid., p. 152.

区。[1] 1662 年,因中国明朝的郑成功收复被荷兰占据的台湾,西班牙人为加强吕宋岛防卫,方才放弃了三宝颜要塞。

1718 年,西班牙卷土重来,重建三宝颜要塞。然而此时国力正如日中天的苏禄,使得西班牙人的南进战略遭到了挫败。1737 年,西班牙殖民当局被迫与苏禄苏丹签订停战协定,西班牙人不得不承认苏禄是独立的主权国家。但条约又规定:缔约双方如有一方遭到外敌攻击时,另一方应立即予以援助,该条款为日后西班牙人干预苏禄内政提供了借口。[2] 总之,截至到 18 世纪末,西班牙当局耗费了大量人力、物力,也无法征服南部穆斯林。

进入 19 世纪,随着欧洲列强相继完成工业革命,他们对海外市场和原料产地的需求变得日益迫切。在此背景下,列强对菲律宾的争夺亦进入了新的阶段。菲律宾南部逐渐成为欧洲列强斗争的重要场所。为此,1805 年,西班牙和苏禄签订条约,规定没有西班牙政府的同意,外国居民不得在苏禄获得居留权。西班牙和任何其他国家一旦发生战争,苏丹管辖下的港口不得向西班牙的敌人开放。[3]

19 世纪中叶以后,西班牙加快了对棉兰老岛和苏禄群岛的征服。在棉兰老岛方面,1842 年西班牙殖民军大举入侵棉兰老岛,翌年迫使马巾达瑙的苏丹将三宝颜西部地区割让给西班牙。1844 年,西班牙舰队开入达沃湾,马巾达瑙苏丹被迫放弃对达沃地区的主权。1850 年,西班牙军队在占领霍乐的返途中,又占领棉兰老河口大片地区,建立据点,并不断蚕食马巾达瑙苏丹的领土,迫近其首府。1861 年,马巾达瑙苏丹在西班牙军队来到时签订"城下之盟",承认西班牙的统治权。于是,西班牙在棉兰老设置了军事政府,下辖三宝

① Najeeb M. Saleeby, *The History of Sulu*, Manila:Bureau of Printing, 1908, pp. 178 - 179.
② 金应熙主编:《菲律宾史》,郑州:河南人民出版社,1990 年,第 256 页。
③ Najeeb M. Saleeby, *The History of Sulu*, Manila:Bureau of Printing, 1908, p. 193.

颜、北区、东区、达沃、中区、巴西兰等 6 个行政单位,首府定在棉兰老河河口的哥达巴都(Cotabato)。西班牙人在棉兰老岛勉强建立起它的殖民统治。[①]

在苏禄群岛方面,1836 年 9 月 23 日(西吉来历:1252 年),西班牙舰长哈儿肯(José M. Halcon)与苏禄苏丹吉拉姆一世(Jamalul Kiram I)签订贸易协定。然而,西班牙独占苏禄的企图遭到了其他列强的强烈反对。从地缘战略上看,尽管西班牙因占据三宝颜要塞而获得了得天独厚的军事优势,但(西班牙)"在三宝颜的存在,还不足以保持其对苏禄和塔威塔威群岛的主权宣称。法国和英国均有占领和获得上述两地的不同计划。1844 年,一艘法国船只驶入苏禄群岛,与苏禄苏丹签订将巴斯兰以 100 万美金转给法国的条约。法国总理和历史学家基佐(M. Guizot)的文章表明,法国希望通过获得该岛在远东建立一座必需的海军基地,并建造一处大型商业港口,以与中国人展开贸易"。[②] 1849 年,詹姆斯·布鲁克爵士(Sir James Brooke)与苏禄苏丹签订一份协定,其中第七款规定,未征得大英帝国的同意,苏禄苏丹不能将其统治下的任何领土转让给他国,帝国也不承认任何国家对苏禄的主权主张或苏禄对他国的臣属地位。

在此背景下,西班牙决定以武力占领苏禄,以希造成吞并苏禄的既定事实。经多次行动,西班牙最终于 1851 年迫使苏禄苏丹签订亡国协定,宣布苏禄并入西班牙王国。是年 4 月 30 日,苏禄苏丹穆罕默德·普拉伦(Mohammed Pulalun)与三宝颜军政总督卡洛斯(José Maria de Carlos)签订条约,宣布"苏禄苏丹国并入西班牙王国"。其中第三款规定:苏禄岛及其附属岛屿已经并入西班牙王国,那里的

---

① 金应熙主编:《菲律宾史》,郑州:河南人民出版社,1990 年,第 294—297 页。

② David P. Barrows, *A History of the Philippines*, New York: World Book Company, 1914, p. 267.

居民已成为大西班牙家庭的一员,他们居住在大菲律宾群岛(Vast Philippine Archipelago),"整个苏禄群岛作为菲律宾群岛的一部分"。第六款又规定:"苏禄岛及其附属岛屿已经宣布为菲律宾群岛整体的一部分而隶属于西班牙。"苏禄文本则这样写道:"苏禄岛及其附属岛屿与菲律宾群岛结盟(ally themselves to the Philippine Islands),苏禄岛及其大小附属岛屿,一样作为菲律宾群岛(being the same as the Philippine Islands),隶属于西班牙。"[1]至此,西班牙从名义上获得了苏禄群岛的主权。

1876年西班牙决定永久性占领苏禄首府霍乐。在现代化军舰和武器的配合下,西班牙人成功占领苏禄。对苏禄而言,1876年西班牙对苏禄的占领是其历史上的一件大事。它决定了苏丹国的命运,明确固定了其与菲律宾群岛的关系,即与北部菲律宾(米沙鄢群岛和吕宋岛)一同构成了"大菲律宾群岛"。

由于这时苏禄苏丹还对北婆罗洲享有宗主权,因此随着苏禄苏丹国的并入,北婆罗洲亦成为西属菲律宾的一部分。这一点得到了西班牙制菲律宾地图的验证。1850年,一幅由匿名人士所制的菲律宾地图,明确将北婆罗洲与苏禄群岛予以同样的色调进行着色,这意味着作者是将北婆罗洲与苏禄群岛等同视之的,也就是说将其与苏禄群岛一同纳入了菲律宾群岛,或至少有此意图。[2]1852年,弗朗西斯科·科埃约(Francisco Coello)所制菲律宾地图更是以虚框的方式,详细划分了菲律宾群岛的行政范围,其中包括北婆罗洲部分。[3]1864年,马汀·费雷罗(D. Martin Ferreiro)所制菲律宾地图,将菲律宾群岛划分为35个行省,其中北至巴坦群岛,南至苏

---

[1] Najeeb M. Saleeby, *The History of Sulu*, Manila: Bureau of Printing, 1908, pp. 210 - 213.

[2] *Three Hundred Years of Philippine Maps 1598 - 1898*, p. 55.

[3] *Three Hundred Years of Philippine Maps 1598 - 1898*, pp. 56 - 57.

禄群岛,包括北婆罗洲。①

　　1878年,西班牙与苏禄签订条约再次重申了双方的从属关系。1882年,西班牙军队驻扎在菲律宾的海军上校安塞尔莫·奥勒拉(Anselmo Ollero)编绘了一幅菲律宾群岛图。② 该图的特别之处在于,作者是将北婆罗洲一带以与菲律宾群岛同样的颜色予以着色。这表明,至少在作者看来,北婆罗洲是菲律宾群岛的组成部分。如果说1882年奥勒拉菲律宾地图对北婆罗洲归属菲律宾群岛的意图表达较为含蓄的话,那么1883年埃斯科苏拉(De la Escosura)所制"菲律宾与苏禄图"③(Mapa de Filipinas y Jolo)则明确将北婆罗洲视作菲律宾群岛的一部分了。图中作者明确将"苏禄苏丹国"(Sultania de Joló)的字样横贯于婆罗洲一带。④ 这无疑说明,作者是将北婆罗洲视为菲律宾群岛(苏禄)的一部分的。

第三节　西属菲律宾与英属北婆罗洲、日属台湾的岛屿边界

　　19世纪中后期,西班牙吞并南部穆斯林地区的棉兰老岛和苏禄群岛等岛屿后,又于英国和德国签订三方条约,并于1885年的马德里条约中正式规定了苏禄群岛的边界,亦即西属菲律宾群岛的南部边界,条约同时规定西班牙宣布放弃曾经隶属于苏禄苏丹国的北婆

① *Three Hundred Years of Philippine Maps 1598 – 1898*, p.55.

② Ibid. , p.70.

③ 作者将地图名称写作"菲律宾与苏禄",一语道破了菲律宾群岛此前不包括苏禄群岛的事实。通过1851年和1878年两次条约,苏禄群岛才正式被划入菲律宾群岛,但其作为"大菲律宾群岛"一部分的历史,尚未扎根于人们意识中。

④ *Three Hundred Years of Philippine Maps 1598 – 1898*, p.61.

罗洲地区。1895 年西班牙又与北边的日本签订东京条约,规定了菲律宾群岛的北部边界。至此,菲律宾群岛的南北边界正式确定。不过,西班牙在菲律宾群岛的实际统治区域仅仅局限于大中城市,零星的据点、要塞,而偏远的郊区、山区,尤其是刚并入的穆斯林地区,西班牙的统治权并未真正触及,这一情势直至美西战争后。

一、1885 年西班牙、英国和德国马德里条约对菲律宾的南部划界

1878 年 7 月 20 日,西班牙再次迫使苏禄苏丹签订一份亡国协定,重申西班牙对苏禄的主权。这次协定与 1851 年西班牙与苏禄所签条约从法律上将苏禄苏丹国纳入了西班牙的殖民统治体系。由此苏禄苏丹国的地理边界,理论上变成了西班牙属菲律宾群岛的地理边界。狭义上,1380 年建立的苏禄苏丹国统治区域集中于苏禄群岛,包括巴西兰岛、巴兰金基岛、苏禄岛、锡亚西、塔威塔威岛和潘古塔兰岛,及其这些岛屿的附属岛屿。不过,在苏禄苏丹国的鼎盛期,苏禄苏丹的权力,西南至婆罗洲,南抵苏拉威西海,西及巴拉望岛和巴拉巴克岛,北到棉兰老岛。前文提及,与西班牙签订条约之际,苏禄苏丹还享有 1704 年文莱苏丹转让的北婆罗洲。苏禄苏丹领地使用的旗帜,由绘有浅蓝色背景的五个星星所围绕成的圆形图案构成。这五个星代表苏禄苏丹所统治的五个领地——北婆罗洲、巴拉望、民都洛、巴西兰和苏禄。[1] 这决定了西班牙属菲律宾群岛范围,从法律上应该向南延展至北婆罗洲一带。

然而 19 世纪以来英国在婆罗洲的殖民活动,已使苏禄苏丹国对

---

① [菲]格雷戈里奥·F·赛义德著:《菲律宾共和国:历史、政府与文明》(下册),温锡增译,北京:商务印书馆,1979 年,第 607 页。

北婆罗洲的实际统治名存实亡。1762 年,在德雷克将军(Admiral Drake)和威廉姆·德雷珀爵士(Sir William Draper)指挥下,英国舰队占领了西属菲律宾首府马尼拉。占领马尼拉后,英国人释放了一位被监禁的苏禄苏丹。为表达感激之情,苏丹决定将峇兰巴雁岛(Balambangan)转给英国东印度公司。第二年亚历山大·达尔林普尔(Alexander Dalrymple)被授予行使峇兰巴雁岛诸事职权,并在此地升起英国国旗。1763 年末,苏丹又将转让的范围扩展至婆罗洲北部和巴拉望南部,及两部之间的岛屿。[①] 不过英国在峇兰巴雁岛等地的拓殖不久便遭到了失败。

19 世纪英国加快了在北婆罗洲的殖民扩张。1865 年,美国人莫斯(Claude Lee Moses)从文莱苏丹手中,以每年 9500 美金为交换,获得了 10 年开发北婆罗洲(实际上属于苏禄苏丹的领土)的合约。莫斯后来在香港将开发权转给了美国人托利(Joseph W. Torrey)和哈里斯(Thomas B. Harris),并由后者组建了美国贸易公司。但该公司于 1866 年即宣布破产倒闭。1870 年,托利又将经营权转让给时任英国登特(Dent)兄弟公司香港部经理的德国人奥弗贝克(Gustavus Von Overbeck)。1874 年登特又注入一笔资金成为大股东。于是北婆罗洲的经营开发权最终归属了奥弗贝克和登特。在十年开发权期满后的 1877 年 12 月,这一转让再次获得了文莱苏丹的认可,同时还于 1878 年 1 月获得了苏禄苏丹的承认。[②] 如此,英国便在北婆罗洲站稳了脚跟。

英国对婆罗洲兴趣的演变史,国外学者曾撰文写道:“直到 19 世纪 70 年代,英国人似乎没有必要获得婆罗洲北方海岸更远地区,该

---

① W. H. Treacher, *British Borneo*: *Sketches of Brunai*, *Sarawak*, *Labuan*, *and North Borneo*, Singapore: The Government Printing Department, 1891, p. 4.

② Martin Meadows, "The Philippine Claim to North Borneo", *Political Science Quarterly*, Vol. 77, No. 3 (Sep., 1962), p. 326.

地区名义上依然由苏禄苏丹控制。苏禄的首领显贵们已经获得了征收森林和海洋产品的税权,他们从海边村落据点发号施令,苏丹权威支离破碎。不过,19世纪的最后25年,该地区日益引起英国的兴趣。苏禄和北婆罗洲之间的通道十分重要,因为它为中国和澳大利亚提供了一条商路。因此,有必要确保这条路线不落入其他欧洲列强手中,尤其是此时法国开始加强其在越南的地位,控制了另一条对华贸易路线。而且,荷兰人数年来一直在婆罗洲西南地区扩张,英国人还有些担忧西班牙、美国、德国、甚至意大利侵入婆罗洲地区。在马来半岛上,这种忧虑已经推动英国人的"前进运动"(forward movement),也间接地影响了婆罗洲的发展局势"[1]。

　　苏禄苏丹承认该转让不久后的7月20日,苏丹即与西班牙再次签订了丧权辱国的协定。因此,是年9月,一艘西班牙炮舰企图登陆北婆罗洲北部重镇的山打根(Sandakan)时,英国以拒绝承认西班牙与苏禄签订的协定为由,禁止其登陆,并最终迫使其撤离。西班牙随即向英国发出外交照会表达抗议,并声索北婆罗洲。[2] 西班牙认为根据1851年和1878年与苏禄苏丹签订的条约,西班牙已经享有苏禄群岛及其附属岛屿(包括北婆罗洲)的主权。对此,英国表示拒绝。[3] 正当西班牙与英国为北婆罗洲的权益争得不可开交之际,已在苏禄群岛享有广泛经济利益,并企图进一步谋求政治利益的德国(普鲁士),又对西班牙独占苏禄的图谋表示不满。[4]

---

[1] 芭芭拉·沃森·安达娅、伦纳德·安达娅著:《马来西亚史》,黄秋迪译,北京:中国大百科全书出版社,2010年,第221页。

[2] Martin Meadows, "The Philippine Claim to North Borneo", *Political Science Quarterly*, Vol. 77, No. 3 (Sep., 1962), p. 326.

[3] W. H. Treacher, *British Borneo: Sketches of Brunai, Sarawak, Labuan, and North Borneo*, p. 95.

[4] Volker Schult, "Sulu and Germany in the Late Nineteenth Century", *Philippine Studies*, Vol. 48, No. 1(2000), pp. 80–108.

1851 年西班牙首次与苏丹签订亡国协定后,借西班牙封锁苏禄群岛造成苏禄物资短缺的机会,普鲁士开始积极介入苏禄事务。1864 年,普鲁士人舒克(Hermann Leopold Schück)与苏禄苏丹正式建立了联系,后来成为苏丹的密切挚友,而享有在苏禄的种种贸易特权。1866 年 8 月,在一次途经苏禄海的商贸航行期间,普鲁士商船"吸血鬼号"(Vampyr)在船长诺艾克(Noelke)指挥下,短暂访问了霍乐。据诺艾克报告称,苏丹打算加强他的地位以对抗外部敌人——西班牙,及国内竞争对手——本土的达图。根据诺艾克的口头陈述,苏丹将转让东北婆罗洲来换取普鲁士的支持。经由船长之手,苏丹还向"我勇敢的兄弟普鲁士威廉姆国王"写了封亲笔信。在信中,苏丹抱怨西班牙对其国家发动的袭击,并且提到尽管他向英国请求帮助,但一直未获回应。因此迫切需要获得普鲁士的支持,为此可以签订友好条约。尽管这封信在柏林引起了巨大轰动,但普鲁士从未作出回应。帝国总理大臣德布吕克(Rudolf von Delbrück)认为,苏丹寻求与普鲁士缔结友好条约是受个人利益及形势影响,接受这一建议意味着站到了反对西班牙的一边,因此不符合普鲁士的利益。①

进入 70 年代,面对西班牙的严密封锁和每况愈下的经济状况,苏丹不得不于 1872 年和 1873 年两次向英国女王寻求帮助。然而,英国在给苏丹的回复中声称他们与西班牙保持友好关系,因而不会考虑采取行动。经舒克建议,苏丹阿扎姆(Jamal-ul Azam)亦向统一后的德意志帝国宰相俾斯麦写了封信。在信中,苏丹再次对西班牙对其国家所行之事表示愤慨,表达与德国建立友好关系的愿望,并寻求帮助。与该封信一起送往柏林的还有礼物珍珠、舒克关于苏禄的

---

① Volker Schult, "Sultans and Adventurers: German Blockade-runners in the Sulu Archipelago", *Philippine Studies*, Vol. 50, No. 3 (Third Quarter 2002), p. 405.

报告,以及苏禄的贸易前景。①

此时欧洲仍是俾斯麦政治上的关注焦点,因此对苏丹的来信其并未作出回应。不过随着德意志帝国的建立及实力的增长,部分政客、外交官和海军高层开始倾向于提升帝国的世界影响力,保护其日渐增长的海洋贸易。在此背景下,海军司令命令德国亚洲舰队"仙女号"(Nymphe)指挥官海军上尉冯·布兰克(Von Blanc)对东南亚群岛展开调查,特别是研究在苏禄群岛设立潜在海军基地的可能。

1873 年 3 月,按照海军司令的指示,冯·布兰克(Von Blanc)考察了位于塔威塔威岛(Tawi-Tawi Island)上苏丹打算转让给德国的三个港口:马鲁杜、山打根和邦奥(Bongao)。布兰克的行动引发了英国的高度警觉,以致时任德国外交部长冯·彪罗(Von Bülow)不得不向英方作出解释说,"尽管德国在该地区的贸易日渐增长,但德国政府既不想、也不打算在苏禄获得任何领土",以此来缓和两国间一时紧张的关系。② 不惟如是,德国的这一行动被西班牙当局视为一种挑衅行为,为此西班牙政府下达了炮击霍乐的命令,作为对苏丹与德国保持联系的回应。

1873 年,德国双桅船"玛丽·路易丝号"(Marie Louise)和"瞪羚号"(Gazelle)在苏禄海被西班牙相继捕拿,经过德国的强烈抗议后,西班牙被迫将其释放。在接下来的几年内,类似的行动又发生了数次。1875 年 10 月 23 日和 1896 年底,德国商船"米娜号"(Minna)两次遭到西班牙的扣押,1876 年 12 月商船"托尼号"

---

① Volker Schult, "Sultans and Adventurers: German Blockade-runners in the Sulu Archipelago", *Philippine Studies*, Vol. 50, No. 3 (Third Quarter 2002), p. 406.
② Volker Schult, "Sulu and Germany in the Late Nineteenth Century", *Philippine Studies*, Vol. 48, No. 1(2000), p. 85.

（Tony）又遭缉拿。[①]

为了缓和紧张局势,1877年英国联合德国向西班牙提出了贸易自由的外交照会。3月11日三方签订的苏禄协议规定,西班牙承认苏禄地区的贸易与航行自由,当局只能对西班牙军队实际占领的苏禄地区征税;而英德则承认西班牙对已占之地的权利。[②] 1878年7月20日,当苏丹阿扎姆再次与西班牙签订媾和条约后[③],三方又于1885年3月7日在马德里再次签订了一份关于苏禄的条约(下文简称"1885年马德里条约")。

条约第二款对苏禄群岛的范围作出了新的规定:根据1836年9月23日西班牙与苏禄苏丹签订的协议,苏禄群岛包括如下岛屿:一边从棉兰老岛极西端起,另一边至婆罗洲大陆和巴拉望岛,除了第三款提及的那些岛屿之外。巴拉巴克岛和卡加延苏禄岛也属于苏禄群岛。第三款则规定,西班牙政府放弃所有对婆罗洲大陆领土声称的一切主权,这些领土属于或可能属于苏禄苏丹,包括邻近的巴兰邦岸岛(Balambangan)、邦吉岛(Banguey)、马拉瓦利岛(Malawati),与从海岸算起3里格范围内的所有岛礁,以及由"英国北婆罗洲公司"所管理的部分领土。[④] 同时,西班牙又在加罗林群岛让出雅浦等岛屿作为德国的领地。[⑤] 至此,三方确定了各自在苏禄海域的势力范围。

1885年马德里条约是英、德、西三方竞争、合作与妥协的结果。当西班牙占领苏禄群岛本部后,本想,乘胜利者之威一举占领苏丹附属地北婆罗洲,但因自身力量孱弱,及英国的强烈反对,而不得不作

① Volker Schult, "Sultans and Adventurers: German Blockade-runners in the Sulu Archipelago", *Philippine Studies*, Vol. 50, No. 3 (Third Quarter 2002), p. 409.

② Volker Schult, "Sulu and Germany in the Late Nineteenth Century", *Philippine Studies*, Vol. 48, No. 1(2000), p. 94.

③ 金应熙主编:《菲律宾史》,第298页。

④ Najeeb M. Saleeby, *The History of Sulu*, Manila: Bureau of Printing, 1908, p. 372.

⑤ 金应熙主编:《菲律宾史》,第298页。

罢。面对南部强劲的英国和咄咄逼人的德国,西班牙在获得对苏禄群岛本部(包括巴拉望一带)的实际控制并获得英德承认后,便满足于将自身的利益诉求限定于苏禄群岛本部,而放弃对北婆罗洲的权益声索。

对英国而言,一方面,北婆罗洲势力的巩固和苏禄海贸易自由原则的确立,可以保证帝国的商业利益和航路安全;另一方面,英国更乐意看到一个衰老的西班牙控制邻近北婆罗洲的苏禄群岛,而不是一个对苏禄群岛兴趣与日俱增、海外贸易不断增长的德国。对德国而言,作为后起之秀,因缺乏足够的实力,在重大区域野心勃勃的事件决策中无力对抗强大的老牌殖民大国,因此在满足于商业自由诉求的前提下,选择暂时搁置谋取苏禄—婆罗洲—巴拉望一带战略岛屿的诉求,不失为一种明智之举。

1885年马德里条约不但使西班牙对苏禄群岛的主权获得了英国和德国的承认,而且从法律上规定了苏禄群岛的范围。条约的签订事实上使苏禄群岛南部(或者菲律宾群岛南部)的边界变得明朗起来,尽管在实践层面上尚未确定明晰的界线。在此之前,苏禄苏丹国与文莱苏丹国在北婆罗洲一带并没有明确的国界线,这也是奥弗贝克与登特等人在北婆罗洲转让过程中需要获得两位苏丹一致同意的重要原因。1885年马德里条约成为美西战争后,特别是20世纪30年代,美国与英国北婆罗洲公司划定美属菲律宾群岛与英属北婆罗洲界限的法律依据。

二、1895 年西班牙与日本东京条约对菲律宾的北部划界

与通过法律文件确定菲律宾南部界限类似,19世纪90年代,西班牙与北方邻国日本签订的另一份条约,规定了菲律宾群岛的北部界限。《马关条约》将中国的台湾岛割让给日本。日本遂与西班牙属

菲律宾群岛相邻。为确定各自主权范围,1895 年 8 月 7 日两国使节在日本东京签订了"西班牙与日本划分两国疆界共同宣言"(Declaration on the Delimitation of Boundary between the Government of Spain and the Government of Japan,下文简称"1895 年东京条约")。其内容是:日本国皇帝陛下之政府及西班牙皇帝陛下之政府,均希望增进两国间现存之友谊,并信明确认清太平洋西部两国版图之所领权,实为求达此项希望之一切。为此两国政府所委全权,即日本国皇帝陛下之文部大臣临时代理外务大臣侯爵西园寺公望,及西班牙皇帝陛下之特命全权大臣加尼沃,协议并决定左列宣言:第一,以通过巴士海峡可以航行海面中央之纬度并行线,为太平洋西部日本及西班牙两国版图之境界线。第二,西班牙宣言决不主张该境界线之北方及东北方之岛屿为其所有领土。第三,日本国政府宣言决不主张该境界线之南方及东南方之岛屿为其所有领土。明治二十八年八月七日,即西元 1895 年 8 月 7 日在东京作成宣言书两份。[①]

按照双方所签条约,两国以巴士海峡中线为两国分界线。通过此条约,西班牙属菲律宾群岛北部边界亦获得了法律上的确定。这也成为美西战后双方签订巴黎和平条约确定菲律宾群岛北部边界的重要法律依据。尽管此时西班牙与日本尚未就巴士海峡的中线作出具体的纬度规定,以致造成了后来诸多分歧(详见第二章第二节)。

通过 1885 年马德里条约和 1895 年东京条约,西班牙分别与南边的英国(即后来的英属北婆罗洲)和北边的日本,从法律上确定了菲律宾群岛的南北边界,从而确立了菲律宾群岛的基本地理架构。这是美西战后巴黎和平条约与 30 年代美英划界条约的重要法律基

---

① 陈鸿瑜编译:《东南亚各国海域法律及条约汇编》,台南:暨南国际大学东南亚研究中心,1997 年,第 26—27 页。

础,它们基本奠定了后来菲律宾群岛的南北边界。

两次条约对菲律宾群岛南北边界的规定立即反映在当时所制的菲律宾地图中,尤其是对南部边界的展示。1887年,西班牙地理委员会(Diccionario Geográfico de España)的雷蒙·普拉特(Ramon Prats)编绘了一幅菲律宾地图[1],其中着色部分就止于婆罗洲,但包括了邦吉岛(北部至巴坦群岛)。1890年,由 Fortanet 出版的马德里地理学会季刊第一期(the Geographic Society of Madrid)中,刊出了斐迪南·布鲁门特里特(Ferdinand Blumentritt)所绘制的"菲律宾群岛人种志地图"(Mapa Etnográfico del Archipiélago Filipino)一图。在该图中,作者列举了菲律宾群岛的 63 个行省,范围北至巴布延群岛,西南至巴拉巴克岛、卡加延苏禄、塔威塔威岛,其中着色部分也包括婆罗洲沿海一带。[2] 但作为人种志地图,其反映的是对该区域的人种分布情况并不涉及国家领土主权概念,且所着色部分仅限于北婆罗洲沿海一带,未像以往地图那样,将北婆罗洲的大部以与菲律宾群岛同样的颜色着色。这说明,此时西班牙人已经接受了马德里条约关于菲律宾群岛南部边界的规定,并从地图中予以确认。可以说,1885 年马德里条约是对西班牙属菲律宾群岛南部界限的最终确立。

三、1898 年美西战争前西班牙属菲律宾的岛屿边界

西班牙人占领菲律宾群岛后,为便于统治设立了行省制度。截至 17 世纪初,菲律宾群岛的行省数量已达 17 个。[3] 其中,重要的省

---

[1] *Three Hundred Years of Philippine Maps 1598 - 1898*,p. 69.

[2] *Three Hundred Years of Philippine Maps 1598 - 1898*,p. 67.

[3] Alip, *Political and Cultural History of Philippines*,Manila:Alip and Sons Inc.,1954,p. 162.

份有马尼拉、甘马麟、班诗兰省、班乃省、卡加延省和宿务省。[①] 1791年，时任总督巴斯克（Don José Basco）对巴坦群岛（Batanes）进行了征服，将其纳入西属菲律宾。[②] 1846年，本格特委任统治地正式建立，阿布拉省亦于同年成立。[③] 当棉兰老岛和苏禄群岛被渐次并入西属菲律宾时，西班牙又于此地设立军政省区。1861年7月31日，西班牙王室发布皇家饬令，决定在棉兰老和巴西兰地区设置军政府（A Politico-military Government），下辖三宝颜、北区、东区、达沃、中区、巴西兰等6个行政单位，首府定在棉兰老河河口的哥达巴都（Cotabato）。1878年，又增设第7个行政单位——苏禄区。[④] 因此截至19世纪末，通过行省制度（无论是民政省区还是军政省区），西班牙基本上将整个菲律宾群岛纳入其殖民统治体系。

尽管西班牙人建立起的一整套行省制度从范围上囊括了菲律宾群岛的大部分，即北至巴坦群岛、南抵巴拉望岛和苏禄群岛，但其并未有效地将菲律宾群岛整合为一个南北统一的政治实体。理由主要有二：

第一，虽然1885年马德里条约和1895年东京条约，分别以法律的形式确立了菲律宾群岛的南北界限，但是西班牙人尚未对南北边界展开切实而有效的实地调研和测绘，他们对南北边界的具体走向、范围还处于一种混乱状态。

---

① Alip, *Philippine History: Political, Social, Economic*, Manila: Alip and Sons Inc., 1958, pp. 244 - 245.

② Ignacio Villamor, *Census of the Philippine Islands, Taken under the Direction of the Philippine Legislature in the Year 1918, Volume I, Geography, History, and Population*, Manila: Compiled and Published by the Census Office of the Philippine Islands, 1920, p. 97.

③ David P. Barrows, *A History of the Philippines*, New York: World Book Company, 1914, pp. 257 - 258.

④ Najeeb M. Saleeby, *The History of Sulu*, p. 215.

对菲律宾南部边界的现状,1904年时任美国国务卿的海伊曾一针见血地指出:"1877年和1885年条约签订之后,西班牙和英国都没有在婆罗洲沿岸三里格的地方划定一条分界线,也没有尝试着这样去做。不过,如果没有两国政府间一份关于那里的准确地理知识的协定,婆罗洲沿岸以及附属岛屿的地貌特征,似乎会阻碍婆罗洲与苏禄群岛间确定一条精确的条约线。由于婆罗洲海岸线的不规则分布,1885年协定之后双方(即西班牙和英属北婆罗洲公司)对三里格处界限的划分往往带有随意性,因此,(实际岛屿的占领)更多考虑的是双方间的便利,例如,很多岛屿被一分为二了。此外,1885年的协定没有对三里格界限的起讫点作出清晰的说明。"[1]与南部边界如出一辙,西班牙人对北部边界同样模糊不定,以致引起了后来对菲律宾北部边界的广泛争议。南北边界地理知识的匮乏与对偏远岛屿的漠视,使得西班牙人不可能在偏远岛屿的边疆地区,建立起稳固有效的行政统治。美西战争前,西班牙对边疆地区的统治,没有随着西属菲律宾地理架构的法律化确立,而得到实质性的加强。

第二,美西战争前,西班牙人虽对那些纳入菲律宾群岛不久的内陆岛屿地区,建立了行政体系,但并未建立实质性的有效统治,尤其是南部穆斯林地区。西班牙人通过零星的、强有力的要塞控制着南部地区,但"对当地社会的完全控制却是相当薄弱的,事实上,在美国海军在马尼拉湾取得胜利后,其统治已土崩瓦解"[2]。西班牙占领苏禄群岛后,"苏禄人的法律和他们对自身内部事务的管理没有受到干

---

[1] United States Department of State, *Papers relating to the foreign relations of the United States, with the annual message of the president transmitted to Congress*, December 3, Part I, Washington: U. S. Government Printing Office, 1907, p. 542.

[2] Howard M. Federspiel, "Islam and Muslims in the Southern Territories of the Philippine Islands during the American Colonial Period (1898 to 1946)", *Journal of Southeast Asian Studies*, Vol. 29, No. 2 (Sep. , 1998), p. 340.

预。他们的宗教、社会结构、民族风俗习惯没有受到丝毫的影响。西班牙人的影响力和管辖权未超出其所设要塞之外,实质性的改革或进步也没有通过那种渠道进抵摩洛人的社会"[1]。而决定苏禄与西班牙隶属关系的 1878 年条约,其意义仅仅是使西班牙获得了对苏禄外交关系和商业,以及将后者纳入了菲律宾群岛的无可争辩的权利。西班牙对苏丹的任命权和征税权,事实上是失败的。[2]

　　与南部穆斯林地区相比,西班牙在吕宋岛北部本格特山区省份比较健全的统治建立时间要更晚,基础更为薄弱。例如,委任统治地安布拉延(Amburayan)于 1889 年建立,卡布高安(Cabugaoan)和卡亚帕(Cayapa),更是迟至 1891 年方才建立。[3] 美西战争前,西班牙在这些新建立的殖民地尚未、也不可能建立起有效的,与那些平原地区的省份相媲美的统治。无怪乎,有人说:"西班牙只把殖民统治扩张到民多洛以北诸岛的沿海平原和山区平坝,至于吕宋中部山地的回教徒和南部各岛的伊哥洛人(Igorot)、贺洛人(Jolo)、苏禄人(Sulu)和棉兰老人,则对西班牙人进行了三百年的有效战争,始终未被征服。"[4]

　　总而言之,美西战争前西班牙实质性的统治,无论从广度上还是深度上,尚未在整个菲律宾群岛有效地建立起来,群岛南北地区的总体粘合度还处于较低水平。但西班牙"联合了吕宋、比萨扬、棉兰老为一个国家,称为菲律宾纳斯(Filipinas)"[5],其南北岛屿边界通过

---

[1] Najeeb M. Saleeby, *The History of Sulu*, Manila: Bureau of Printing, 1908, p. 247.

[2] Najeeb M. Saleeby, *The History of Sulu*, p. 258.

[3] Ignacio Villamor, *Census of the Philippine Islands, Taken under the Direction of the Philippine Legislature in the Year 1918, Volume I, Geography, History, and Population*, p. 195.

[4] 严中平:《老殖民主义史话选》,北京:北京出版社,1984 年,第 289 页。

[5] [菲]格雷戈里奥·F·赛义德著:《菲律宾共和国:历史、政府与文明》(上册),温锡增译,北京:商务印书馆,1979 年,第 152 页。

1885年马德里条约和1895年东京条约获得了法律上的确立,从而奠定了美西战后菲律宾南北边界的基础。

本章小结

　　1521年以麦哲伦为首的西班牙探险队抵达托尔德拉斯条约所规定的西班牙属"西部群岛"后,将其一部分命名为"圣拉萨罗群岛"。1542年德·维拉洛博斯第一次将萨马岛为中心的周边岛屿称作"菲律宾那"(Felipina)。随着1565年黎牙实比正式占领宿务岛,并渐次占领米沙鄢群岛和吕宋岛,"菲律宾群岛"的内涵不断扩大,囊括了今天菲律宾群岛的大部,但菲律宾总督所管辖的区域仅局限于改宗的信奉天主教的地方。1851年,随着西班牙对菲律宾南部穆斯林地区的征服,及西班牙当局与苏禄苏丹达成合并苏禄群岛的政治协定,菲律宾群岛从理论上正式包含了南部苏禄群岛等穆斯林居住区。苏禄群岛与菲律宾群岛北部天主教区一并构成了"大菲律宾群岛"。1885年经过多年博弈与妥协后,西班牙、英国和德国签订划分西里伯斯海和苏禄海一带势力范围的马德里条约,确定了西班牙属菲律宾与英国属北婆罗洲之间的边界;1895年西班牙又在北方与割占台湾岛的日本于东京签订划分两国太平洋属地的边界条约,确定了两国以巴士海峡中线为界。上述两份法律文件从法律上正式规定了西班牙属菲律宾群岛的南北岛屿边界。西属菲律宾南北边界在法律条文上的确立,为后来美西战争后美属菲律宾南北边界的形成提供了重要的法律依据。

第二章

美西战争与 19 世纪末 20 世纪初
美属菲律宾岛屿边界

1898 年美西战争以西班牙的失败并割让包括菲律宾群岛在内的诸岛屿给美国告终。1898 年 12 月美西双方于巴黎签订的和平条约规定了割让给美国的菲律宾群岛范围,形成了一条所谓"巴黎条约线"的美属菲律宾边界。1900 年美西双方又于华盛顿签订条约,将锡布图岛和卡加延苏禄岛作为菲律宾群岛的一部分转让给美国,且明确将西班牙在美西战争之际在菲律宾群岛享有主权或管辖权的一切岛屿转让给美国。两份边界条约初步勾勒了美属菲律宾边界。经1900 年美西条约,巴黎条约线首次被调整与改动,但仅局限于菲律宾南部的苏禄海和东南部一隅,其他方向的巴黎条约线并未发生变化。

第一节　1898 年美西战争与西属菲律宾的易手

1898 年 4 月,在与西班牙进行的战争中,美国取得了最终胜利,从而获得了割占西班牙所属包括菲律宾群岛在内诸多殖民地的可能。对占领西班牙的殖民地——菲律宾,美国内部并无太大异议,但对割占菲律宾群岛的范围大小曾有不同意见。占领部分岛屿说与割占全部群岛说聚讼不已,纷纷扰扰,这种情况直至巴黎和平条约签订、以割占整个群岛为止。

一、美西战争的爆发与扩张主义者的胜利

南北战争后,由于国内市场的统一,政治环境的稳定和第二次工业革命的蓬勃开展,美国的工农业生产得到了迅速的发展。据称,在不到三十年的时间内,其工业生产便赶上并超过了当时号称"世界工厂"的英国,而跃居世界首屈一指的工业强国。例如,1890年美国工业生产总值在世界所占的比重为31%,已位居首位。[1] 大工业和垄断资本随之产生,并迅速发展。经济的腾飞为美国对外扩张、开拓世界市场和原料产地提供了条件。

经济实力的膨胀使美国政府在对外政策上开始显得格外自信,并表现出一副咄咄逼人的态势。此时邻近的西属殖民地古巴爆发的革命斗争,为美国挑战西班牙在美洲统治,并意图取而代之找到了绝好的机会。1898年2月15日,停泊于古巴哈瓦那港的美国战舰"缅因号"(the USS Maine)发生了爆炸,这为美国向西班牙宣战提供了千载难逢的良机。经过准备,4月25日美国正式向西班牙宣战,美西战争正式爆发。

美西战争爆发后,双方的战场主要集中于加勒比海一带,但太平洋地区,尤其是西班牙在亚洲的殖民地菲律宾群岛也成为战场之一。4月27日,美国海军亚洲分舰队司令乔治·杜威(George Dewey)奉命,率领亚洲舰队从香港起航进抵马尼拉湾,于5月1日"一举摧毁了帕特里西奥·蒙托霍(Patricio Montojo)海军上将指挥的西班牙舰

---

[1] 杨生茂、冯承柏、李元良主编:《美西战争资料选辑》,上海:上海人民出版社,1981年,第2页。

队"①。随后美军封锁马尼拉湾,切断马尼拉与外界的联系。杜威在马尼拉湾的胜利极大鼓舞了美国的统治上层和普通民众。

对突如其来的胜利,美国人此时还未做好收获果实的心理准备。尤其是在占领西属菲律宾群岛问题上,美国内部尚有严重分歧,例如,当时美国报刊《文摘》在其一份新闻抽样调查中发现,约 43% 的美国人倾向于吞并菲律宾,24.6% 反对,32.4% 犹豫。《纽约先驱报》在 1898 年 12 月发现 498 名编辑中有 305 名支持吞并菲律宾的政策。② 反对者认为吞并菲律宾将违背门罗精神,会将美国置于列强的纷争之中。③ 不过扩张主义者的呼声最终获得了胜利。究其原因主要是:

首先,20 世纪前后美国已经完成第二次工业革命,并由自由资本主义阶段进入垄断资本主义阶段,综合国力大为增强,迫切需要海外市场和原料产地。美国人"开始考虑他们是否已经落后于时代,也开始考虑如果不参与帝国主义冒险并且不去'承担'随着报酬和掠夺物而来的'白种人的负担'的话,他们是否还能保住自己的利益和市场"④。向太平洋地区扩张,变太平洋为美国的"内湖",已成为美国扩张主义者的战略目标。海军助理部长西奥多·罗斯福(Theodore Roosevelt)、参议员洛奇(Henry Cabot Lodge)和马汉(Alfred T. Mahan)等人成为扩张主义的坚定力行者。⑤

---

① Renato Constantino, *The Philippines: A Past Revisited*, Manila: Tala Pub. Services, 1975, p. 198.

② 刘绪贻、韩铁、李存训:《美国通史》(第 4 卷),北京:人民出版社,2001 年,第 109 页。

③ *A Treaty of Peace between the United States and Spain*, Washington: Government Printing Office, 1899, p. 542.

④ J. 布鲁姆等著:《美国的历程》下册,杨国标等译,北京:商务印书馆,1988 年,第 155 页。

⑤ Oscar M. Alfonso, *Theodore Roosevelt and the Philippines 1897 - 1909*, New York: Oriole Editions Inc., 1970, pp. 21 - 22.

　　而菲律宾作为太平洋商业扩张的桥头堡,其战略地位不容低估。正如前美国驻中国公使查尔斯·邓比(Charles Denby)在1898年11月发表文章所公然宣扬的:"我们有权作为占领者取得菲律宾。我们有权占领它们以作为对战争的部分补偿……菲律宾是我们在远东的立足点。占领它们能给予我们地位与影响,也带给我们富有价值的进出口贸易……我们已经成为一个伟大的民族,我们有巨大的商业需要照顾。我们要与世界商业国家竞争那遥远的市场。现在是商业而不是政治成了王国,是制造业主和商人主宰外交和控制选举。"①

　　其次,作为商业基地,菲律宾群岛极具重要性。菲律宾是太平洋的哨兵,"是通往南中国和南洋国家贸易的大门"②。它守卫着千万人的中国、朝鲜、法属印度支那、马来半岛、印度尼西亚群岛及以南地带的贸易通道。菲律宾群岛蕴藏着丰富的煤矿资源,可以替代澳洲和台湾的矿煤供应,"鉴于菲律宾群岛位于煤层颇丰的北婆罗洲和台湾岛中间,未来矿藏发挥巨大的作用将是可能的"③。菲律宾还有丰富的蔗糖、黄金、铜铁、石油等商品大宗。

　　最后,菲律宾可以成为美国向中国进行扩张的"跳板"。菲律宾"不但是远东的重要基地,通往人口大国中国的跳板,而且其巨大的自然资源使得其成为一个理想的领地,因此无论从何种角度考虑,这都是很重要的,即菲律宾不能落入除美国和大英帝国之外的其他列强之手"④。美国参议员亨利·C·洛奇在美西战争后向国会发表演说为美国占领菲律宾辩护,赤裸裸地大谈"获得菲律宾群岛对美国的利益"。除了菲律宾本土的丰富资源外,他还特别谈到美国占领菲律

---

① 《美国年鉴》,第12卷,第234—235页。转引自,《美国通史》(第4卷),第106页。
② *A Treaty of Peace between the United States and Spain*, p. 564.
③ *A Treaty of Peace between the United States and Spain*, p. 530.
④ *A Treaty of Peace between the United States and Spain*, p. 542.

宾对进一步向中国扩张的"重要意义",他说:"杜威的胜利使得我们在东方问题中处于优势地位。"①

在马尼拉湾胜利后,杜威写道:胜利的后果对于控制太平洋以及对于在人口稠密的东方为贸易利益进行的国际竞争都促进了一个新的因素。美国迄今被认为是一个二等国,在美洲半球三英里界线之外,它的外交政策是无关重要的。由于打了一个上午的仗,我们在国际关系中的重要关头,取得了一个远东基地,这时欧洲列强瓜分中国看来逼在眼前。② 一篇题叫《菲律宾的战略价值》署名为特拉克斯顿·比尔(Truxtun Beale)的文章认为,"占领菲律宾群岛,不仅仅是出于群岛本身的利益考虑,尽管这一点是其衡量的一部分,但更因为这能使得美国控制中国的市场"③。

吴俊才在其《东南亚史》一书中认为美国占领菲律宾系出于以下三点考虑:"第一,任令菲岛独立,无异驱羊就狼。古巴之所以可获独立,系因美国原系为此而战,且有门罗主义的保障,可免他国的侵略,菲律宾则不然,如不被西班牙继续占领,即难免受日本的威胁,因此不能即予独立地位;第二,菲岛在西班牙长期统治下,自治基础尚固,尚没有独立自治能力;第三,美国在太平洋的商业力量日益扩张,但苦于无适当基地,美西战争期间,虽已合并夏威夷,但距离亚洲大陆的广大市场仍然遥远,不如法、德、英、俄诸国已在中国占有重要港口基地之便利,倘能取得菲律宾,则美国商人即可以与欧洲国家及日本,在亚洲大陆竞争市场。"④

---

① 杨生茂、冯承柏、李元良主编:《美西战争资料选辑》,上海:上海人民出版社,1981 年,第 286 页。

② [菲]格雷戈里奥·F·赛迪著:《菲律宾革命》,林启森译,李永锡校订,广州:广东人民出版社,1979 年,第 221—222 页。

③ *A Treaty of Peace between the United States and Spain*,p. 558.

④ 吴俊才:《东南亚史》,台北:正中书局,1977 年第一版,第 151 页。

由于上述诸多原因,美国无意放弃通过战争手段获得的菲律宾。时任美国总统的麦金莱(William Mckinley)对此有着极为深刻的表达。1899 年 11 月 21 日,麦金莱发表谈话为自己的菲律宾政策辩护。他宣称美国不能把菲律宾群岛归还西班牙,因为这对美国来说是胆怯的和不荣誉的;美国不应把菲律宾转交给东方的竞争对手德国和法国,这会招致经济损失和信誉丧失;美国也不能容许菲律宾独立,因为这将导致比西班牙统治更糟的无政府无纪律状态;美国唯一能做的就是取得全部菲律宾群岛,然后对菲律宾人民晓以基督教理想,教以西方文明。[①]

二、美国内部对割占菲律宾范围的争论

美国内部关于夺取菲律宾问题,虽然最终以扩张主义者的胜利告终,但对如何确定割让的菲律宾岛屿大小或范围,在美西和平条约签订之前,却一直众说纷纭,莫衷一是。即使是直接参与巴黎和平谈判的美方代表团成员,也没有一致性的意见。[②]

在和平条约签订前,美国对菲律宾群岛的领土方案,归纳起来,大致有如下五种论说:

1. 割占吕宋岛一隅说。早期美国高层的意见主要是满足于割占吕宋岛、控制群岛中的重要加煤站,以及在整个群岛实行商业上的"门户开放"政策。因此,在赴巴黎参加和平谈判之前,美方代表团所

---

① 杨生茂、冯承柏、李元良主编:《美西战争资料选辑》,上海:上海人民出版社,1981 年版,第 108 页。
② 代表团主席戴伊赞同割占吕宋岛、民多洛岛和巴拉望岛,以及那些能控制进入南中国海的岛屿;参议员里德倾向于支持占领吕宋岛一隅;戴维斯和弗莱伊则支持吞并整个菲律宾群岛;代表团成员民主党人格莱(Gray)则反对任何形式的帝国主义瓜分行径。参阅,《菲律宾革命》,第 293 页。

接到的指示是割占的领土不得少于吕宋岛。^① 美方高层之所以追求吕宋岛一隅，主要是基于在满足美方对战争的"赔偿"前提下，尽可能减少美国统治菲律宾带来的负担考虑。首先，吕宋岛曾是西班牙统治菲律宾的政治、经济、文化中心，马尼拉周遭地区已经基督化，并向周边纵深拓展。岛中土著居民已经接受、融入欧洲文明而变得"有教养"。这就便于同属基督教文明之列的美国统治。其次，菲律宾群岛中的米沙鄢群岛、棉兰老岛，则处于文明"未开化"的阶段，种族的复杂性与宗教的多样性及土地的原始性，将使得管理这些群岛的成本大为上升，这将不可避免地成为美国统治菲律宾的"负担"。

2. 转让吕宋岛、民多洛岛、巴拉望岛等西部一线岛屿。美方代表团主席威廉·鲁·戴伊（William R. Day）是这一方案的支持者，"他的计划是要求转让吕宋岛、民多洛岛、巴拉望岛和一些能控制进入南中国海通道的小岛"^②。

3. 占领吕宋岛、米沙鄢群岛和棉兰老岛说。率领美国海军亚洲分舰队一举摧毁西班牙位于马尼拉海军的美军准将杜威支持此论。在 1898 年 8 月 29 日致菲律宾军政总督威斯·莱梅里特（Major-General Wesley Merritt）将军的信中，杜威表示，"菲律宾最重要的岛屿是吕宋岛、班乃岛、宿务岛、尼格罗斯岛、莱特岛和棉兰老岛。其他岛屿，要么由于定居者的性格，有限的文明程度，要么由于缺乏完整的开垦地，无论是在相对重要性，抑或是获得岛屿意愿的考虑下（in consideration of the relative importance or desirability），应忽略之，尤其是，那些几乎全部为野蛮人占据的南部岛屿组群"^③。这里，杜威认为菲律宾除了吕宋岛、米沙鄢群岛和棉兰老岛外，其余边缘岛屿均

---

① Elbert J. Benton, *International Law and Diplomacy of the Spanish-American War*, Baltimore: The Johns Hopkins Press, 1908, p. 241.

② Ibid. , p. 242.

③ *A Treaty of Peace between the United States and Spain*, p. 383.

应摒弃,这不仅包括西部未加开发的巴拉望岛、民都洛岛,而且包含南部为"野蛮人"占领的苏禄群岛。

4. 占领吕宋岛、米沙鄢群岛、棉兰老岛、苏禄岛和民都洛岛说。倡议此说者乃是菲律宾问题的专家——英国人佛尔曼(Forman)。佛尔曼认为,获取吕宋岛、米沙鄢群岛和棉兰老包括苏禄岛是必需的,但"巴拉望岛是没有价值的","因为该岛整个西海岸在三英里之内是不能靠近的,除非通过十分娴熟的航行。沿岸有很多暗礁,过分的谨慎航行事实上是没有用处的。巴拉望岛的产品也非常稀少"①。而西部群岛中,民都洛岛却价值连城。"他们(西班牙人)的意见是它(民都洛岛)很有价值。但他们不允许充分开发。从我所知道的看,它是十分有价值的。我的信息源自一位朋友,一位在民都洛岛寻找商机的木料商。我知道,他向民都洛岛派遣了伐木工,并发现了上好的硬木。就他个人的判断而言,民都洛岛有大量此类的木材。"②

5. 占领吕宋岛、米沙鄢群岛、棉兰老岛、苏禄岛和西部群岛说,即占领整个菲律宾群岛。相较而言,坚持此说者乃是对菲律宾群岛进行过深入调查与研究之人。美国志愿军(即入菲律宾参与对西班牙作战部队,USV)首席军医弗兰克·S·伯恩斯(Frank S. Bourns)在1898年8月29日致总督梅里特将军的信中,认为:"尽管吕宋岛是菲律宾群岛中最大、最重要者,但尚有其他重要的岛屿,尤其从商业角度看。它们是米沙鄢,包括班乃岛、内格罗斯岛、宿务、萨马岛、莱特岛、朗布隆岛、马斯巴特岛、塔巴拉斯岛和锡布延岛。"除此而外,对棉兰老岛、苏禄岛、巴拉望岛、卡拉棉群岛、民都洛岛、伯恩斯一一列举,说明了其价值所在。

---

① *A Treaty of Peace between the United States and Spain*, p. 442.

② *A Treaty of Peace between the United States and Spain*, p. 467.

　　与此同时,作者在信中还说明了美国需要控制未来在菲律宾建立的政府的三条理由:第一,因为之前这些岛民接触的政府架构是由西班牙控制的,因此他们会自然而然地追求接近于以前的方法(建立新政府);第二,缺乏统一,不仅在吕宋岛的重要人物之间,而且还体现在对群岛中其他各族群之间,(以阿尔纳吉多为首的菲律宾革命者)缺乏对这些种族、族群的深入了解,例如中部群岛的米沙鄢人;第三,因为群岛中其他三个族群的原因,山区的未开化部落,南部的穆斯林和分布诸岛的中国人。①

　　时任美国海军部装备局局长的海军中校布拉德福德(R. B. Bradford),曾向美方代表团提出过详细的割占菲律宾群岛范围的方案与理由,其也极力主张占领整个菲律宾群岛。布拉德福德局长从军事、经济与道义角度阐释了美国需要毫不犹豫地将整个菲律宾群岛纳入统治体系。在巴黎谈判期间的一次谈话中,当美方代表团成员之一的威廉·P·弗莱伊(William P. Frye),向其问及单独占领吕宋岛有何困难时,布氏回答说:“是菲律宾群岛中的其他岛屿与吕宋岛间的距离。菲律宾群岛由超过 400 个岛屿聚集在一块。在许多情况下,一发炮弹能从一个岛屿打到另外一个岛屿。为了说明这一点,我们以夏威夷群岛为例。假定我们占据着其中一个岛屿,其余的岛屿拥有优良港口、煤矿、有价值的产品和矿藏;再假定这些岛屿处在一个与我们有着商业竞争、不同政府架构的不友好的国家手中。那么在这种情况下,我们会失去处于隔离状态的一切优势。”②

　　不仅如此,在布氏看来,西部群岛(the western group),即巴拉巴克岛、巴拉望岛、卡拉棉岛和民都洛岛,对整个菲律宾群岛的利害关系甚大。首先,西部群岛不仅扼守着进入南海的交通咽喉要道,而

① *A Treaty of Peace between the United States and Spain*, pp. 375–377.
② *A Treaty of Peace between the United States and Spain*, p. 477.

且岛屿上蕴藏的丰富煤矿和天然的优良港口，使之可以成为海军得天独厚的后勤补给地和中继站。布氏认为，(一旦吕宋岛与西部岛屿群分离)"商贸需要寻找新的海峡……马尼拉不再成为群岛的商业中心……吕宋岛几乎会从各个方向遭到攻击；(我们)将会失去对周边重要战略要点的控制；失去对毗邻区水域的控制；失去对周边避难港的控制；失去对煤矿、柚木，其他有价值的木材以及南部地区生产的大麻的控制……我们将会失去整个群岛中最富有、最具产能的岛屿"[1]。

其次，菲律宾此际的外部环境不容美国将业已通过军事手段占领的巴拉望等岛拱手让出。据种种情报显示，四处寻找"阳光下的地盘"的德国对巴拉望岛已表示极大的兴趣，有意通过购买方式获取此岛。[2] 对民多洛岛也存觊觎之心。[3] 同时对苏禄群岛垂涎欲滴。对此一篇文章有着详细地描写：当美国将最终方案——要求西班牙转让古巴、波多黎各、菲律宾、苏禄群岛和马利亚纳群岛中的关岛——提交给西班牙代表团后，德国驻法大使明斯特直接向此时担任美方代表团主席里德（Reid）表示，德国在西班牙之后对苏禄群岛享有最强烈的主权主张。但如果在德国获取加罗林、帕劳群岛和除关岛外的马利亚纳群岛的道路上，美国不设置障碍的话，那么德国将放弃对苏禄群岛的任何权利主张。作为回报，德国将让出上述岛屿中的一个作为美国的电报站，以换取德在苏禄群岛获得一加煤站。这是美德两国能够达成协定的基础。[4] 对电报站和加煤站的交换建议，美方

① *A Treaty of Peace between the United States and Spain*, p. 483.

② *A Treaty of Peace between the United States and Spain*, p. 479.

③ Volker Schult, "Mindoro — A Naval Base for the German Kaiser?" *Philippine Quarterly of Culture and Society*, Vol. 39, No. 1 (March 2011), pp. 78 – 79.

④ Lester Burrell Shippee, "Germany and the Spanish-American War", *The American Historical Review*, Vol. 30, No. 4 (Jul., 1925), pp. 775 – 777.

最终表示了拒绝。[①]

　　1895 年甲午海战后,日本人的势力已抵达菲律宾群岛北部的台湾岛。对菲律宾,"日本人的眼睛已经盯住了它们"[②]。1898 年,当美国取代西班牙侵占菲律宾时,日本派遣秋津、浪速、松岛三艘军舰驶近马尼拉海面监视美军行动,只是当时日本还无力在朝鲜和中国以外的地区同列强对抗,才被迫宣布"局外中立"。[③] 此外,美西战争后英法也以保护在菲利益为由,分别派舰停驻马尼拉海湾一带。截至1898 年 6 月 27 日,在马尼拉海湾的外国军舰数德国达 5 艘,英国 3艘,法日各 1 艘。[④]

　　总体上,美西战争后列强对美国占领菲律宾的态度是:如果美国撤离,德国、日本和俄国均表达了介入菲律宾的兴趣;英国则非常希望美国能够吞并菲律宾,这样的话,英国就不会在该地区面临更为强劲的竞争对手。[⑤] 相较而言,这时美德矛盾尤为明显。西部群岛中的任何一个或数个岛屿,一旦落入德国之手,美方即将面临着与之为邻的境地(即美方割占吕宋岛、德方占领巴拉望岛一带),这就增加了双方发生潜在冲突的风险。

　　最后,布氏认为对包括西部群岛在内的整个群岛的控制,是他们的道义所在,"我相信获取整个岛屿,统治他们,教化他们,尽我们最大的努力帮助他们,是我们的道德义务"[⑥]。鉴于上述理由,布氏认为

---

① Volker Schult, "Revolutionaries and Admirals: The German East Asia Squadron in Manila Bay," *Philippine Studies*, Vol. 50, No. 4 (Fourth Quarter 2002), p. 505.

② [美]威廉·J·本内特著:《美国通史》上册,刘军等译,南昌:江西人民出版社,2009年,第 419 页。

③ 梁志明主编:《殖民主义史(东南亚卷)》,北京:北京大学出版社,1999 年,第 475 页。

④ David F. Trask, *The War with Spian in 1898*, New York: Macmillan Publishing Co., 1981, p. 378.

⑤ Thomas R. McHale, "The Development of American Policy toward the philippines", *Philippine Studies*, Vol. 9, No. 1, January 1961, p. 59.

⑥ *A Treaty of Peace between the United States and Spain*, p. 485.

"整个菲律宾群岛应该并吞于美国"①。

布拉德福德关于割占整个菲律宾群岛的意见，与美国海军部恩赛因·E.海登(Ensign Everett Hayden)的观点不谋而合。在一篇关于菲律宾战略重要性的报告中，海登说："如果菲律宾整个群岛的控制权长期操纵于美国之手，那么将有利于当地人们的福祉，有利于各国的商业利益，有利于世界的和平。人们越研究过去以及未来我们与中国及澳洲的拓展贸易这一主题，越会坚信拥有整个群岛——从吕宋岛北部的小岛屿到延伸至巴拉望和苏禄群岛以远的珊瑚礁——的主权，对我们未来在远东的潜在能源是至关重要的。"

海登表示，即使荒芜、未开发的巴拉望岛——由于西南季风扫掠的作用，它形成了 300 英里长的防波堤——如果能够在长久的和平年代，占领、开发与培植，战争时期它能够成为一处实力强大的军事基地。马尼拉之所以重要，很大部分是由于数世纪作为首都，是菲律宾生产与供应的蓄水池的结果。分隔群岛，将会切断填充蓄水池的财富来源。随着竞争性城市在塔克洛班、伊洛伊洛、宿务、甚至乌卢甘(巴拉望岛西海岸)的建立，米沙鄢和棉兰老岛的巨大资源将会、也可能会转化为建成一座大都会，它会在财富和重要性方面胜过马尼拉。从战略上看，菲律宾，就像我们合众国一样，是"一个整体而不可分离"。② 这时美国代表团成员国会议员戴维斯、弗莱伊和里德，认为从商业、军事、道义和义务的角度讲，也应该吞并整个菲律宾群岛。③

通过以上分析，我们显然可以发现，五种有关菲律宾岛屿割占范围的方案，因不同决策者以不同的利益、立场作为出发点，所作出的结论大相径庭。相较而言，越是那些对菲律宾实际情况较为了解与

---

① *A Treaty of Peace between the United States and Spain*, p. 482.

② *A Treaty of Peace between the United States and Spain*, p. 521.

③ Elbert J. Benton, *International Law and Diplomacy of the Spanish-American War*, Baltimore: The Johns Hopkins Press, 1908, p. 242.

认识的人,越倾向于将整个菲律宾群岛纳入美国的殖民统治体系。

三、西班牙割让"大菲律宾群岛"与"巴黎条约"的出台

1898 年 9 月 29 日,美国与西班牙双方代表在法国巴黎正式举行和平谈判。经过两个多月的商谈,12 月 10 日,双方签订和平条约,史称《巴黎条约》。条约共计十七条。其中,第三条款规定了西班牙割让给美国的菲律宾群岛范围。其内容是:

> 西班牙将位于以下界线内的菲律宾群岛转让给美国:此线从西至东沿着或靠近北纬 20°,穿越巴士海峡航道中部,从东经 118°开始到东经 127°;由此处沿着东经 127°到北纬 4°45′;再由此处沿着北纬 4°45′到达与东经 119°35′的交汇处;然后由此沿着东经 119°35′到北纬 7°40′;接着由此处沿着北纬 7°40′到达与东经 116°的交汇处;再由此处以一条直线到达与北纬 10°东经 118°的交汇处;并由此处沿着东经 118°到达起始点。在双方交换经过批准的条约后三个月内,美方支付西班牙 2000 万美元。①

从巴黎条约规定的经纬度看,美国不仅割占了吕宋岛、米沙鄢群岛、棉兰老岛,而且将南部苏禄群岛、西部巴拉望岛、卡拉棉群岛和民都洛岛等岛屿,一概予以割占。这就是说,美国最终选择了前述五种方案中的最后一种,即割占整个菲律宾群岛。显然,布拉德福德派的方案最

---

① The Bureau of Insular Affairs of War Department, *a Pronouncing Gazetteer and Geographical Dictionary of the Philippine Islands*, *with Maps*, *Charts*, *and Illustrations*, Washington: Government Printing Office, 1902, pp. 2 - 3. 海洋国际问题研究会编:《中国海洋邻国海洋法规和协定选编》,北京:海洋出版社,1984 年,第 79 页。

终赢得了美国最高决策层的青睐。结果就出现了如下的情形：1898 年9 月 16 日,美国总统麦金莱给在欧洲与西班牙谈判的代表发去指示,称美国要取得对整个吕宋岛的"全部权利和主权";但是 10 月下旬,麦金莱又作出指示,美国要取得整个菲律宾群岛的主权。[①]（菲律宾群岛的）"转让必须是整个群岛,要么都没有。后者是不可能接受的,因此前者必须实现"。[②] 对这一转变,一篇文章曾一针见血地道出了其本质：究其实质而言,选择割让整个菲律宾群岛迎合了此时美国的对外扩张要求。[③] 因此,割占整个菲律宾群岛就不足为奇了。

对美国割占整个群岛的方案,起初西班牙人是坚决反对的。当1898 年 11 月 1 日西班牙代表团主席罗伊斯(E. Montero Ríos),将美国代表团关于菲律宾问题的处理意见发往国内后,西班牙国务大臣阿莫多瓦(Almodóvar)于 2 日的回信中曾惊讶地表示："这一要求以及所作的范围（即美方关于割占菲律宾群岛的范围界限）,远远超出了美国人所宣称的极限范围(exceed the greatest extreme imaginable in the claims of the US)。"随后,罗伊斯在给阿莫多瓦的回复中也表示,美方的条款"完全超出了华盛顿的协定,是与其规定相悖的"。[④]

这里所说的华盛顿协定系指,8 月 12 日美国国务卿海约翰(John Hay)和西班牙代表法国大使康邦(Jules Cambon),于华盛顿签订的停战协定。该协定暂且规定了美西双方的停火期限以及嗣后谈判的范围,但并未涉及详细问题。协定的第三款规定："美国将占领并保

---

① 《美国通史》(第 4 卷),第 107 页。

② Elbert J. Benton, *International Law and Diplomacy of the Spanish-American War*, Baltimore：The Johns Hopkins Press, 1908, p. 243.

③ Paolo E. Coletta, "Mckinley, the Peace Negotiations, and the Acquisition of the Philippines", *Pacific Historical Review*, Vol. 30, No. 4 (Nov., 1961), pp. 345 – 346.

④ The Minister of State of Spain, *Spanish Diplomatic Correspondence and Documents 1896 – 1900*, Washington：Government Printing Office, 1905, p. 310.

有马尼拉的城市、海湾和港口,直到签订决定菲律宾控制、处置和政府的巴黎条约"(The United States will occupy and hold the city, bay and harbor of Manila, pending the conclusion of a Treaty of Paris, which shall determine the control, disposition, and government of the Philippines)。① 然而,为实现这一点,代表西班牙政府与美方签订和平协定的法国全权大使康邦,在正式条款中用"处置"(disposition)一词替换了原来的"占有"(possession)一词。② 如此,在正式开启和平谈判以前,美方实际上已经提出了涉及菲律宾群岛领土问题,只不过因康邦大使的"技术性"修正,使得西班牙政府此时并未获得美方真实的意图罢了。

对美方的行动,西班牙于 11 月 22 日建议通过第三方仲裁手段解决,尤其是对 8 月 12 日华盛顿协定中的"disposition"一词作何解释作出裁定。③ 但美国拒绝了西班牙的这一建议,且于前一天的 21 日已向西班牙提交了一份更为详细的协定草案,并给出通牒时间为 11 月 28 日。④ 面对如斯情形,走投无路的西班牙被迫屈服,在美国允诺支付西班牙 2000 万美金的"购岛费"前提下,最终全部接受了美国的方案。

这时列强对远东局势的态度对美国最终割占整个菲律宾群岛,不无影响。尽管德国有攫取菲律宾或占有其一部的野心,但德国政府

---

① 参见 Filipino. biz. ph-Philippine Culture, "*The Philippine-American War Documents*", http://filipino. biz. ph/history/pr980812. html. (上网时间:2015 年 4 月 4 日);United States Department of State, *Papers relating to the foreign relations of the United States, with the annual message of the president transmitted to Congress*, December 5,1898, p. 905。

② Elbert J. Benton, *International Law and Diplomacy of the Spanish-American War*, Baltimore:The Johns Hopkins Press, 1908, p. 244。

③ *Spanish Diplomatic Correspondence and Documents 1896 - 1900*, p. 323。

④ *Spanish Diplomatic Correspondence and Documents 1896 - 1900*, pp. 325 - 326。

考虑到国内海军力量尚属弱小,且担忧得罪美国,会失去德国商品在美国的市场,因此最终对美军的行动采取不干涉政策(1895 年列强为实现东亚地区战略平衡,曾出现"三国干涉还辽"事件)。法国此时忙于在印支半岛和中国扩张,无暇顾及菲律宾的争夺,而决定跟随俄国的步伐。俄国这时采取了追求在"菲律宾保持战前状态"的方针,目的是要在俄国还没有足够力量参与对菲律宾争夺时,力图稳住西班牙在菲律宾的统治,以便日后在远东有雄厚的力量时,再行分割。总体上,德法俄倾向于支持西班牙在菲律宾的统治。相反,此时英日则倾向于支持美国。英国想通过美国来抑制德法俄在远东的扩张。由于三国"干涉还辽"事件,日本不希望三国,尤其是德国在菲律宾得势,否则无异于是"在日本的大门设立一座活火山"。[1] 正是帝国主义间的勾心斗角和相互牵制,为美国割占整个菲律宾群岛创造了良好的外部环境。

第二节 1898 年巴黎条约所定之 美属菲律宾岛屿边界

1898 年美西双方签订的巴黎条约第三款初步勾勒了美属菲律宾群岛边界,这条边界常被人们称作"巴黎条约线"。根据美西巴黎条约相关外交档案,该线应是出自时任美国海军中校的布拉德福德。该线的北部位置根据和平谈判期间的草案位于北纬 21 度 30 分,而非北纬 20 度。同时,根据谈判期间美西双方的意图,巴黎条约线仅是一条划分岛屿归属的线,而不是国界线。

---

[1] 参阅金应熙主编:《菲律宾史》,第 407—408 页。

一、美属菲律宾岛屿边界——1898 年"巴黎条约线"

　　巴黎条约对菲律宾群岛范围的规定初步形成了美属菲律宾群岛边界,按照条约所述经纬度我们可以将美属菲律宾群岛边界大致作如下示意图(图 2－1)。将巴黎条约中规定菲律宾群岛边界的经纬度两两相连围绕而成的线 ABCDEFG,后来被称作"巴黎条约线"(Paris Treaty Line)。

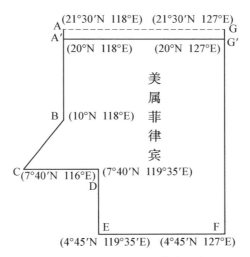

图 2－1　1898 年巴黎条约线示意图

　　注:此图系据巴黎条约第三条款内容自行整理而来。北部一侧纬度因条约中明确提及了 20°而以实线绘制 A′G′,但"巴士海峡中部"一词及相关文字材料表明,北纬 21°30′才是此次西班牙割让给美国的菲律宾群岛的最北位置,故本图以虚线标识 AG。

(一) 采取经纬度确定菲律宾岛屿边界之原因

　　与 19 世纪末规定菲律宾群岛南北边界的两个国际条约相比,美西巴黎条约的特别之处在于,后者给出了菲律宾群岛边界的确切经纬度。经纬度的确立使人们描述菲律宾群岛边界或构成时,不再依赖于群岛由哪些岛屿群构成,而转向于使用数字化的地理坐标。毋庸讳言,这种经纬度式的标记法既能准确定位菲律宾群岛的四至范围,也能省却逐个罗列岛屿的麻烦,因为"菲律宾群岛,不像波多黎各(Puerto Rico)或关岛(Guam)是个外形轮廓清晰的陆地,而是由很多分散的岛屿组成的杂乱无章的群岛"①。正是上述这一地理特征决定了通过经纬度方式确立菲律宾群岛边界是很有必要的。

以经纬度的方式确定菲律宾群岛边界,目前还存在另一种说法。2011年菲律宾学者塞韦里诺在其新著中提及,1960年5月,菲律宾参议员阿图·托伦蒂诺(Arturo Tolentino)曾解释说,"(美西巴黎)和平谈判期间,西班牙试图隐藏部分岛屿或不转让部分岛屿",因此,"美国坚持划定边界,并将边界内的一切岛屿予以转让"。② 按照这一说法,美国以经纬度方式确定菲律宾群岛边界是作为对西班牙企图隐匿部分岛屿的一项反制措施。

上述说法目前尚无有效的证据,不过采取经纬度方式划定一定范围的陆地,尤其是岛屿,在20世纪前后已是西方世界一种普遍的做法。就东亚地区而言,学习西方迅速崛起的日本也移植了西方人以经纬度方式划定岛屿范围的做法。例如,对澎湖列岛的划定,中日《马关条约》中写道,"澎湖列岛,即英国格林尼次东经百十九度起,至百二十度止,及北纬二十三度起,至二十四度之间诸岛屿"③。

(二)海军中校布拉德福德与巴黎条约线的形成

据美西有关条约谈判的外交档案显示,"巴黎条约线"极有可能

---

① Rodolfo C. Severino, *Where in the World is the Philippines*? p. 10.

② Rodolfo C. Severino, *Where in the World is the Philippines*? p. 10.

③ 田涛主编:《清朝条约全集》(第二册),哈尔滨:黑龙江人民出版社,1996年,第911页。

出自美国海军中校布拉德福德之手。"如果划一条岛屿分隔线（in case a division of the islands is made），在我看来，从战略角度，那些岛屿中最具价值的要属吕宋岛、民都洛岛、卡拉棉群岛、巴拉望岛和巴拉巴克岛。这些岛屿控制着所有从吕宋北端到婆罗洲进入中国南海的通道。"①"根据你划的线，提议的可能分界线将把西部岛屿群划给美国（The possible division proposed would give the United States the western part of the group according to your line）"，"……如果我们采纳了你的划界线（your line of demarcation）……"②。

　　若将巴黎条约线以图示的形式展现，我们会发现其西侧并不像东侧那样，是一条垂直的直线而是有三处拐点的（见图 2-1）。那么这是如何产生的呢？布氏的一份问答可以对此作出解释。在回答美国谈判代表关于西部界线的提问时，布氏说："分界线的划分是考虑到除了吕宋岛之外，尽可能少获取（岛礁）；同时维持控制相当不错的前哨战略线（The division was made with a view to taking as little as possible in addition to Luzon, and at the same time maintaining control of a fairly good strategic line of outposts. ）。"③

　　原来菲律宾群岛"西部海岸危险礁石延伸至大海深处要甚于东部"的现实，让许多地方的航行活动变得困难重重，因此在获得能够充分保证美军战略优势的巴拉望等西部主岛屿前提下，布氏可能作出将西部群岛周边海域危险礁石，较少地划入菲律宾群岛范围内的选择。对身为职业军人的布氏而言，当时这些危险礁石毫无军事价值。相反，西部群岛的获取倒是可以"将可能毗邻怀有敌意邻居的风险降至最低程度"，尽管"从军事角度讲，不能彻底根除这一风险"。

① *A Treaty of Peace between the United States and Spain*, p. 477.

② Ibid. , pp. 479 - 484.

③ Ibid. , p. 479.

布氏的这一解答或许可以看作是巴黎条约线西侧出现三处拐点的一个原因。

巴黎条约线西侧出现三处拐点的另一可能原因是：当时美方，尤其是军方，在并不掌握西班牙管辖菲律宾群岛的确切边界情况下，为避免因错划、多划岛礁而与南部、西南部的英属、荷属婆罗洲发生边界冲突，作出以少取为基准、兼以国际上惯常使用的经纬度来确定边界的较为稳妥谨慎的划分方法。理由如下：

第一，西班牙人对自身管辖的菲律宾群岛边界缺乏清晰的认识。在美方谈判委员与美陆军准将惠蒂尔(Charles A. Whittier)的对话中，惠蒂尔提到"西班牙人显然不了解这些年他们自己所拥有的岛屿数量或人口。最后一次人口普查是非常模糊的"[1]。既然西班牙政府缺乏对菲律宾群岛边界的认识、缺少对菲律宾辖区范围的记录，那么美方人员便无法从实际上统治菲律宾群岛的西班牙政府人员与文献中获知菲律宾群岛的地理边界。

第二，西班牙管辖下的菲律宾群岛与南部、西南部的英属、荷属婆罗洲之间缺乏一条清晰的边界，菲律宾群岛"一些偏远的岛屿还受到周边领国的声索，因为这些国家与菲律宾相邻一侧的领土界限还不清晰，例如南部的英国和荷兰"[2]。菲律宾群岛与南部婆罗洲间模糊边界的事实，使得美方人员在确定南部菲律宾群岛范围时不得不行之谨慎。

第三，1900年和1930年的事实证明，1898年美方划分岛屿的方案确实"遗漏"了部分西班牙在签订条约时拥有管辖权或主权的数个岛礁(详见下文)。这进一步说明当时美方的确不清楚西班牙管辖的

---

① *A Treaty of Peace between the United States and Spain*, p. 494.
② Rodolfo C. Severino, *Where in the World is the Philippines? Debating its National Territory*, p. 10.

菲律宾范围到底有多大,因此确定边界时不得不"慎"字当先。总之,很可能是基于军事战略和稳妥处理与周边国家边界划分的考虑,美方在划分西部岛屿界线时要比东部谨慎的多。

由于确定菲律宾群岛边界的方案可能直接由军方人士提出,而负责谈判的外交代表们仅肩负依拟定草案进行磋商之责,因此美西和谈时的前线美国代表不一定能够完全领会、把握军方人士在确定菲律宾群岛具体范围时的真实想法与意图。相反,在经过与布氏的对话后,谈判代表可能已认定提交会议的菲律宾群岛划分方案,已经切实表明了西班牙在菲律宾群岛的实际统治范围。军方人士在划分岛屿方案时的谨慎考虑与谈判代表的过度自信,可能是后来巴黎条约线发生多次变动的最为重要的影响因素。

巴黎条约线正式圈定了西班牙割让给美国的菲律宾群岛范围,其吕宋岛一侧的西部界限为东经 118°。不过巴黎条约对菲律宾群岛南部界限的规定是与 1885 年马德里条约不一致的,这就决定了美西战后初期形成的菲律宾群岛边界,随着时间的推移,特别是美军对南部边缘岛屿的接收与占领所带来的对菲律宾南部边界地理知识认识上的深入,必将发生变动。后来 1900 年美国与西班牙签署的华盛顿条约就是对此不一致的纠偏。

二、巴黎条约规定下的美属菲律宾北部界限考

巴黎条约线的西部边界尽管曲折蜿蜒,但经纬度一目了然,断无异议。不过其北部边界的具体位置尚不明朗。根据 1895 年西班牙与日本条约所定双方是以巴士海峡中线为界,但巴黎条约对菲律宾群岛北部界限的规定却涉及了北纬 20°和巴士海峡北纬 21°30′两个纬度。这就令人十分困惑,美西双方确定的菲律宾群岛北部边界到底是哪一条线,因为正如一位学者所指出的那样:"不可能画一条经

过巴士海峡之线的同时,沿着或靠近北纬 20 度再画一条线。理由很简单:巴士海峡位于北纬 21 度 30 分以北 80 海里处。"[1]那么到底哪一个纬度才是西班牙割让给美国的菲律宾群岛北部边界呢?

国内学界存在着一种将巴黎条约线北部界限确定为北纬 20°的观点。他们认为,"美西和约中规定菲律宾领土最北端是在北纬 20°",因此 1961 年 6 月 17 日菲律宾通过的《菲律宾领海基线法案》将菲律宾最北端定格于北纬 21°7′03″,是将"菲律宾的领土向北延伸了 1°7′03″",从而"违背了美西和约的有关规定,而且在与中国台湾划分海域界线时,侵害了中国海域"[2]。若台湾依据"美西和约之规定向菲律宾要求北纬 20°以北的岛屿,在法理上是没有问题的"[3]。美西战后的和平谈判,"美国认为菲律宾最北部应位于北纬 21°30′,但西班牙认为不可将不属于西班牙的任何领土转让美国……因此 1898 年美西和平条约将北纬 20°作为美西分界线"[4]。

此外,台湾学者陈鸿瑜所编译的《东南亚各国海域法律及条约汇编》一书中,在 1895 年西班牙与日本签订的条约之后,附有一段"编者附记",内容是:

> 此一宣言为日本取得台湾控制权后由日本临时外务大臣西园寺公望与西班牙(当时控制菲律宾)驻日全权公使加尼沃(Jose de la Rica y Calvo)签订的有关巴士海峡划界协议,惟当时所谓的"巴士海峡可以航行线"之确切位置,并不明确,以当时所

---

[1] Lee Yong Leng, "The Colonial Legacy in Southeast Asia: Maritime Boundary Problems", *Contemporary Southeast Asia*, Vol. 8, No. 2, September 1986, p. 126.

[2] 郭渊:《晚清时期中国南海疆域研究》,哈尔滨:黑龙江教育出版社,2010 年,第 198 页。

[3] 陈鸿瑜:《南海诸岛主权与国际冲突》,台北:幼狮文化事业公司,1987 年,第 123 页。

[4] Hoon Ting, "Batan isles have never been part of Philippines", *Taipei Times*, May 25, 2013,参见网址:http://www.taipeitimes.com/News/editorials/archives/2013/05/25/2003563102.html。

划的航海图来看,可航行线的位置大都划在北纬二十度的巴林
坦海峡(Balintang Channel),如再以美国与西班牙于 1898 年签
订的巴黎条约第三条之规定来看,菲律宾之北界是在北纬二十
度,而非在北纬二十一度的巴士海峡,由于当时的船只动力小,
从菲律宾西海岸往日本航行的船只,不经由从东往西流的强劲
黑潮的巴士海峡,而从巴林坦海峡往东行再折北顺黑潮往日本。
因此,当时所谓的巴士海峡可航行线应该是在巴林坦海峡一带。

　　这段内容表明作者认为,当时西班牙与美国签订和平条约时,也
没有将巴坦群岛纳入菲律宾群岛。且从现实技术角度考证了 1898
年和平条约中的"巴士海峡可航行线是在巴林坦海峡一带"的
事实。

　　不过,上述诸种观点是与西班牙与美国签订和平条约前后的相
关历史事实不相符合的。据《美西和平条约》档案显示,应西班牙谈
判代表团请求,1898 年 10 月 31 日,美方代表团提呈一份关于菲律宾
问题的建议草案。此草案文本明确规定割让的菲律宾群岛的北部界
限为北纬 21°30′。[①] 经比对,此次草案中有关转让菲律宾群岛的其余
经纬度与正式条款中确定的经纬度并无二致,由此可以断定,巴黎条
约第三款关于割让菲律宾群岛的正式文本应是直接源于此次美方提
交的菲律宾问题建议案。前后文本的差别仅在于,正式文本将草案
中的"一条从东经 118°到 127°沿着北纬 21°30′的线"(A line running
along the parallel of latitude 21°30′ North from the 118th to the
127th degree meridian of longitude East of Greenwich)改述为"一条
从西至东沿着或靠近北纬 20°,穿越巴士海峡航道的中部,从东经
118°开始到东经 127°的线"(A line running from west to east along

---

① *A Treaty of Peace between the United States and Spain*, p. 108.

or near the twentieth parallel of north latitude, and through the middle of the navigable channel of Bachi, from the 118th to the 127th degree meridian of longitude East of Greenwich)。

根据草案描述,我们可以认定,美方的意图是要将菲律宾北部界限的位置确定在北纬21°30′。该说法也获得了当时西班牙代表团的证实。巴黎条约签订前夕的11月23日,西班牙代表团主席罗伊斯曾写给美方代表团主席戴伊一封信件。在信件中,罗伊斯表示"……转让给(美国)整个菲律宾群岛,也就是说,从北部开始,巴坦群岛(Batanés)、巴布延群岛、吕宋岛、米沙鄢群岛以及一直南向迄止苏禄海的其他岛屿"[1]。也就是说,西班牙将巴坦群岛作为菲律宾群岛的一部分转让给了美国。既然包括巴坦群岛,那么北部界限就不应是北纬20°。

从1900年西班牙国务大臣与西班牙驻美公使阿克斯(Duke de Arcos)之间的一封外交通信中,我们亦可发现,西班牙承认1898年割让给美国的菲律宾群岛,北部包括巴坦群岛。1月15日,在国务大臣发给阿克斯的信件中,国务大臣写道,"根据1895年8月1日与日本签订的条约,(菲律宾群岛)北纬20°以北的岛屿是西班牙在大洋洲(Oceanica),古而有之的领土"[2]。1900年2月14日,阿克斯回复国务大臣的信中又说:"(美军)后来占领的岛屿——我了解到有不同的称谓,塔坦群岛或叫巴坦群岛,加拉干岛或称加拉鄢岛(which I see are differently called Tatanes and Batanes, Calagan and Calayan)——我确定它们位于巴士海峡的南部。由于和平条约第三款规定割让菲律宾群岛的一条线靠近北纬20°,通过巴士海峡航道的

---

① *A Treaty of Peace between the United States and Spain*, p. 221.
② *Spanish Diplomatic Correspondence and Documents 1896 - 1900*, p. 375.

中部,因此这些岛屿显然包含在割让的领土之中"①。从上述两份信件来看,我们可明确得出如下结论,即西班牙当局承认菲律宾北部的巴坦群岛主权属己,且在巴黎条约中被转让给美国,认为割让的菲律宾群岛的北部界限是巴士海峡的中线,即北纬21°30′。

上述结论也是与1895年日本与西班牙签署划分两国在西太平洋属地的条约文本相一致的。从外务省外交档案来看,当时两国条约还使用了英语文本,其中关键性的一段话说:"为达到宣言之目的,巴士海峡中线将作为日本与西班牙在西太平洋属地间的分界线。(For the purpose of this Declation the middle of the navigable Bashee Channel is taken to be the line of demarcation between the Japanese and Spanish Possessions in the Western Pacific Ocean.)"更为重要的是,在此条约中还附带了一份巴士海峡一带巴旦列岛的地图,这幅地图乃是英国海军部1855年出版的2408号地图(1867年修订,相关水文信息由1845年调查获取)。从附带的地图名称及属性来看,当时两国无疑是将巴坦群岛作为西班牙属菲律宾群岛的最北缘领土。② 这就清晰地表明了两国的分界线是位于北纬21°30′一线这一史实。

综上所述,1898年美西和平条约已经将巴坦群岛作为割让于美国的菲律宾群岛一部分,菲律宾最北界限为北纬21°30′,断无异议。而1961年菲律宾《领海基线法案》规定的菲律宾群岛最北端纬度21°7′03″恰是位于菲律宾最北端隶属于巴坦群岛的雅米岛坐标。

---

① *Spanish Diplomatic Correspondence and Documents 1896 - 1900*, p. 378.
② 西太平洋ニ於ケル領界ニ関シ日西両国宣言書交換一件,「JACAR(アジア歴史資料センター)Ref. B03041169400、西太平洋ニ於ケル領界ニ関シ日西両国宣言書交換一件(1-4-1-16_001)(外務省外交史料館)」,https://www. jacar. archives. go. jp/aj/meta/listPhoto? LANG＝default&BID＝F2006092114113388359&ID＝M20060921141 13388360&REFCODE＝B03041169400.

1898 年巴黎条约的正式本文关于菲律宾北部边界的纬度描述，没有与草案中纬度相一致，其可能原因是：当时参与谈判的西班牙方代表在规定的签约时间内，未获得当年西班牙政府与日本政府关于菲律宾北部边界划分的政府公报，以资参考利用。而代表团成员亦不清楚西班牙属菲律宾北部具体的边界位置，因此对之进行了一种模糊化的处理。这一点可以从相关档案材料中得到印证。1898 年 11 月 2 日，西班牙代表团主席罗伊斯致信西班牙国务大臣写道："我们在大使馆（位于巴黎的西班牙大使馆）没有发现 1895 年 8 月 1 日与日本签订的有关边界的条约。我请求您传送一份含有条约的公报（Gazatte）予我，并及时将公报的年份、期刊号电报于我，以便于我们在这里查找。"然而，当天国务大臣在给罗伊斯的信件中却表示，"1895 年 8 月 7 日与日本的边界条约没有在公报中出版。但刊登在 1897 年的《国务院简报》上。我将发送一份今天复印件。"①

从这两封外交信函中，我们可以断定，当时位于巴黎的西班牙代表团手头上没有关于西属菲律宾北部确切纬度的文件。按照国务大臣的说法，西班牙政府已经将与日本的条约文本复印件邮寄至巴黎，但很有可能没有成功投递。在巴黎条约正式签约前，西班牙代表团一直没有获得确切的关于菲律宾北部边界位置的政府文件。因此，最终在条约正式文本中选择了一种模棱两可的表述。

三、巴黎条约线为"岛屿归属线"

目前学界对巴黎条约线的性质大致存在两种不同的说法。厦门大学李金明教授认为，巴黎条约线"割让的只是界限内的岛屿部分，而没有包括全部水域"，条约"使用的是一种地理速记的简单方法，即

---

① *Spanish Diplomatic Correspondence and Documents 1896–1900*，p. 311.

以经纬线划界,为的是省却把割让的众多岛屿——列举出来。"①换言之,巴黎条约线不是菲律宾的国界线而是一条岛屿归属线,线内的岛屿属于菲律宾,但线内的水域并不全是菲律宾的领海。

澳大利亚卧龙岗大学的巴迪斯塔(Lowell B. Bautista)则认为菲律宾宣称拥有条约界限内陆地与水域的历史权利(historic rights of title)具有合法性。理由有三:首先,对巴黎和约正式批准美国享有线内所有领土和领海(sea territory)的主权同时代或以后(别国)都没有异议;其次,菲律宾早在 1955 年即向联合国秘书长提交了一份主旨为"条约界限内水域皆为菲律宾领海"的照会(note verbales,具体内容详见下文),当时未引起任何国家的抗议;最后,20 世纪以后几乎所有为人所知的菲律宾地图均绘制了菲律宾条约界限,并描绘了"菲律宾的领土管辖范围"(也就是说,地图表明界限内的土地与水域皆是菲律宾的领土)。② 据此,我们可以将巴迪斯塔的历史权利说归纳为巴黎条约线是一条历史权利线,或自 20 世纪以降的传统疆域线,线内的水域和土地都是菲律宾的领土。③

---

① 有关巴黎条约线的性质问题,参阅李金明:《菲律宾国家领土界限评述》,《史学集刊》2003 年第 3 期;《从历史与国际海洋法看黄岩岛的主权归属》,《中国边疆史地研究》2001 年第 4 期;李明俊:《从国际法观点看菲律宾的海权主张》,《东南亚季刊》第 1 卷第 2 期(1996 年 4 月),兹不赘述。

② Lowell B. Bautista, "Philippine Territorial Boundaries: Internal Tensions, Colonial Baggage, Ambivalent Conformity", *Jati*, Vol. 16, December 2011, pp. 42 - 43; The Historical Background, "Geographical Extent and Legal Bases of the Philippine Territorial Water Claim", *Journal of Comparative Asian Development*, Vol. 8, No. 2, 2009, pp. 382 - 385; "The Philippine Treaty Limits and Territorial Waters Claim in International Law", *Social Science Diliman* Vol. 5, No. 1 - 2, Jan. 2008 - Dec. 2009, pp. 112 - 113.

③ Lowell B. Bautista, *The legal status of the Philippine Treaty Limits and territorial waters claim in internayional law: national and international legal perspective*, doctor thesis, Wollongong: Australian National Centre for Ocean Resources and Security, 2010, pp. 84 - 106.

因此，菲律宾著名学者、外交官塞韦里诺(Rodolfo C. Severino)就撰文指出："一些声音坚持认为(巴黎条约线/菲律宾条约界限内)这些水域构成了菲律宾领土的一部分，而另一方面则没有其他国家支持这一观点，甚至包括当初签署 1898 年巴黎条约和其他两份边界条约的当事方美国。"①那么巴黎条约线究竟是一条怎样的界限呢？我们认为巴黎条约属于一条岛屿归属线，即划分的只是界限内的岛屿而不包括全部水域。理由如下：

第一，巴黎条约签订之际美国与西班牙双方均认为割让的仅仅是岛屿而非水域。巴黎和约签订前，布拉德福德曾表示，"分界线的划分是考虑到除了吕宋岛之外，尽可能少获取(岛礁)……画红线的目的是为了说明我们绝不应丢弃的地方，而不是指我们应吞并的岛屿"。"根据你划的线，提出的可能分界线将把西部岛屿群划给美国。"从上述话语中可以推断，布拉德福德和美方代表团是将分界线定性为一条圈定岛屿边界的线。

美国的观点如此，那么西班牙一方又如何呢？当美国向西班牙提交关于割让菲律宾群岛的草案后，西班牙政府认为美国所立界限"不但包括菲律宾群岛(仅包括吕宋岛、民都洛岛及周边岛屿——引者注)，而且还包含巴拉望岛、苏禄岛、棉兰老岛，甚至巴坦群岛和巴布延群岛"②，这一要求西班牙是不能接受的。因此，西班牙一度拒绝了美国提交的方案。但当美国提出给予西班牙相应的补偿时，西班牙随即将谈判的焦点转移至，如何划分菲律宾群岛的范围以及与群岛范围大小密切相关的补偿金这一问题上。

西班牙后来又提出三种方案供美国选择：(1)向美国转让整个

① Rodolfo C. Severino, "The Philippines' National Territory", *Southeast Asian Affairs*, 2012, p. 258.

② *Spanish Diplomatic Correspondence and Documents 1896-1900*, p. 310.

群岛,包括棉兰老岛和苏禄群岛,美方向西班牙在东西方岛屿(意指加勒比海的波多黎各岛和太平洋上的菲律宾群岛、加罗林群岛等岛屿——引者注)上的公共建设支付 1 亿美金的补偿;(2)转让加罗林群岛中的科斯拉伊(Kusaie),转让在加罗林群岛或马里亚纳群岛中铺设陆地电缆的权利,转让菲律宾群岛本部(即天主教区——引者注),西班牙保留棉兰老岛和苏禄群岛,美国给予 5000 万美金的补偿;(3)免费转让菲律宾群岛,包括棉兰老岛和苏禄群岛,由于西班牙放弃并割让了东西方的岛屿,因此关于西班牙哪些殖民债务应当免除,这一问题需提交(专门的)仲裁人裁断。[1] 从上述西班牙代表团所列方案中我们发现,西班牙的关注点仅仅局限于如何划分菲律宾群岛以及由此产生的补偿金问题,只字未提转让群岛周边的水域或与水域相关的权益问题。

第二,和平条约最终以美国支付给西班牙 2000 万美金告终,这一点同样能表明,西班牙转让的只是相关岛屿而非水域。理由是,2000 万美金的补偿金实际上远未满足西班牙的心理预期,因此这一转让至多作为"购岛费",不可能包括更多菲律宾群岛周边的水域,包括海床、底土及其上覆水域的生物和非生物资源等(就当时而言,一般海洋权益主要集中于海洋渔业资源)。

第三,后来美国与英国围绕菲律宾南部的岛屿归属进行谈判的史实,也证明了巴黎条约线是一条割让岛屿的分隔线。1929 年 7 月 29 日,一则美英双方关于海龟岛管理权和菲律宾群岛与英属北婆罗洲间边界谈判的会议备忘录,这样写道:"……边界应该清楚说明界限一边的岛屿属于美国,另一边属于英国,从而免除了任何一种界限

---

[1] *Spanish Diplomatic Correspondence and Documents 1896 - 1900*, p. 331.

意欲在两国公海之间确立边界的可能联想。"[1]8 月 3 日的另一则备忘录又说:"在条约中定义的界限是为了**分隔陆地**,不能将之当作**公海**上的国际分界线。"[2]上述两条文明确表达了界线的划分是为了分割土地,而不是在公海上划分水域。

综上所述,美国与西班牙签署巴黎条约时双方转让的只是岛屿而不包括水域,巴黎条约线只是一条岛屿归属线,巴迪斯塔的观点不能成立。因此,正如某位学者所指出的那般:"像英国与荷兰 1824 年定义新加坡的边界一样,1898 年和 1900 年美西签订定义菲律宾界限的条约的主要特征是其未准确划定北婆罗洲与菲律宾之间的海洋边界。正如新加坡一案,1900 年条约更多的是鉴别岛屿而不是划定一条海洋边界。菲律宾条约界限主要是分配岛屿领土而不是定义海洋区域。"[3]

那么 19 世纪末 20 世纪初一些美制菲律宾地图以 boundary 一词来标记巴黎条约线,是否意味着当时美国人是将此线视作菲律宾的边界或国界呢? 答案是否定的,理由是当时海洋并未引起人类的足够重视,陆地才是大国竞争与掠夺的主要对象,所以势力范围或土地的划分与转让仅仅针对陆地而绝不会包括海洋。根据牛津在线词典的解释,boundary 的含义是一条标记某事物边缘或界限的实线或虚线(a real or imagined line that marks the edge or limit of something),具体应用于菲律宾群岛时,那么只能作如下理解,即这是一条标记西班牙转让给美国的菲律宾群岛的最外缘岛屿界限,界

---

① Cf. , United States Department of State, *Papers relating to the foreign relations of the United States 1929*, Volume III, U. S. Government Printing Office, 1929, p. 76.

② *Papers relating to the foreign relations of the United States 1929*, p. 79.

③ Lee Yong Leng, "The Colonial Legacy in Southeast Asia: Maritime Boundary Problems", *Contemporary Southeast Asia*, Vol. 8, No. 2, September 1986, pp. 123 - 126.

限圈定的仅仅是菲律宾群岛最外缘岛屿的所在位置，而不能将该词视作中文语境下的"国界"，囊括线内一切土地与水域。因此，塞韦里诺认为单词"boundary"的使用表明"菲律宾群岛与巴黎条约线之间的海域构成菲律宾的领海一部分"的观点也是不能成立的。①

第三节　1900 年美西华盛顿条约与锡布图岛、卡加延苏禄岛的并入

1898 年美西巴黎条约以具体经纬度方式规定了西班牙割让给美国的菲律宾群岛边界。不过条约对菲律宾南部边界的规定是与1885 年马德里条约不相一致的。1900 年美西双方就在苏禄海和苏拉威西海中的两个岛屿卡加延苏禄岛和锡布图岛发生了主权归属争议。经协商谈判双方于华盛顿再次签订条约，将上述两岛纳入菲律宾群岛，同时还规定将美西战争时西班牙享有主权和管辖权的所有岛屿纳入美属菲律宾群岛，排除未来西班牙进一步主张巴黎条约线之外、但西班牙仍享有主权或管辖权岛屿的可能。上述岛屿并入菲律宾群岛，意味着巴黎条约线发生了变动，不过仅局限于其南部一隅。

一、美军入驻两岛及美西围绕两岛主权归属的争端

巴黎条约的批准与生效为美军进占整个菲律宾群岛提供了法律根据。巴黎条约签订之际菲律宾的形势是美军仅占领了马尼拉和甲米地镇。在菲律宾人的打击下，西班牙势力已退居班乃岛、宿务岛一

---

① Rodolfo C. Severino, *Where in the World is the Philippines? Debating Its National Territory*, Manila: Carlos P. Romulo Foundation, 2011, p. 20.

带,"截至巴黎条约——通过该条约西班牙将菲律宾转让给了美国——签订之际的 1898 年 12 月 10 日,西班牙在菲律宾事实上仅仅控制了数个孤立的据点"[1],与菲律宾革命力量形成相持的胶着状态。[2] 而群岛其他地方(除南部穆斯林地区和吕宋北部山区外),都处于革命党人直接或间接掌控下。

1899 年 2 月 10 至 21 日,美军相继攻占米沙鄢群岛重镇怡朗(伊洛伊洛,Iloilo)和宿务。与此同时,美军在吕宋岛先后占领菲律宾第一共和国的三个首都,进抵吕宋北部一带。1900 年 1 月,美军对泰加洛诸省和比科尔地区发动进攻,于 2 月底占领了甲米地、八打雁、内湖以及塔亚巴斯各省。[3] 在菲律宾南部,1899 年 5 月西班牙军队从霍乐(Jolo)撤退,同日美军接替西班牙负责霍乐防务。8 月 20 日,美军将领贝茨(J. C. Bates)与苏禄苏丹吉拉姆二世(Jamalul Kiram II)签订条约,即"贝茨协定",规定苏禄的主权由西班牙转给美国。[4] 12 月,美军又侵入棉兰老岛,分别在三宝颜、哥达巴都和达沃驻兵。[5]

接着 1900 年 1 月,美军相继占领苏禄海中的锡布图岛(Sibutú)和卡加延苏禄岛(Cagayan de Joló)。[6] 3 月进攻棉兰老北部沿海城镇。因此,至 1900 年初美军基本上完成了对整个菲律宾群岛的军事占领。依据巴黎条约第三款规定,锡布图岛和卡加延苏禄岛是位于巴黎条约线之外的,因此美国占领这两处岛屿不符合条约规定。鉴于此,美军的占岛行动引发了西班牙和美国关于两岛的主权争端。

据西班牙相关档案显示,西班牙参议员、前参与巴黎和平谈判的

---

[1] Renato Constantino, *A History of the Philippines*: *from the Spanish Colonization to the Second World War*, New York & London: Monthly Review Press, 1975, p. 213.

[2] *Spanish Diplomatic Correspondence and Documents 1896 - 1900*, p. 271、p. 279.

[3] 《菲律宾史》,第 414、420、426 页。

[4] Najeeb M. Saleeby, *The History of Sulu*, Manila: Bureau of Printing, 1908, p. 245.

[5] 《菲律宾史》,第 469 页。

[6] Cagayan de Joló, 即 Cagayan of Jolo,意为隶属于苏禄群岛的卡加延岛。

西班牙首席代表罗伊斯和阿尔梅纳斯伯爵（the Count de las Almenas）首先对美国占领上述两岛提出了异议。但当时的美国媒体误以为两岛位于菲律宾北部北纬 20°附近。① 对此,1 月 15 日,国务大臣弗朗西斯科·西尔维拉（Francisco Silvela)在致西班牙驻美大使阿克斯（The Duke de Arcos)的公函中予以明确地反驳,并指出:"(巴黎和平谈判期间)美国代表团随意性地确定西班牙必须放弃主权的领土,因此也就默认了那些没有经由特别提及转让给美国的领土,西班牙仍将享有主权。"上述提及的"锡布图岛和卡加延苏禄岛属于这一类型",因此,"毫无疑问,不包括在巴黎条约第三款内的这些岛屿,西班牙仍将继续享有主权"。

而根据 1885 年 5 月 7 日西班牙与英国关于苏禄的条款:"如果能够证明该岛处于远离婆罗洲沿岸的三里格以内,那么英国政府将能够宣称对该岛享有某些权利。但英国从来没有宣称过这种权利。巴黎谈判期间,美国代表也没有对该岛提出过任何权利主张。因此,西班牙政府认为有必要以官方的形式,引起美国国务院对西班牙享有这两岛主权的注意,同时,抗议美军对锡布图岛的军事占领行为。"②接着,西班牙驻美公使阿克斯按照政府的指令,于 1900 年 2 月 6 日向美国国务院正式提出了外交抗议,声称美国的占岛行动违反国际法,要求美军无条件撤离。

对西班牙的抗议与要求,美国国务院没有急于作出回应。在西班牙正式向美方提出外交照会后的一次私人会晤期间,当阿克斯再次谈及这一问题时,美国国务卿海约翰依然对此三缄其口,只是闪烁其词地声称,该问题如此重要以致需要细致地研究。他还说,总统已

---

① The Minister of State of Spain, *Spanish Diplomatic Correspondence and Documents 1896 - 1900*, p. 375.

② Ibid., pp. 375 - 376.

在华盛顿咨询了所有参与巴黎和平条约签字的代表,旨在搞清楚将这些岛屿置于所定界限外的错误是如何产生的。同时,总统还咨询了一名著名的地图学家。[1]

两个月之后的 4 月 7 日,美国国务院正式向西班牙驻美大使作出回复。在回复中,美国拒绝了西班牙的抗议,声称转让菲律宾群岛和苏禄群岛是美国签订条约时的本意。国务卿海约翰说,和谈期间美国代表团的本意是"西班牙应该完全从菲律宾群岛退出,并将整个群岛转让美国,在那里不能保留任何主权的影子(shadow of sovereign rights)"。而"在签署和平条约之际,西班牙拥有锡布图和卡加延苏禄岛屿主权的正当性是不容置疑的"。理由是,"1885 年 3 月 7 日,在马德里签署的德国、英国和西班牙三方条约中,卡加延苏禄岛被明确宣布是'构成苏禄群岛的一部分';同时锡布图——位于婆罗洲沿岸超过 3 里格(9 海里)的地方,因此不属于规定的英国领土范围内——似应被当作处于苏禄苏丹统治范围之内"[2]。也就是说,根据 1885 年马德里条约,锡布图岛和卡加延苏禄岛是属于苏禄苏丹国的,而 1898 年巴黎条约又将苏禄群岛作为菲律宾群岛的一部分割让给美国,因此两岛应属于割让给美国的菲律宾群岛的一部分。

美国的这一说法遭到了西班牙的坚决反对。西班牙认为,"两岛屿位于(和平条约)界限之外",并且谈判期间"美方代表团应该知道他们想要什么;是他们确定了他们试图获得的岛屿的边界,而且对之以清晰恰准的辞令予以了表达","在谈判中他们所说的已不容有其他的解释",因此"现在没有任何寻求条约签署人意图的余地"[3]。

双方争执的焦点是如何理解巴黎条约第三款的内容。美方的观

---

[1] *Spanish Diplomatic Correspondence and Documents 1896 – 1900*, p. 380.

[2] Ibid., p. 382.

[3] Ibid., p. 384.

点是,签订条约之际美国的意图是西班牙割让在菲律宾群岛具有管辖权或主权的全部岛屿。而西班牙则认为和平条约已经以确定的经纬度划定了"菲律宾群岛"的范围。除此之外,那些处于规定范围之外的、西班牙曾经拥有管辖权或主权的岛屿,仍将归属西班牙[1];具有法律效力的条约文本,除了字面上的意思外,已经不容有其他任何解释。

由于双方对巴黎条约文本的理解各执一词,互不相让,使谈判一时陷入了胶着。为打破谈判僵局,5 月 13 日,西班牙率先提议将两岛转让给美国。对此,美方起初未置可否,不过最后也默认了这种方案。美国之所以有此转变,可能与当时的国际局势不无关系。自从美西发生争议以来,争端已引起欧洲列强的关注。在一次与美国国务院的非正式会晤中,英国驻华盛顿大使庞斯富特勋爵(Lord Pauncefote)暗示了英国在锡布图岛享有某种权利。[2] 另外,向来对菲律宾群岛抱有觊觎之心的德国,这时也对购买锡布图岛表达了兴趣,尽管西班牙一方声称尚未与德方接触。[3] 从地缘角度看,锡布图岛还位于通往澳大利亚的航线上,其战略价值亦不容小觑。经一番讨价还价后,7 月 23 日,美国最终决定以一个岛屿 5 万美金的价格(两岛总计 10 万美元),从西班牙手中购得锡布图岛和卡加延苏禄岛,并要求与西班牙签订一份协议。[4]

二、1900 年美西华盛顿条约与两岛并入美属菲律宾

1900 年 11 月 7 日,美西双方于华盛顿签订《美西割让菲律宾偏

---

[1] Lowell B. Bautista, *The legal status of the Philippine Treaty Limits and territorial waters claim in internayional law: national and international legal perspective*, pp. 73 – 74.

[2] *Spanish Diplomatic Correspondence and Documents 1896 – 1900*, p. 380.

[3] Ibid., p. 389.

[4] Ibid., p. 397.

远岛屿条约》(*Treaty for Cession of Outlying Islands of the Philippines Between the US and Spain*)(下文简称"1900 年美西华盛顿条约")。其中唯一的条款规定:

> 西班牙割让美国其在缔结巴黎条约时可能拥有的、对位于该条约(巴黎条约)第三款所述范围之外的属于菲律宾群岛的全部岛屿,特别是对于卡加延苏禄、锡布图岛及其属地的权利及权利主张,并同意所有这些岛屿应全部包括在所割让的群岛之中,就像它们明显包括在上述范围之内一样。由于这一割让,美国应在本条约批准书交换后六个月内付给西班牙十万美元。[1]

通过 1900 年华盛顿条约,美国明确将苏禄海南部的卡加延苏禄岛和锡布图岛纳入了菲律宾群岛。谈判期间美国国务卿海约翰提及的 1885 年马德里条约则是美国声索卡加延苏禄岛和锡布图两岛最为根本的依据。1900 年华盛顿条约表明,美方是要割占美西战争前西班牙在菲律宾群岛享有主权或管辖权的所有岛屿。在 1898 年签订和平条约时,可能是出于谨慎或不清楚菲律宾南部地理边界等原因,美国在和约第三款有关菲律宾领土边界的约文中"遗漏"了部分 1898 年西班牙还拥有主权或管辖权的岛屿,而 1900 年华盛顿条约正是对此的纠正与补充。因此,那种认为 1900 年条约签订的背景是 1898 年菲律宾领土划界中"有一段没有沿着经度子午线或纬度平行线确定"的观点并不准确。[2]

---

[1] Edward M. Douglas, *Boundaries, Areas, Geographic Centers and Altitudes of the United States and the Several States*, Washington: United States Government Printing Office, 1930, p. 48.

[2] 郭渊:《晚清时期中国南海疆域研究》,哈尔滨:黑龙江教育出版社,2010 年,第 196 页。

　　对 1900 年美西华盛顿条约的签订，当时西班牙驻美大使曾自信满满。在向国内提交的报告中，西班牙驻美大使阿克斯说："这一预防措施（Precaution，即指 1900 年条约）完全正常，且在同等条件下，我不认为还有其他岛屿，因为此时他们已经清楚（菲律宾岛屿的情况）。对我而言，这一条款似乎不应成为签订该条约的障碍。"[①]在阿克斯看来，美国准备的这个条约是为了避免以后再次发生类似的岛屿争端，纯属是一种预防措施。更重要的是，阿克斯认为这种争端事件以后不会再出现了，因为他相信经过两个月的调研（2 月 6 日至 4 月 7 日），美国已经充分掌握了菲律宾群岛的情况，包括菲律宾本部和苏禄群岛的范围。[②]倘若此次尚有其他"遗漏"的岛屿的话，美国必定会将其一并纳入谈判主题，以期"彻底解决"。

　　作为西班牙驻美大使，阿克斯直接负责与美国接洽有关岛屿争端事宜，从本职角度看，其上述想法并无不妥之处，尤其是签订条约又可以为西班牙政府额外"赚取"十万美金。然而，后来的事实表明阿克斯的想法纯属一种"异想天开"或者是未经深思熟虑的。因为此后不久美国又与英国在苏禄海南部靠近婆罗洲的海龟群岛和茫西群岛两处发生了主权争端，而这些岛屿也是处于巴黎条约线之外的，那么无疑巴黎条约之后西班牙还是享有主权的。但此时根据 1900 年华盛顿条约，西班牙已经将巴黎条约线之外"属于菲律宾群岛的全部岛屿"转让给了美国，这从法律角度否定了自身再次声索茫西群岛和海龟群岛的基础。就此而言，阿克斯以及西班牙政府对菲律宾群岛，尤其是南部岛屿范围的无知，是显而易见的。

　　由于美西双方在 1900 年签订的华盛顿条约中并未依据 1885 年马德里条约关于 3 里格的规定，给出具体的南部菲律宾边界走向，只

---

① *Spanish Diplomatic Correspondence and Documents 1896 – 1900*, p. 397.

② Ibid., p. 381.

是笼统地提及了巴黎条约线之外属于菲律宾群岛的其他岛屿。这些其他岛屿，美国人没有明确给出其坐标、名称等基本信息。因此菲律宾群岛的南部边界未来必将还要进一步进行厘清。谈判时间的短促和美国尚未对更远的南部岛屿进行接管，无疑是美方没有直接给出明确边界走向的原因。不过，这种富有弹性的外交辞令，在1930年与英国谈判接收海龟群岛和茫西群岛时，为美国赢得了切实利益。同时，美方的这一表述从逻辑上给出了未来可以接收岛屿范围的区间，即巴黎条约线之外（西南向）、北婆罗洲以北3里格之外（东北向）的区域。

不可否认的是，相较于西班牙在苏禄海一带的政治控制权，美方无疑走得更远。1885年马德里条约赋予西班牙在苏禄海的种种权利，因时间短暂在美西战争前仍停留在纸面上，但战后通过条约美国人不仅继承了这种权利，而且将这种权利从法律条文上落实到现实层面了。西班牙曾经对南部苏禄海星罗棋布的诸岛屿地理分布（经纬度），岛礁基本情况（如面积大小、经济价值）等，因薄弱的政治控制力处于一种茫然无知、稀里糊涂的状态，以致于美军可以如入无人之境地占领上述两处岛屿。但是这种状态随着美军对南部诸多岛屿的接管和进占发生了根本性变化，其重要表现之一就是美西关于卡加延苏禄岛和锡布图岛的争端及其权属由西班牙转向美属菲律宾。

本章小结

1898年美西战争后西班牙通过巴黎条约将菲律宾群岛割让给美国。巴黎条约第三款以具体经纬度的方式对西班牙转让给美国的菲律宾边界作出了规定，将这些经纬度两两相连，形成了一条"巴黎条约线"。巴黎条约线的北部边界为北纬21°30′。在美军接收菲律宾群岛过程中,西班牙与美国双方围绕锡布图岛和卡加延苏禄岛主权归属发生争议,经过交涉后双方于 1900 年在华盛顿签订条约,将两岛纳入美属菲律宾群岛。同时,条约规定将西班牙在美西战争之际在菲律宾群岛享有主权或管辖权的一切岛屿转让给美国。经过两份条约,美属菲律宾边界得以初步形成。

对美属菲律宾边界而言,1900 年美西华盛顿条约是对标记美属菲律宾边界的巴黎条约线作出的首次调整与变动,表现为巴黎条约线在菲律宾群岛西南部和东南部向外扩展了,囊括了卡加延苏禄岛和锡布图岛。不过这次变动主要集中于菲律宾的西南和东南两隅,除此之外,其他方向的巴黎条约线并未发生变化,因此其主体结构并未发生根本性变化。巴黎条约线其他方向未发生大变化也表现在后续变动中。

第三章

殖民大国竞合下美属菲律宾岛屿
边界的局部调整

1898 年美西巴黎条约和 1900 年美西华盛顿条约初步规定了美属菲律宾群岛的边界。1928 年,通过国际仲裁,被置于巴黎条约线范围内的菲律宾南部岛屿——帕尔马斯岛——被判给了荷属东印度(今印度尼西亚)。1930 年美国和英国又于华盛顿签订条约,划定了菲律宾群岛南部与北婆罗洲之间的边界,规定将茫西群岛和海龟群岛划归菲律宾群岛,而成为美属菲律宾的组成部分。殖民大国的竞争与合作使美属菲律宾边界进一步清晰化。不过,发生于菲律宾南部的两次岛屿减增并未使巴黎条约线其他方向发生任何变化。

第一节　美荷帕尔马斯岛归属争端及其主权转移

1898 年美西巴黎和平谈判期间,美方在确定菲律宾南部边界线时采取了谨慎原则,结果导致部分岛屿被"遗漏"了。美方之所以能够造成这种错误,除自身未做足调研外,最重要的外部原因是西班牙并未对那些鞭长莫及的边缘岛屿建立起有效的行政管辖,这些偏远岛屿一直处于荒无人烟的状态,因此在西班牙与美国转交菲律宾群岛的过程中就不利于人们判明其归属。不过既然美方在巴黎和平谈判期间能"遗漏"了部分从法理上属于西班牙的岛屿,那么是否也会"增添"部分法理上已不属于西班牙的岛屿呢? 事实表明确实有一处这样类型的岛屿存在,帕尔马斯岛就是一例。

一、美国与荷兰关于帕尔马斯岛主权归属争端

帕尔马斯岛(Island of Palmas),荷属东印度称其为米昂阿斯岛(Island of Miangas),是一座 2 英里长、0.75 英里宽、约 1100 英亩的小岛。位于北纬 5 度 35 分,东经 126 度 36 分[1],距菲律宾棉兰老岛圣奥古斯汀岬(Cape San Augustin)48.75 英里,离印度尼西亚最北部那努萨群岛(Nanusa/Nanoesa group)51.5 英里。[2] 按照 1898 年美西巴黎条约的规定,该岛属于割让给美国的菲律宾群岛一部分,地处菲律宾群岛的东南,距离东边一侧的巴黎条约线最近处仅 20 英里。[3] 1906 年 1 月 21 日,当美国驻摩洛省司令兼省长伦纳德·伍德(Leonard Wood)视察该岛时,发现该岛上飘着荷兰国旗。[4] 为了确定该岛主权归属,同日伍德将军命令第一中尉戈登·约翰斯登(Gordon Johnston),经由桑义岛(Sangi/Sanghi)和塔劳岛(Talauer/

---

[1] United States Department of State, *Papers relating to the foreign relations of the United States*, Volume II, U. S. Government Printing Office, 1925,"Arbitration between the United States and the Netherlands Respecting Sovereignty over the Island of Palmas", p. 614.

[2] "The Palmas Island Dispute", *Foreign Affairs*, Vol. 5, No. 1 (Oct.,1926), pp. 152 - 153.

[3] Philip C. Jessup, "The Palmas Island Arbitration", *The American Journal of International Law*, Vol. 22, No. 4 (Oct.,1928), pp. 735 - 752.

[4] 对发生争议的时间,在后来提交给仲裁庭的材料中,美方声称大约是 1903 年,因为那时伍德已发现这一情况,因耽搁当时未及时向荷兰提出权利主张。

Talaut)的首领,询问了当地土著关于该岛的情况。随后,伍德将军向美国军政部递交了一份关于帕尔马斯岛的报告,其中提及:"就我所能确认的,荷兰国旗已经飘在那里50年之久了,也有一个人说他认为荷兰国旗一直都在那里。岛上居民与菲律宾群岛有贸易往来,但似乎很少与西里伯斯人(即荷属东印度的西里伯斯岛居民——引者注)有联系,除了通过一艘荷兰船只定期来访外。"①伍德将军对帕尔马斯岛的视察及嗣后的报告,触发了美荷两国围绕帕尔马斯岛的主权归属争议。②

美国认为帕尔马斯岛经由1898年巴黎条约已由西班牙转让给美国,而很多历史地图和证据已表明1898年以前西班牙是拥有该岛主权的。荷兰政府则认为从17世纪起该岛已为荷兰所有,且该岛居民承认与荷属东印度公司的官员(以及后来的荷兰政府)之间保有政治上的联系。③荷兰方面提出的证据还包括:荷兰将一面国旗和一顶带有荷兰标记的帽子授予了当地的一位头领。同时,荷兰当局还派人携带大米赶赴岛上慰问岛民,以期改善他们的生活状况。来自荷属东印度万鸦老的一位当地人,还被要求返回帕尔马斯岛开设学校。④鉴于此,荷兰认为该岛业已作为荷属东印度领土的一部分。⑤所

---

① Daniel-Erasmus Khan, "Max Huber as Arbitrator: The Palmas (Miangas) Case and Other Arbitrations", *The European Journal of International Law*, Vol. 18, No. 1, 2007, p. 159.

② Permanent Court of Arbitration, *Award of the Tribunal*, *the Island of Palmas Case (or Miangas)*, The United States of America V. The Netherlands, The Hague, 4 April 1928, p. 5.

③ "The Palmas Island Dispute", *Foreign Affairs*, Vol. 5, No. 1 (Oct., 1926), pp. 152 - 153.

④ Fred Kenelm Nielsen, *The island of Palmas arbitration*, pp. 112 - 114.

⑤ Permanent Court of Arbitration, *Award of the Tribunal*, *The Island of Palmas Case (or Miangas)*, The United States of America V. The Netherlands, The Hague, 4 April 1928, pp. 5 - 6.

以当美国国务院在收到伍德的报告后向荷兰政府发出询问时,荷兰政府回应说对该岛的主权主张是通过荷属东印度公司与帕尔马斯岛当地居民间签署的宗主条约形成的。

在双方各执一词、相持不下的背景下,美国开始考虑将争端提交第三方进行仲裁。然而就在美国提议进行仲裁时,媒体爆料的一则消息却让仲裁一说在美国国内变得举步维艰、难以推动落实。因为1906年伍德尽管报告了岛上有荷兰行政存在的事实,但依据1898年巴黎条约美国还是登岛后升起了美国国旗,象征性将其纳入美属菲律宾统治体系,因此帕尔马斯岛一时间保持着美国和荷兰两种行政存在。这就为后来所谓的"扯旗事件"埋下了伏笔。菲律宾学者洛克在2003年的文章中提及:"1911年美国内部一份提及荷兰当局将悬挂于该岛的美国国旗撤下的报告,让美国寻求仲裁面临着不利的国内舆论环境。扯旗事件经美国媒体广为报道,并促使至少一名参议员向国务院提出这一报告的真实性。"也就是说,1911年美国媒体报道了荷兰当局将悬挂于该岛上的美国国旗被暴力扯下的新闻,这让美西战争后蒸蒸日上、高度自信的美国民众无法接受,议员们也向国务院询问此事真假。这种情况下在该岛主权归属问题上选择妥协的办法进行仲裁,将难以获得民众的支持。

更为重要的是,以下两方面原因的存在,这时已让美国主张该岛主权的态度踌躇不前:第一,此岛太小了,仅住着689名瘦骨嶙峋的、操着马来—西班牙方言的贫民。第二,由于该岛微乎其微的价值,对其归属问题提起法律诉讼是不值当的。所以美国政府不太积极的态度就让此事搁置了。因为这一搁置以及缺乏提起诉讼的兴趣,美国对该岛的主张毫无疑问变得更为糟糕。①

---

① H. Harry L. Roque Jr. "Palmas Arbitration Revisited", *Philippine Law Journal*, Vol. 77, No. 4, 2003, pp. 441 – 442.

一方面国内民意不支持进行仲裁,另一方面政府经评估后认为该岛的现有价值不值为之投入更多的精力,因此围绕该岛的主权争议便一直拖延、迟迟未得到解决。简言之,从 1906 年 3 月 31 日至 1925 年 1 月 23 日美国和荷兰双方签署特别协定同意进行仲裁为止,尽管美荷双方围绕帕尔马斯岛的归属进行了断断续续、长达 20 年的交涉,但对该岛主权归属问题始终没有达成共识。[①]

然而,1919 年来自美属菲律宾当局的两份调查报告,从现实层面改变了美国政府此前的态度,开始加快推动仲裁进程。1919 年 6 月 14 日,菲律宾内务部警察局局长马龙(D. H. Malone)、美国加利福尼亚州的阿特金斯·克罗尔公司(Atkins, Kroll & Company)驻菲律宾三宝颜分公司经理阿尔瓦雷茨(M. C. Alvarez),在数位部属陪同下,乘坐"阿瓦鲁阿"号(Avarua)帆船(schooner)视察了帕尔马斯岛。行程结束后,阿尔瓦雷茨和马龙分别向其上级提交了一份视察报告。

6 月 19 日,在呈送给总部的报告中,阿尔瓦雷茨介绍了该岛目前居民的生活现状、岛屿历史和人种问题。报告开宗明义指出:"百分之九十左右的岛民正遭受各种各样的病痛折磨。"在谈及岛屿历史时,作者指出:"西班牙人曾驾驶炮舰,将众多来自摩洛地区的奴隶运送至此。西班牙人还任命了当地一位头领负责征收证件税(cedula tax)。单词'cedula'还能从当地土语中找到。当地很多人会说流利的西班牙语、马巾达瑙语和他伽禄语,这些语言是他们通过走访邻近的格兰、达沃和马蒂地区学来的。当地的一个人告诉我说,他曾经登陆马蒂时被一位警察误以为是名海盗而被要求离开。从人种学角度

---

① Daniel-Erasmus Khan, "Max Huber as Arbitrator: The Palmas (Miangas) Case and Other Arbitrations", *The European Journal of International Law*, Vol. 18, No. 1, 2007, pp. 158 - 161.

看，土著居民融合了荷兰人、西班牙人、菲律宾人、塔兰特（Talant）、中国人、玻里尼西亚人的血统，每一种血统的人都可以在这里找到，这可从语音中一探究竟。"①

6月20日，在提交给内务部派驻三宝颜部长助理关于《帕尔马斯岛调查情况》的报告中，马龙说："当我要离开该岛之时，很多人（岛民）请求我，允许他们登船，前往达沃地区的格兰（Glan）或马蒂生活。他们中的很多人数年前已前往格兰，但因为不能携带家眷亲属，他们又不得不返回该岛……很多人表达了希望登船，前往菲律宾出售椰子的意愿，如果船长能够同意的话。"②

10月4日，战争部部长巴克尔（Newton D. Baker）将阿尔瓦雷茨和马龙的报告，以及来自菲律宾总督提交给战争部下属岛务局的信件，一并转给了国务院。来自菲律宾总督的信件中还附有一份非基督教部落局局长、棉兰老和苏禄部部长卡朋特（Frank W. Carpenter）的报告。在报告中，卡朋特强烈地表达了美方改善帕尔马斯岛居民医疗卫生状况的意愿。在给国务院的信末，巴克尔对帕尔马斯岛的归属问题表达了自己的看法。他认为从军事、海军和商业角度看，帕尔马斯岛的价值微乎其微，但其地理位置、岛屿名称、岛民特性和他们的语言，均表明该岛应该属于菲律宾群岛的一部分。同时，1898年美西签订的巴黎条约表明，西班牙是将其转让给美国的。鉴于上述诸多理由，巴克尔向国务院建议将美荷关于帕岛的争

---

① *Extract from Report of M. C. Alvarez*, Dated June 19, 1919, Cf. Fred Kenelm Nielsen, *The Island of Palmas arbitration before the Permanent court of arbitration at the Hague under the special agreement concluded between the United States of America and the Netherlands January 23, 1925, Counter-Memorandum of The United States of Amerca*, pp. 109 - 111.

② *Extract from Report of D. H. Malone*, Dated June 20, 1919, Cf., Fred Kenelm Nielsen, *The island of Palmas arbitration*, p. 108.

端提交国际仲裁。[①]

二、1925—1928 年国际仲裁与帕岛主权的转移

1925 年 1 月 23 日,在经过多年延宕后美荷决定签署一份特别协定,一致同意将该岛争端提交海牙仲裁法庭进行仲裁。[②] 根据特别协定,9 月 29 日双方同意将争议交予海牙常设仲裁法庭(Permanent Court of Arbitration)仲裁,并提请瑞士籍法官马克斯·胡伯(Max Huber)作为独立仲裁员。随后胡伯法官同意作为双方独立仲裁员参与该案仲裁。10 月 16 日和 23 日,常设仲裁庭国际局(the International Bureau of the Permanent Court of Arbitration)分别向仲裁员胡伯,转交了来自美国和荷兰关于争议岛屿的备忘录。1926 年 4 月 23 日和 24 日,国际局又将双方对备忘录的反驳(Counter-Memorandum)转交给胡伯。对双方的材料进行甄别与研究后,胡伯认为双方仍需要提交"进一步的书面解释"。国际局分别于 1926 年 12 月 24 日和 1927 年 1 月 6 日将上述要求通知荷兰外交部和美国国务院。1927 年 3 月 24 日和 4 月 22 日,通过国际局,荷兰和美国分别将充实完善的材料交予仲裁员。

然而,根据特别协定的第三款内容,5 月 2 日美国国务院认为对荷兰一方的相关主张应作出反驳(Rejoinder),并要求三个月的时限。国际局于 5 月 19 日将美方的建议转达给仲裁员胡伯。5 月 23 日国

---

① *Letter of October* 4,1919, *from the Secretary of War to the Secretary of State*,参见 Fred Kenelm Nielsen, *The Island of Palmas arbitration*, pp. 106 - 108。

② United States Department of State, *Papers relating to the foreign relations of the United States*, Volume II, U. S. Government Printing Office, 1925, "Arbitration between the United States and the Netherlands Respecting Sovereignty over the Island of Palmas", pp. 614 - 617.

际局转来了胡伯法官的回复意见。在意见中,胡伯同意美方延展三个月。经准备,10 月 21 日美方将反驳答辩状转交至胡伯。至此,双方完成了相关申辩材料的提交程序。胡伯法官对这些材料进行了研究,于 1928 年 3 月 3 日宣布仲裁结束,4 月 4 日正式作出裁决。①

根据提交给法官胡伯的地图和文本材料,美荷双方的主要观点大致如下:

美国对帕尔马斯岛提出主权要求的依据是:西班牙首先发现了该岛,因此获得了该岛的主权。这一点即获得了声誉显赫的绘图员和作家们的确认,例如,1595 年著名荷兰制图员林斯霍滕(Linschoten)、1654 年法国制图员散森(Sanson)、1869 年英国科学家艾尔弗雷德·华莱士(Alfred Russel Wallace)、1901 年荷兰殖民事务部等等②,也为众多条约,特别是 1648 年西班牙和荷兰双方签订的《明斯特条约》(Treaty of Münster)和 1898 年的《巴黎条约》所确认。作为西班牙的继承者,美国也就继承了对帕尔马斯岛的主权。此外,从地理连续角度看,帕尔马斯岛也应该属于菲律宾群岛。

荷兰一方则认为,西班牙发现该岛的事实并不能得到证明,西班牙也没有以其他方式获得该岛。即使西班牙起初获得了该岛的主权,但这种权利已经丧失。1898 年巴黎条约时西班牙不能将其不再拥有的帕尔马斯岛主权转让给美国。另外,巴黎和平谈判期间,海军中校布拉德福德对美国代表团表示过,"西班牙对棉兰老岛一无所知,在菲律宾南部,西班牙的影响力很弱"。对菲律宾群岛的边界划定,美方是"潦草的"。西班牙一方也反对美方单方面制定转让全部

---

① Permanent Court of Arbitration, *Award of the Tribunal*, *The Island of Palmas Case (or Miangas)*, The United States of America V. The Netherlands, The Hague, 4 April 1928, pp. 4 – 5.

② Fred Kenelm Nielsen, *The Island of Palmas arbitration*, pp. 81 – 82.

岛屿的意见。[①] 相反,荷兰东印度公司在 1677 年,甚至更早的 1648 年已经获得并行使了对该岛的主权。这一主权源自与桑义岛(Talautse/Sangi,帕岛的主岛)王公们的协定。因此荷兰建立了对这些领地的宗主权。[②]

胡伯对双方的观点进行研究后认为,西班牙的开拓者们发现了帕尔马斯岛,在 16 世纪初可以把这个岛置于西班牙的主权之下。但根据时际法的相关原则,西班牙的这种原始权利(original title)应服从于签订《巴黎条约》时所存在的领土取得规则。19 世纪以来,"发现"只产生一种"不完全的权利"(inchoate title),这种权利须在一个合理的期间内通过对该地区的有效占领(effective occupation)来完成。所谓有效占领就是能对在该地区上之他国及他国国民的权利给予最低限度保护的那种占领。

而荷兰东印度政府已明确认定该岛是其东印度属地的一部分,直至 1908 年为止。该政府一直表达了将其作为东印度属地的主权诉求。荷兰对该岛的所有权依据在裁决中占据了优势,因为美国没有同样的或更强有力的根据。作为西班牙权利的继承者,美国不能从《巴黎条约》中取得西班牙在 1898 年未拥有的权利。而因地理邻近而主张权利,在国际法上是没有根据的。[③]

因此,1928 年 4 月 4 日,根据上述理由胡伯法官最终作出裁决,将 1898 年划入巴黎条约线之内的、时为荷兰实际占领的帕尔马斯岛

① Fred Kenelm Nielsen, *The island of Palmas arbitration*, pp. 78 - 80.

② Permanent Court of Arbitration, *Award of the Tribunal*, *The Island of Palmas Case (or Miangas)*, United States of America V. The Netherlands, The Hague, 4 April 1928, p. 7.

③ Permanent Court of Arbitration, *Award of the Tribunal*, *The Island of Palmas Case (or Miangas)*, United States of America V. The Netherlands, The Hague, 4 April 1928, pp. 33 - 37;王可菊:《时际法与领土的取得——基于解决领土争端中的理论与实践》,《太平洋学报》2012 年第 5 期。

主权判给荷兰,"帕尔马斯岛(或米昂阿斯岛)构成荷兰领土之一部分"①。这意味着美国通过巴黎条约获得帕尔马斯岛的企图遭到了失败,从而失去了对该岛的主权。

通过此次仲裁,我们可以发现,美国通过 1898 年巴黎条约和 1900 年华盛顿条约,是要割占西班牙统治时期享有主权或管辖权的所有岛屿,但前提是这些岛屿必须为西班牙所真正所有,无论是从实际占领方面,还是从法律方面。美国不能将美西战争前西班牙不享有主权或管辖权的岛屿纳入美属菲律宾,即使这些岛屿处于巴黎条约线内。需要注意的是,帕尔马斯岛仲裁案并不涉及 1885 年马德里条约,因为后者是对北婆罗洲一带的边界划分,而不牵涉棉兰老岛南部岛屿的归属问题。

对帕尔马斯岛仲裁一案,后来曾有菲律宾学者表示作为美属菲律宾的继承者——菲律宾不受其约束力,认为帕尔马斯岛由美属菲律宾转向荷属东印度是有争议的,菲律宾可以不接受。2003 年菲律宾从事法学研究的学者洛克在一篇题为《帕尔马斯岛仲裁再探》的文章中指出:"帕尔马斯岛一案,已遭致最优秀的国际法学家们的批评,说的委婉点其是有瑕疵的,说的严重点其就是错误的……仲裁仅对仲裁双方荷兰和美国有约束力,任何情况下,作为仲裁的非参与方,菲律宾都不受裁决约束。理由有二:一是仲裁期间,美国对帕尔马斯岛没有兴趣;二是截至目前没有任何证据表明菲律宾同意接受美国在仲裁上的立场。"②对这一观点进行评述已超出本课题研究范围,不过就其所提菲律宾不受裁决结果拘束而言,目前菲律宾并无否决当年裁决或以巴黎条约为据声索该岛主权的实质性行动。

---

① Edward M. Douglas, *Boundaries, Areas, Geographic Centers and Altitudes of the United States and the Several State*, p. 49.

② H. Harry L. Roque Jr. "Palmas Arbitration Revisited", *Philippine Law Journal*, Vol. 77, No. 4, 2003, pp. 461 – 462.

第二节　1930年茫西群岛、海龟群岛 入附美属菲律宾

尽管1900年签订华盛顿条约时西班牙驻美大使阿克斯向国内报告说,除了锡布图岛和卡加延苏禄岛外,再无其他位于巴黎条约线之外、但仍属于西班牙权利范围之内的岛屿,但事实证伪了阿克斯的这一说法。1903年美国在调查北婆罗洲一带的岛屿时,与位于北婆罗洲的英属北婆罗洲公司(British North Borneo Company)在部分岛屿权利归属上发生了冲突。美国认为1885年马德里条约规定的北婆罗洲沿岸3里格以外的一切岛礁均属于菲律宾群岛,而这些岛屿位于巴黎条约线之外,但可以援引1900年华盛顿条约将其纳入菲律宾群岛。经协商,美英双方最终于1930年签订划界条约。通过此条约,美菲当局将称之为茫西群岛和海龟群岛并入了美属菲律宾。

一、1930年前美国与英国有关茫西、海龟群岛归属争端及共识

当1900年美西双方签订华盛顿条约最终解决锡布图岛和卡加延苏禄岛归属之时,按照1885年马德里条约关于"婆罗洲海岸线三里格之内岛礁属于英国"的规定,美国事实上尚未完全接收北婆罗洲海岸线3里格之外苏禄海内属于菲律宾的岛礁。然而,1903年4月英国驻北婆罗洲领事与苏禄苏丹再次签订了一份协定,对1878年奥弗贝克和登特与苏禄苏丹签订的"租借"北婆罗洲领土范围进行了补充。这份补充协定将北婆罗洲海岸线北部一带的众多岛礁纳入了北

婆罗洲公司,包括后来引发美英双方争议的塔格纳克岛(Taganack)、贝关岛(Beguan)和斯邦岛(Sibaung)。[①]

因此,当 1903 年初美国海军军舰"奎罗斯号"(USS *Quiros*),对这一带的数个岛屿进行考察,并试图竖立主权标识时,引发了英属北婆罗洲公司的抗议。9 月 7 日,该公司代表通过英国外交部向美方提出严正交涉,抗议美军在几个小岛上升国旗与立界碑,是一种侵犯自身主权的行为,因为"根据英属北婆罗洲公司,这些岛屿处于其统治之下"[②]。对此,美国国务卿海约翰建议对争议岛屿暂不采取任何行动。

经一年多调研,围绕双方争议岛屿美国向英国作出了较为详细的说明和建议。1904 年 12 月 9 日,在一封致英国驻美大使杜兰特(H. M. Durand)爵士的信件中,国务卿海约翰表示,"根据 1900 年11 月 7 日美西和平条约的补充协定,西班牙将拥有主权或声称主权的属于菲律宾群岛的所有岛屿——这些岛屿在和平条约中没有明确地划入界线之内——特别是处于上述界限之外的卡加延苏禄和锡布图岛转让给美国"。而 1877 年、1885 年和 1897 年的英国、西班牙和德国三方条约中,西班牙同意将原属于苏禄苏丹的婆罗洲以及相邻的巴兰邦岸岛(Balambangan)、邦吉岛(Banguey or Banggi)、马拉瓦利岛(Malawali)和"位于(婆罗洲)沿岸 3 里格(9 海里)之内的所有岛屿——它们是北婆罗洲公司管辖领地的组成部分"主权转让给英国。与此同时,剩余岛屿应归属苏禄苏丹。后者通过协定归顺了西班牙,从而,不管西班牙是否有效占领这些岛屿,其主权都应属于西班牙。

[①] M. Lotilla, ed., *The Philippine National Territory: A Collection of Related Documents*, p. 625.

[②] Guenther Dahlhoff, *International Court of Justice*, *Digest of Judgments and Advisory Opinions*, *Canon and Case Law 1946 – 2012*, Leiden: Martinus Nijhoff Publishers, 2012, p. 1133.

海约翰进一步说,1877 年、1885 年和 1897 年以及 1900 年的条约签订后,西班牙和英国都没有在婆罗洲沿岸 3 里格的地方划定一条分界线,也没有尝试着这样去做。不过,如果没有两国政府间一份关于那里的准确地理知识的协定,婆罗洲沿岸以及附属岛屿的地貌特征,似乎会阻碍婆罗洲与苏禄群岛间确定一条精确的条约线。由于婆罗洲海岸线的不规则分布,1885 年协定之后,双方(即西班牙和英属北婆罗洲公司)对 3 里格处界限的划分往往带有随意性。因此,(岛屿划分、分配)更多考虑的是双方间的便利,例如,很多岛屿被一分为二了。此外,1885 年的协定没有对 3 里格界限的起迄点作出清晰的说明。

有鉴于此,海约翰向英方建议双方政府各派一位代表政府的专家,按照 1885 年马德里条约的规定,对婆罗洲北部沿岸向海 3 里格的地方进行尝试性的划界工作。如果两位专家存在一些不能达成一致意见、有分歧的疆界点,那么可将分歧向各自政府报告,然后双方政府再根据报告决定划分界限的最后方案。[①]

对美方的意见,1905 年 9 月 29 日驻美大使杜兰特回信说,根据英方政府转来北婆罗洲公司的意见,他们不认为目前有重划界限的必要。因为对他们而言,质疑美方对争议岛屿的权利已经没有意义。现在他们关心的仅仅是,美国政府能否愿意放弃这些岛屿的权利,因为这些岛屿对美方来说并不重要。相反,北婆罗洲公司已经对其进行了长期管辖,而且相信这些岛屿早已构成北婆罗洲公司属地的一部分,而具有重大意义。1906 年 1 月 6 日,杜兰特又向美方转呈了北婆罗洲公司提出的另一种可供参选的方案,即北婆罗洲公司继续行

---

① United States Department of State, *Papers relating to the foreign relations of the United States*, *with the annual message of the president transmitted to Congress*, December 3, Part I, U. S. Government Printing Office, 1907, p. 542.

使对争议岛屿的管辖权,但通过每年向美方支付 150 美元的方式承认美方对其拥有主权。①

对 1 月 6 日英方提出的意见,美国国务院于 1 月 12 日作出回应,并提出了四点要求。其基本内容是,要求北婆罗洲公司提交一张地图,地图中需要用线明确画出期望管辖的岛屿,以及画出马德里条约规定的北婆罗洲公司属地与美国属地之间的分界线;确定解决争议岛屿的时间表;对争议岛屿上公司相关财产的规定,及美方对目前公司所辖岛屿的义务与责任问题。6 月 23 日,杜兰特向美国国务院提交了一张地图,这张地图展示了北婆罗洲公司享有管辖权的岛屿范围界限。② 但对划定双方间的条约线,公司明确表示拒绝。公司认为只有在双方派遣专家进行实地测绘时,提供这样的地图方有必要。同时,对美方关心的其他问题英国作出了积极回应。此后,双方对其他三项的一些细节又进行了几次通信协商。

最终,英方于 1907 年 7 月 3 日向美方提出了一份附有七项规定的方案。其中,对争议岛屿归属问题的处理是,英属北婆罗洲公司租借主权属于美国、但管辖权处于公司之下的岛屿;美方暂且搁置对争议岛屿的主权要求;上述状况之维持,直到双方确切的岛屿分界线确立为止。7 月 10 日,美方表示对此方案无异议。③ 至此,美英双方暂时协调了双方间的岛屿争议,并对之相关处理方案达成共识。实际

① United States Department of State, *Papers relating to the foreign relations of the United States*, *with the annual message of the president transmitted to Congress*, 1907, p. 543.

② Guenther Dahlhoff, *International Court of Justice*, *Digest of Judgments and Advisory Opinions*, *Canon and Case Law 1946 – 2012*, Leiden: Martinus Nijhoff Publishers, 2012, p. 1133.

③ Charles I. Bevans, *Treaties and Other International Agreements of the United States of American 1776 – 1949*, Volume 12, Washington: United States Government Printing Office, 1974, pp. 287 – 289.

上,按照条款内容,双方只是选择了维持对争议岛屿的一切现状,而将重点工作转向边界的划分上。

二、1930年美英划界条约及海龟群岛、茫西群岛入附美属菲律宾

根据1907年7月3日英方的方案,1929年7月24日,美英双方代表就海龟群岛(the Turtle Islands)的管理,及菲律宾与北婆罗洲间的分界线问题,在美国国务院展开直接谈判。在谈判开始前,英国驻美大使霍华德(Esme Howard)宣读了英方草拟的"关于海龟群岛划界及其管理问题"九条备忘录。会前,美方代表亦准备了相关条约草案。因而,谈判主要围绕会前确定的议题展开讨论。

谈判成果主要有以下几点:

1. 根据1927年8月20日美国国务院致英国驻美大使的公函中附带的数张地图复印件,国务院制图员博格斯(Boggs)决定于次日(即7月25日)开始正式与英国大使协商,划定菲律宾南部与北婆罗洲之间的分界线。

2. 美方首席谈判代表麦金太尔(McIntyre)将军向英驻美大使霍华德表示,美方认为英方关于转让、出售或出租海龟群岛的方案实际操作比较困难。建议采纳美方的观点,即划定双方于海龟群岛的确切分界线,但英属北婆罗洲公司对该岛管辖权仍维持不变。也就是说,承认双方于1907年签订的协定继续有效。对此,英方代表提议将对方的意见分别向各自政府报告后再行商谈。

3. 通过实地考察,鉴于菲律宾政府的现状与管理该岛的实际困难,美方决定暂不接收海龟群岛的管理权。

4. 英方建议将茫西岛问题一并纳入讨论,以条约或外交换文的形式处理。

7月29日,在双方再次举行的会议上,美方代表向英方传达了美国政府的意见,即拒绝英国关于转让、出售、出租海龟群岛的方案。对此,英方选择接受,但要求未来签订的正式条约只能包括三项内容,第一项划定分界线;第二项针对1922年华盛顿五国海军条约在海龟岛的适用性问题;第三项关于双方批准条约的时间。其余关于海龟岛和茫西岛的管理、灯塔、警局等问题,需要同时以换文(exchange of notes)的形式处理。相应地,美方制图员博格斯也提议在正式条款中需明确三点内容,即划定的界限必须明确说明一边的领土属于美国,另一边属于北婆罗洲;分界线穿过的岩石也需要明确予以规定属于菲律宾群岛;分界线也要明确提及穿过小巴昆甘岛与大巴昆甘岛(Little Bakkungaan and Great Bakkungaan Islands),及茫西岛和茫西大礁(the Mangsi Islands and Mangsi Great Reef)之间,而不管未来更精确的测绘结果如何。[1]

7月31日,双方对初步草拟的条约和换文进行了修正。8月2日双方举行的会议又同意接受博格斯的建议,即将两幅海图纳入正式条约。值得注意的是,在条约文本的起草过程中,双方均明确指出或承认划分界限的目的,是在于"分割各自的土地,而不能将其视作一条公海上的国际边界(an international boundary)"[2]。也就是说,划分界限的目的是为了厘清岛屿的归属,而不能将由经纬度描绘而来的分界线,视作划分包括水域在内的疆界。

至此,起草划定海龟群岛和茫西岛分界线的条约,和规定其管理权分配等事务的换文文本正式敲定。11月20日,美国国务院正式通知英方,对其11月7日提交划分边界的条约草案和换文无异议,并

----

[1] *Papers relating to the foreign relations of the United States*, 1929, pp. 70 - 76.
[2] Ibid., p. 79.

提议尽快签订正式条约和换文。[①]

1930年1月2日,美英两国于华盛顿正式签署《美英间关于菲律宾及北婆罗洲边界条约》(*Treaty between the US and the UK concerning the Boundaries of the Philippines and North Borneo*)。条约共计五条内容。

第一款内容是:

> 双方同意及宣布划分属于菲律宾群岛之岛屿与属于英国保护之北婆罗洲之岛屿间的界限,将依以下方法划定:
>
> 从北纬4度45分和东经120度0分之交汇点(该点为美国和西班牙于1898年12月10日在巴黎签订之条约所规定的点),往南沿着东经120度划一直线至北纬4度23分的交汇点;
>
> 然后往西沿着北纬4度23分至东经119度0分之交汇点;
>
> 然后往北沿着东经119度0分至北纬4度42分之交汇点;
>
> 然后以一直线以接近45度54分之角度划至北纬5度16分与东经119度35分之交汇点;
>
> 然后以一直线以接近314度19分之角度划至北纬6度0分与东经118度50分之交汇点;
>
> 然后往西沿着北纬6度0分至东经118度20分之交汇点;
>
> 然后以一直线以接近307度40分之角度,通过小巴昆甘岛(Little Bakkungaan Island)与大巴昆甘岛(Great Bakkungaan Island)之间,划至北纬6度17分与东经117度58分之交汇点;
>
> 然后往北沿着东经117度58分至其北纬6度52分之交汇点;
>
> 然后以一直线以接近315度16分之角度划至北纬7度24

---

① *Papers relating to the foreign relations of the United States 1929*, p. 80.

分 45 秒与东经 117 度 25 分 30 秒之交汇点；

然后以一直线以接近 300 度 56 分之角度经过茫西大礁（Mangsee Great Reef）与茫西群岛（Mangsee Islands）之间的茫西海峡（Mangsee Channel）划至北纬 7 度 40 分与东经 117 度 0 分之交汇点；该点为美国与西班牙于 1898 年 12 月 10 日在巴黎签订之条约所规定的疆界点。

第二款内容是：

上述的疆界线标示在美国海岸暨测地署（the Unites States Coast and Geodetic Survey）于 1929 年 7 月 24 日修正出版的第 4707 号和第 4720 号海图上，该两张海图附在本条约之后，并成为本条约之一部分。双方同意假如在未来对于北婆罗洲、菲律宾群岛及介于其间的岛屿有更正确的测量和地图而显示上述的线并不通过小巴昆甘岛和大巴昆甘群岛之间，如第 4720 号海图所示，则疆界线应被理解为如海图所示系一条通过小巴昆甘岛与大巴昆甘岛之间的线，所说的该线的一部分是一条以接近 307 度 40 分从北纬 6 度 0 分与东经 117 度 58 分之交汇点所划出的直线。

双方亦同意假如上述的线并未如第 4720 号海图所示通过茫西群岛与茫西大礁之间，则疆界应被理解为一条从北纬 7 度 24 分 45 秒和东经 117 度 25 分 30 秒之交汇点所划出之直线，它经过如第 4720 号海图所示的茫西海峡，至北纬 7 度 40 分的点。

第三款内容是：

位于前述的分界线以北及以东所有岛屿，和分界线划过的所有岛屿与岩石,应属于菲律宾群岛,位于分界线以南及以西所有岛屿,属于北婆罗洲。[1]

这三款内容只规定了美英双方于北婆罗洲与菲律宾群岛之间的界限,并没有详细说明划分群岛,特别是海龟群岛中分属两方的岛屿名称。不过,这在同日签订的换文中有明确规定。换文规定,依据1907年协定,驳岸岛(Boaan)、里希曼岛(Lihiman)、郎佳安岛(Langaan)、大巴昆甘岛(Great Bakkungaan)、塔格纳克岛(Taganak)、贝关岛(Baguan)、斯邦岛(Sibaung)所组成的海龟群岛,及茫西群岛将归属美属菲律宾群岛。此外,换文还规定了海龟群岛和茫西群岛在美国正式接收前,英属北婆罗洲公司继续享有的相应权利。[2]

事实上,该换文是对1907年双方协定的进一步补充说明。

这里需要特别说明的是,换文还特别增加了对塔格纳克岛(Taganak)权利与职责分配的规定,即当此岛正式移交给美国时,美方需要对英方在该岛上建造灯塔时所耗巨资费用进行相应补偿,并且承担未来灯塔使用过程中的一切维护费用。英国之所以特别强调此点,是因为该岛扼守着英属北婆罗洲北部中心城市山打根(Sandakan)海港,岛上建造的灯塔便利了往来港口船只的航行,因而

---

[1] Guenther Dahlhoff, *International Court of Justice*, *Digest of Judgments and Advisory Opinions*, *Canon and Case Law 1946 - 2012*, Leiden: Martinus Nijhoff Publishers, 2012, p. 1134;吴士存主编:《南海问题文献汇编》,海口:海南出版社,2001年,第248—249页。

[2] Charles I. Bevans, *Treaties and Other International Agreements of the United States of America 1776 -1949*, Volume 12, Washington: United States Government Printing Office, 1974, p. 477.

对北婆罗洲地区的商业贸易活动关系巨大。[1]　二战结束后,英国政府正是依据此条款,对独立后的菲律宾政府拒绝执行相应义务表达了抗议。[2]

至此,根据1900年美西华盛顿条约,北婆罗洲沿岸原属于西班牙的以海龟群岛(the Turtle Islands)和茫西群岛(the Mangsee Islands)命名的数个小岛——这些小岛此时处于英国北婆罗洲公司控制之下——通过条约明确划归了美属菲律宾群岛。[3]　尽管条约第二款规定了两种可供选择的方案,但1946年菲律宾独立后收回两群岛主权的事实证明,换文中关于海龟群岛七个岛屿的划分(四个属于北婆罗洲,三个属于美属菲律宾)被得到了有效地执行,尽管在塔格纳克岛灯塔的管辖与维护问题上菲律宾与英国后来发生了争议(参见第六章第二节相关内容)。

本章小结

1898年美西巴黎条约和1900年美西华盛顿条约初步勾勒了美属菲律宾的边界。1928年,通过国际仲裁,被置于巴黎条约线内的菲律宾南部岛屿——帕尔马斯岛——被判给了荷属东印度(今印度尼西亚)。美菲当局接受了这一裁决,将帕岛主权转让给荷属东印度。1930年美英双方经过多年协商谈判后,又于华盛顿签订条约,

---

[1] United States Department of State, *Papers relating to the foreign relations of the United States 1929*, p. 73.

[2] Vicente Abad Santos & Charles D. T. Lennhoff, "The Taganak Island Lighthouse Dispute", *The American Journal of International Law*, Vol. 45, No. 4 (Oct., 1951), pp. 680 - 688.

[3] Edward M. Douglas, *Boundaries*, *Areas*, *Geographic Centers and Altitudes of the United States and the Several State*, p. 49.

具体划定了美属菲律宾群岛南部与英属北婆罗洲之间的边界,将茫西群岛和海龟群岛纳入美属菲律宾群岛。至此,美属菲律宾边界由"巴黎条约线"转变成"菲律宾条约界限",换言之,1930年美英划界条约后形成的"菲律宾条约界限"正式确定了美属菲律宾的岛屿边界。

1928年美荷帕尔马斯岛仲裁案和1930年美英华盛顿条约表明,在美国殖民统治菲律宾时期领土争端问题上,美菲当局既选择了通过第三方机制仲裁手段解决领土争端,也采用了双边协商谈判方式解决彼此的领土分歧。通过领土争端过程中的竞争与合作,最终和平化解有关领土争议。在西方近代殖民大国处理殖民地乃至本国的领土争端问题上,仲裁,特别是双边协商谈判,并且以具有法律效应的双边条约、备忘录或换文已被视作解决争议的一种常见手段,尽管不是唯一手段。

1930年美英华盛顿条约的签订,也标志着1885年马德里条约关于"苏禄群岛"边界的规定最终具体化、实践化了。西班牙通过1885年马德里条约确定了菲律宾南部边界的定界规则,而美菲当局通过具体实践最终完成了南部边界的划界和标界工作。不过,需要指出的是,菲律宾条约界限仅是在1900年美西华盛顿条约基础上进一步对巴黎条约线进行扩展的结果,此次变动与调整仅发生在菲律宾南部一线,其他方向的巴黎条约线并无任何变化。

第四章

1930 年代美属菲律宾岛屿边界
——"菲律宾条约界限"

　　1898 年美西战争后双方签订的巴黎和平条约初步规定了菲律宾的岛屿边界。1900 年美西双方签订华盛顿条约将锡布图、卡加延苏禄两岛纳入美属菲律宾。1928 年通过仲裁美属菲律宾失去了帕尔马斯岛的主权。1930 年美英华盛顿条约又将茫西群岛、海龟群岛划归美属菲律宾。至此美属菲律宾群岛的岛屿边界由 1898 年巴黎条约形成的"巴黎条约线"演变为"菲律宾条约界限"(Philippine Treaty Limits)或"国际条约界限"①(International Treaty Limits,下文简称"菲律宾条约界限"或"条约界限")。20 世纪 30 年代以前美属菲律宾边界的几次局部调整与变动,引发了人们对 20 世纪 30 年代"菲律宾条约界限"是否还有可变性的探讨。

　　2012 年国外学者利用美国藏岛务局相关档案指出,1937—1938年美菲内部曾援引 1900 年华盛顿条约,将菲律宾群岛西部位于南中

---

① 例如,1938 年美国出版的《菲律宾事务联合筹备委员会报告书》(Joint Preparatory Committee on Philippine Affairs Report of May 20,1938)所附菲律宾地图;1944 年美国陆军制图局(U. S. Army Map Service)二次出版的比例尺为 1∶500,000 的菲律宾群岛系列地图(Topographic Maps, Series S401),它们均有一条标记"国际条约界限"字样的线框。

国海内的斯卡伯格礁(黄岩岛)纳入菲律宾群岛,从而说明"条约界限"至 30 年代初还具有可变性从而并未固定的事实。不过研究表明,30 年代末美菲内部的讨论并未有效说明黄岩岛已被纳入菲律宾群岛,并未肯定"菲律宾条约界限"至 30 年代中后期仍可变动。相反,后续的历史事实及美制菲律宾地图等,均证明"菲律宾条约界限"已然于 30 年代固定。30 年代美属菲律宾的岛屿边界就是菲律宾条约界限。

第一节　1930 年代初美属菲律宾岛屿边界
——"菲律宾条约界限"

1900 年美西华盛顿条约将锡布图岛和卡加延苏禄岛纳入菲律宾群岛后,美国又于 1930 年通过美英划界条约将菲律宾南部的茫西群岛和海龟群岛纳入菲律宾。同时,1928 年的国际仲裁案,又将 1898 年置于美属菲律宾群岛的帕尔马斯岛主权划归荷属东印度。这两次变化及 1900 年的岛屿变更,使 1898 年形成的"巴黎条约线"最终演变成"菲律宾条约界限"或称"国际条约界限"。由此,"菲律宾条约界限"正式成为美属菲律宾群岛的边界线。1935 年菲律宾自治政府制定宪法时肯定了"菲律宾条约界限"作为美属菲律宾边界这一事实。

一、美属菲律宾岛屿边界线由"巴黎条约线"演变为"菲律宾条约界限"

1898 年美西签订的巴黎条约形成了一条规定菲律宾群岛边界的巴黎条约线。经过 1900 年美西华盛顿条约,美属菲律宾获得了锡布图岛和卡加延苏禄岛;1930 年美英双方又签署划分海龟群岛和茫西群岛主权归属的华盛顿条约,从法律上确立了美属菲律宾对两群岛的主权。此外,1928年海牙仲裁庭将帕尔马斯岛主权判给了荷属东印度。由此,经过三次岛屿增减,1898年的"巴黎条约线"最终演化为"菲律宾条约界限",或称"国际条约界限""国防条约界限"[①],简称"条约界限"(Treaty Limits)。

按照1930年美英划界条约第一款内容,将相关经纬度转化为坐标点形式,那么"菲律宾条约界限"共计有16个坐标点。其中五个坐标点与巴黎条约线相一致[②],其余11个坐标点分别是:

1. (4°45′N 120°E);2. (4°23′N 120°E);3. (4°23′N 119°E);4. (4°42′N 119°E);

5. (5°16′N 119°35′E);6. (6°0′N 118°50′E);7. (6°0′N 118°20′E);8. (6°17′N 117°58′E);

9. (6°52′N 117°58′E);10. (7°24′45″N 117°25′30″E);11. (7°40′N 117°0′E)。

将此16个坐标点,两两交相闭合,那么围绕而成的线ABCDEF,即为"菲律宾条约界限"(国际条约界限),作示意图4-1。从图上看,该界限内除帕尔马斯岛外,全部岛屿属于美属菲律宾。

若将"巴黎条约线"演变至"菲律宾条约界限"的过程,以示意图呈现的话,那么我们又可作示意图4-2。示意图给出了1900年通过美西华盛顿条约并入菲律宾群岛的锡布图岛和卡加延苏禄岛位置,以及通过1930年美英划界条约入附菲律宾群岛的茫西群岛和海龟群岛方位。此外,还有1928年经过国际仲裁菲律宾群岛失去的帕尔

[①] 国防条约界限的称谓,首见于1969年马尼拉调查委员会、海岸和大地测量局出版的《菲律宾地图集》。参阅韩振华主编:《我国南海诸岛史料汇编》,北京:东方出版社,1987年,第669页。

[②] 未改动的五个坐标点,分别是:(21°30′N 118°E);(21°30′N 127°E);(4°45′N 127°E);(7°40′N 116°E);(10°N 118°E)。

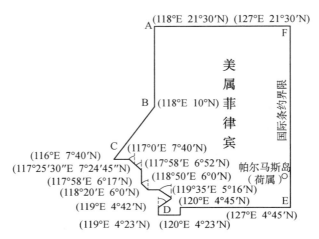

图4-1 1930年代菲律宾条约界限(国际条约界限)示意图
示意图来源:根据1898年和1930年国际条约内容自制。

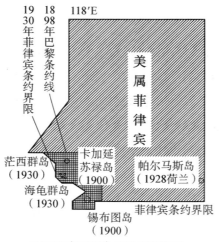

图4-2 "巴黎条约线"至"菲律宾条约界限"演变过程示意图
示意图来源:据1898年、1900年和1930年国际条约自制。

马斯岛位置。从图示看,"巴黎条约线"演变至"菲律宾条约界限",其变化区域仅局限于苏禄海一带和棉兰老岛南部。除此而外,界限再无其他面向的变动。

二、1932年菲渔业法对"菲律宾水域"之定义与"条约界限"性质再探

1932年菲律宾颁布第4003号法令,即《修订和编制关于菲律宾群岛渔业与其他水产资源法律的法令》(An Act to Amend and Compile the Laws Relating to Fish and Other Aquatic Resources of the Philippine Islands)。其中,第二条"定义"第6段的"单词与词组解释"部分这样写道:"这一法令中的单词和术语应该作如下理解:菲律宾水域或菲律宾的领水(Philippine waters, or territorial waters of the Philippines),包括所有属于菲律宾群岛的水域,其由美国与西班牙分别于1898年12月10日和1900年11月7日的条约所定义。"[1]文中所及"菲律宾水域"或"菲律宾领水"由美西签订的两个条约所定,据此菲律宾就将菲律宾条约界限内的水域视为其本国的领海,言之凿凿。1934年《泰丁斯—麦克杜菲法案》(Tydings-McDuffie Act)规定,菲律宾自治政府对1898年西班牙转让给美国的所有领土——其"边界"(boundaries)由巴黎条约第三款规定——以及1900年美西华盛顿条约规定的转让岛屿享有管辖权。菲律宾认为"boundary"一词表明,菲律宾群岛和巴黎条约线之间的水域,应是国家水域的一部分。[2]

---

[1] Raphael Perpetuo M. Lotilla, ed., *The Philippine National Territory: A Collection of Related Documents*, p. 146.

[2] Rodolfo C. Severino, *Where in the World is the Philippines?* p. 20.

　　此外,中国台湾学者蒲国庆在其论文中提到 1973 年出席联合国第三次海洋法会议"海床委员会"之群岛国水域次委员会会议的菲律宾代表团团长托伦蒂诺(Arturo M. Tolentino)就曾在会议上反对美国代表团有关美属菲律宾只享有不超过三海里海域主权的主张,反诘美方说:"为何美国占领菲律宾时期颁布的 1932 年渔业法规定国际条约界限(即菲律宾条约界限)内均属领海?"[①]

　　那么菲律宾条约界限内的水域到底是否是菲律宾的领海呢? 前文所析巴黎条约线为岛屿归属线的结论是否有误呢? 答案是否定的,也就是说:(1)巴黎条约线是岛屿归属线;(2)菲律宾条约界限内的水域不全是菲律宾的领海;(3)1973 年托伦蒂诺对 1932 年渔业法令理解有误;(4)1932 年渔业法所说菲律宾水域只是指菲律宾享有渔业管辖权的那些海域,并不涉及主权或所有权意义上的领海。

　　对于第四点,在国际法上"主权"或"所有权"与"管辖权"的内涵完全不同。14 世纪意大利民事律师巴尔都斯(Baldus)对所有权(自然属性的权利,对世权)和管辖权(法律所赋予的)作出了区分。[②] 20 世纪 30 年代的国际法理论对此也已有过明确区分,比如 1928 年 2 月 15 日第一次国际法编纂委员会(Première Conférence de la Codification)会议期间,与会国家代表曾对领海定义发表观点,其中有人认为"一国得行使主权之领海应有界限,但于此界限之外于一定范围之内得行使特种权利,其范围及特别权利可另行规定"。[③] 约翰斯顿(Douglas M. Johnston)在其《海洋边界划定的理论与历史》一书中也指出国际联盟成立时已有国家提出沿海国可以对毗邻领海的海域行使管辖权:"到国际联盟成立的时候,一些沿海国家为了对三

① 参见蒲国庆:《菲律宾领域主张之演进》,《台湾国际法季刊》2012 年第 2 期,第 130 页。
② 张晏瑢:《海洋法案例研习》,北京:清华大学出版社,2015 年,第 45 页。
③ 参见陈冠任:《"中华民国"渔权发展的历史考察(1912—1982)》,台湾政治大学硕士论文,2011 年,第 41 页。

海里领海外的水域行使管辖权,提出了一个统一的毗邻地带(contiguous zone)观念。"①这里就明确指出了一国可以在领海及领海之外水域享有两种有区别的权利。

30 年代国内学者也撰文指出了两者的区别:"沿海各国,在沿海之港湾内海等,于一定界限以内,得以完全确保其主权者,谓之领海。如在领海定界以外,国际航行、不受法律所拘束者,谓之公海。公海对于私海而言,私海为其领有国之海权所及,故又称之为领海……高海(high sea,公海——引者注)国权之论调,其大旨谓领海外若干海里之海面,均为海权所及……高海国权中属于国内法权包括行政权、渔业权……渔业海权在高海之范围,主张不一,有主张与领海同者,有主张与领海异者,小仅一海里,大至三百海里。"②"领海界内捕鱼,为本国人民专利之事业。各国成例,捕鱼范围,亦得以合理扩充,并不以领海为限,如英人过去在波斯湾、锡兰岛两处采取珍珠,其界线超出其领海界限三海里以外。又英美二国过去在大西洋北岸捕鱼,对于沿海海湾之捕鱼权,有扩充至十海里之遥者。"③

也就是说,在当时的国际法理论及国家实践中,对捕鱼活动行使管辖权是可以超过领海界限的,各国为本国利益计也往往选择扩大其渔业管辖权的执法范围。20 世纪上半叶中日、日苏等国围绕侵渔活动外交龃龉不断就是明证,但对领海界限之外捕鱼活动行使的管辖权因其活动水域已属公海范畴,在法律层面其就不能被等同于领海界限内对捕鱼活动行使的管辖权。易言之,公海中一国的管辖权不能等同于私海(领海)内的一国管辖权。后者的管辖权建立在一国的主权基础之上,根据奥本海(L. Oppenheim)所著《国际法》(International

---

① Douglas M. Johnston, *The Theory and History of Ocean Boundary-Making*, Kingston and Montreal: McGill-Queen's University Press, 1988, p. 81.

② 宁墨公:《国际间领海界限之私议》,《军事杂志》1931 年第 34 期,第 36—38 页。

③ 傅角今:《我国领海界问题之研讨》,《地理教学》1947 年第 2 卷第 4 期,第 6 页。

Law：A Treatise)中记载,一国领土包含其领海,国家可在其领土行使最高权力,在其领海内拥有渔业、沿岸贸易、警察与管辖权。而前者的管辖权则与主权无关。从权属性质角度看,对领海之外的水域沿海国只享有管辖权(jurisdiction,即 1958 年以后海洋法中发展出来的主权权利,sovereign right),而对领海沿海国则是享有主权(sovereignty)。因此,一种管辖权的行使,因其具体至领海抑或领海外至公海,其本质是有差异的,具有管辖权的水域不完全就是一国的领海,也可是领海之外的水域。

　　具体到 1932 年菲律宾渔业法中所说"菲律宾水域",毫无疑问是指菲律宾当局具有管辖权的水域,这个区域可以远超菲律宾的领海,但不能将超出领海范围之外享有管辖权的水域同样视作领海。这种将捕鱼范围扩大至领海界限之外而行使管辖权的案例,在 30 年代菲律宾的周边国家不乏其例,比如 1932 年同年的日本台湾总督府第 33 号行政令所颁布的《渔业法施行规则》将其南部渔业管辖线定在北纬 21 度,但在将北纬 21 度 30 分至北纬 21 度之间的水域纳入其管辖区的同时,又承认其中的雅米岛等岛屿属于美属菲律宾,未将享有渔业管辖权的海域视作其享有主权的领海。

　　综上所述,1932 年菲律宾渔业法令对菲律宾水域的定义,并不能将其理解成菲律宾条约界限内的水域就是菲律宾享有主权或所有权的领海,1973 年托伦蒂诺在国际会议上的表态显然是对其一种误读。菲律宾条约界限只能是一条岛屿归属线。实际上,围绕菲律宾条约界限的性质美国与菲律宾曾发生多次外交争论。比如,1955 年 3 月 7 日和 1956 年 1 月 20 日当菲律宾两次在提交给国际法委员会(International Law Commission)的外交照会中写道:"1898 年 12 月 10 日美西巴黎条约、1900 年 11 月 7 日美西华盛顿条约和美英协定所划分界限中的所有水域……均视作菲律宾的领海"①后，就遭到了曾经宗主国美国的反对，1958年1月美国国务院宣称，"美英和美西双边条约中提及的界限仅仅是划分属于菲律宾的陆地面积，它们不能被视作边界（boundary）"②。

1961年6月17日菲律宾颁布第3046号共和国法案《关于确定菲律宾领海基线的法案》（An Act to Define the Baselines of the Territorial Sea of the Philippines）。其中序言部分宣布，（菲律宾）"群岛最外缘岛屿之外但在（1898年美西条约、1900年美西华盛顿协定和1930年美英华盛顿条约）规定的边界范围之内的所有水域构成菲律宾的领海"③。该法案于1968年9月18日因增添沙巴为菲律宾的领土而又作了部分修订并定名为共和国第5446号法案，但关于界限内水域性质的定义未发生改变。这两部法案均将条约界限之内、领海基线之外的水域视作菲律宾的领海。

菲律宾的上述做法同样遭到了美国政府的反对。④ 美国政府的真实意见在一幅由美国中央情报局绘制于1968年的菲律宾地图中得到了体现。⑤ 该地图有一条标有"菲律宾条约界限"（Treaty Limits of Philippines）字样的线框。然而，与通常绘有菲律宾条约界限的地图不同，该线条是以**不连续的虚线**绘制的。这表明，美方认定菲律宾条约界限是不能以通常绘制国界线的点画线绘制的。因为界限只是为了划分属于菲律宾的陆地范围，而不能包括线内的所有水域，所以分界线只能以不连续的虚线，而非连续的点画线绘制。

---

① *Yearbook of the International Law Commission 1955*，Volume II，United Nations，New York，1960，p. 52；*Yearbook of the International Law Commission 1956*，Volume II，1957，p. 70.

② Lotilla，ed.，*The Philippine National Territory*，p. 274.

③ Lotilla，ed.，*The Philippine National Territory*，p. 276.

④ 李金明：《南海争端与国际海洋法》，北京：海洋出版社，2003年，第77页。

⑤ 参阅网址：http://alabamamaps. ua. edu/historicalmaps/asia/PhilippinesIndex. htm.

当 1986 年 1 月菲律宾政府对《联合国海洋法公约》某些条款作保留意见后,美国政府又发表声明称:"因为条约涉及菲律宾群岛周遭水域的权利,美方对有关条约条款的合理解释不发表意见。美国政府依旧坚持,这些条约和后来的实践都没有赋予美国和美国继承者的菲律宾,在菲律宾群岛附近海域获得比习惯国际法承认的更大的权利。"①

一言以蔽之,作为曾经统治过菲律宾近五十年、对菲律宾岛屿构成的形成起过关键性作用的美国政府历来都不承认由三个国际条约形成的菲律宾条约界限是一条"国界"(boundary),而只是将其视作确定菲律宾群岛最外缘岛屿的界限,其线内水域不能全部视为菲律宾的领海。菲律宾独立后企图将界限内水域视作其领海的做法无疑是其权利扩大化的表现。此外,但凡正式、严谨的场合均使用单词"limits"或"line"而非使用"boundary"一词来形容"菲律宾条约界限",前者与后者的差异是显而易见的。某些地图使用"boundary"一词显然是受惯常标注陆地边界时的思维与做法影响。由此 1973 年托伦蒂诺另一句质疑美方的话:"为何美国在占领菲律宾时期所出版之菲律宾地图将国际条约界限视为菲国疆界"(即使用了 boundary一词),也不值一驳。

第二节 1935 年菲律宾自治政府宪法对"条约界限"的肯定

"菲律宾条约界限"规定的菲律宾边界得到了 1935 年自治政府

---

① United States Department of State Bureau of Oceans and International Environmental and Scientific Affairs, *Limits in the Seas No. 112*, *United States Responses to Excessive National Maritime Claims*, 1992, p. 51.

制定的宪法肯定。美西战争后尽管美国最终割占了整个菲律宾群岛,但菲律宾人反对美国统治、争取国家独立的斗争持续了很久,美国国内也存在很大的反对帝国主义扩张的声音,特别是美西战争后美国接受了一个世界大国的身份,但接受就意味着卷入国际事务,面临国际关系格局中为克服"安全困境"而通常选择与致力于构建"均势"的外交政策所造成的高成本与投入,当 1902 年英日同盟生效时,美国突然面临一个强大的军事联盟,这让美国在菲律宾的地位和投入成为一种"负债"而非"资产"。[1] 因此,经过充分衡量评估后美国开始考虑撤离菲律宾,允许其独立。1916 年美国众议员威廉·阿特金森·琼斯推出《琼斯法案》,允诺一旦菲律宾群岛能够建立稳定的政府,美国将放弃对菲律宾的主权。1934 年 3 月 2 日,美国众议院领土及属地委员会主席麦克杜菲(McDuffie)、参议员泰丁斯(Tydings),再次提出关于菲律宾的"自治和独立"方案。3 月 24 日,经美国总统罗斯福(Franklin D. Roosevelt)签署,正式生效,史称《泰丁斯—麦克杜菲法案》(Tydings-McDuffie Act)。5 月 1 日,该法案获得菲律宾参众两院联席会议的一致通过。法案规定实现菲律宾独立的步骤之一是召开制定菲律宾宪法的制宪会议。据此,7 月 30 日,在马尼拉立法大楼召开了宪法会议,选举了制宪代表。经过 6 个月讨论,1935 年 2 月制宪会议制定了 10 年过渡时期的菲律宾宪法。该宪法包括一个序言,17 条款和一个附录。[2]

一、领土划界委员会对菲边界的法律化顶层设计

在制定宪法过程中,制宪会议成立了领土划界委员会(the

---

[1] Thomas R. McHale, "The Development of American Policy toward the Philippines", *Philippine Studies*, Vol. 9, No. 1, January 1961, p. 70.

[2] 金应熙主编:《菲律宾史》,第 511—512 页。

Committee on Territorial Delimitation），目的是对菲律宾的领土边界展开调查，并予以最终确定。该委员会由制宪代表内波穆塞诺（Nepomuceno）、卡斯蒂略（Castillo）、迪维纳格拉夏（Divinagracia）、维拉莫（Villamor）、皮奥（Pio）、邦托（Bonto）、阿隆托（Alonto）、图拉维（Tulawi）以及主席尼古拉斯·布恩迪亚（Nicolas Buendia）等九人组成。经过一系列的调查取证工作，8月31日主席尼古拉斯向大会提交了一份报告。在报告中，领土划界委员会对巴黎条约中某些错漏的文本内容进行了纠正，并承认过去几年来有关菲律宾某些岛屿权属的法律判决与最新实践。这主要表现在以下三个方面：第一，菲律宾群岛北部边界的位置。第二，帕尔马斯岛权属问题。第三，有关海龟等岛屿归属问题。对其分述如下：

尼古拉斯·布恩迪亚在大会上指出，1898年巴黎条约对菲律宾北部边界纬度的规定，犯了一种"错误"。报告对北部边界作出分析说："一条从西至东沿着或靠近北纬20°，穿越巴士海峡航道中部，从东经118°开始到东经127°的线，根据这一划界，自古是菲律宾群岛组成部分的美丽的巴坦群岛，没有包括在我国的领土中。"同时，"……（条约中）所说的界限从西到东靠近北纬20°，也提到界限通过巴士海峡……据此，巴坦群岛在我们的领土之内，这是真实的；但所说的海峡没有、也不能与北纬20°相一致，而应与北纬21°25′相一致，这也是真实的。"因此，"从西到东靠近北纬20°的界限没有通过巴士海峡，而是通过巴林塘海峡（Balintang Channel）。出现巴黎条约中的这一错误描述，毫无疑问是，源自西班牙政府档案中的数据。这一错误某程度上应该可以追溯至西班牙时代。"布恩迪亚最后指出，"为了纠正这个错误和避免未来对我国北部领土真实边界所有可能性的疑惑，委员会已将北纬20°改为北纬21°25′，使其与现实边界——巴士海峡完全一致"。

大会提及了美英新近关于菲律宾南部海龟岛的归属解决方案，

"美英双方签订的条约将海龟岛并入了我国的领土"。领土划界委员会给出了菲律宾领土的具体经纬度："菲律宾的领土由前西班牙殖民地菲律宾组成,其边界如下:一条从西至东沿着或靠近北纬21°25′,穿越巴士海峡航道中部,从东经118°开始到东经127°的线……"[1]划界委员会主席尼古拉斯·布恩迪亚还寻求在宪法中的领土条款中将已被国际仲裁判给荷属东印度的帕尔马斯岛排除在外。[2] 此外,报告还提及了"其他的领土可以经由法律并入(菲律宾)国家,如果那些行使自决权的土著居民有此意愿的话"。[3]

由此可见,领土划界委员会对1898年巴黎条约签订以来菲律宾的领土变化及其存在问题,有了较为清晰的认识和总结,对那些存在疑虑的文本规定业已从法律角度做出可行性的纠正与顶层设计。通过此项工作,划界委员会为正式起草菲律宾宪法中关于"国家领土"的具体内容创造了条件。显而易见的是,除了对菲律宾北部与南部边界进行法律上文本调整外,领土划界委员会并未对巴黎条约中其他方向的菲律宾边界进行改动,菲律宾群岛的西部边界亦维持在1898年之际的状态。

二、1935年菲宪法对"菲律宾条约界限"的承认

1935年2月,菲律宾颁布过渡时期宪法,其中第一款第一部分规定了菲律宾的"国家领土"。其内容是:"菲律宾由1898年12月10

---

① Raphael Perpetuo M. Lotilla, ed., *The Philippine National Territory: A Collection of Related Documents*, pp. 168－169.

② Rodolfo C. Severino, *Where in the World is the Philippines? Debating Its National Territory*, Manila: Carlos P. Romulo Foundation, 2011, p. 19.

③ Ibid., pp. 169－170. 这里所说的"土著居民经由表决可以并入菲律宾的领土",系指菲律宾南部穆斯林地区。

日通过美西巴黎条约第三款所规定的西班牙转让给美国的领土,和1900年11月7日美西、1930年1月2日美英签订的条约所包括的一切岛屿,以及现今菲律宾政府享有管辖权的一切领土组成。"①

显而易见,领土划界委员会对菲律宾群岛边界的界定,及宪法中关于"国家领土"的正式文本规定,无疑是建立在30年代以前数个国际条约和实践基础上的,即"菲律宾由1898年12月10日巴黎条约第三款规定的领土,1900年11月7日签订条约所增岛屿,除了1928年4月4日海牙国际法院对1900年条约的修正,以及1930年1月2日美英条约间所添岛屿组成"。同时,还有"那些目前菲律宾政府行使管辖权,包括享有领空、领海管辖权的所有领土"②。上述所及领土,事实上与"菲律宾条约界限"所规定的菲律宾领土如出一辙,并无二致。因此,从1934年菲律宾领土划界委员会的报告,及1935年自治政府宪法关于"国家领土"的规定看,菲律宾自治政府承认了"菲律宾条约界限"作为菲律宾边界、界限内领土属于菲律宾的事实。

根据菲律宾一方整理的有关国家领土的档案材料,我们发现,领土划界委员会早期准备的领土条款草案,其内容与最终文本还有一些区别的。与最终文本相比,除了明文提及1928年4月4日海牙常设仲裁法院对菲律宾边界的修正(布恩迪亚以注释方式对菲律宾群

---

① 英文原文是:Article I. THE NATIONAL TERRITORY,(Section 1). The Philippines comprises all the territory ceded to the United States by the treaty of Paris concluded between the United States and Spain on the tenth day of December, eighteen hundred and ninety-eight, the limits of which are set forth in Article III of said treaty, together with all the islands embraced in the treaty concluded at Washington, between the United States and Spain on the seventh day of November, nineteen hundred, and in the treaty concluded between the United States and Great Britain on the second day of January, nineteen hundred and thirty, and all territory over which the present Government of the Philippine Islands exercises jurisdiction。

② Raphael Perpetuo M. Lotilla, ed. , *The Philippine National Territory : A Collection of Related Documents* , p. 207.

岛失去帕尔马斯岛进行了辩解，认为实际上这个岛屿没有什么战略价值或经济价值)和文本将各时期签订条约的时间以阿拉伯数字描述外，草案还曾在条款文本的末尾加上了"包括其管辖水域和空域"（including its jurisdictional water and air）的字样。那么为何草案中原本有这句话而最终文本将其删掉了呢？

这就不得不提及前文所述的1932年菲律宾当时颁发的渔业法令了。当时菲律宾当局颁发的渔业法令将菲律宾条约界限内的水域视作菲律宾水域或菲律宾的领水，菲律宾政府对此区域享有管辖权。这里的管辖权实际上只代表对渔业方面的管辖权而不包括其他方面的权利，从法律上讲并不涉及主权。此时如果在根本大法——宪法中的"国家领土"条款加入"菲律宾管辖的水域和空域"字眼的话，那也就意味着菲律宾政府是将这些水域与空域视作与陆地等同价值的领土。这在当时无疑是会引发国际反对的，因为这就违背了一国只能将领海和领陆视作领土的构成，而不能包括享有渔业管辖权的更广泛的海域，这样一条人类共识。这样做也不能获得美国国会的批准，因为五年前的1930年海牙国际法编纂大会上美国还坚持实行三海里的领海制度（其他国家最多有坚持十二海里的声音）。而实际上被菲律宾视作其管辖水域的菲律宾条约界限的实际水域要远远超过一国可以宣布主权的领海范围。所以当时的领土划界委员会不可能冒天下之大不韪，公然将"包括其管辖水域和空域"这样的字眼写进宪法当中。

仔细揣摩宪法第一条，我们可以发现行文的末句写道，"与现菲律宾政府行使管辖权的所有领土"。那么此句是否与上述"包括其管辖水域和空域"一句在表达意思上存在异曲同工之处呢？根据台湾学者蒲国庆提供的资料，1973年菲律宾代表团团长托伦蒂诺曾在联合国海洋会议期间反对美国有关美属菲律宾时期坚持三海里宽领海制度的言论，在其提出的反驳证据中有一条提及，1935年美国总统签署菲律宾宪法第一条规定了菲律宾条约界限内均属菲律宾领域。[①] 显然,依此托伦蒂诺是将"与现菲律宾政府行使管辖权的所有领土"一句理解成菲律宾领土包括菲律宾条约界限内的所有岛屿及水域、空域,也就是将其与"包括其管辖水域和空域"一句内涵等同了。

此外 2014 年菲律宾学者巴通巴克(Batong bacal)在其演讲中提出菲律宾"享有"斯卡伯格礁(黄岩岛)主权的另一条证据是:1935 年菲律宾自治政府宪法规定,菲律宾领土不但包括 1898 年、1900 年和 1930 年三个国际条约所规定的范围,还包括"与现菲律宾政府行使管辖权的所有领土"。作者认为由于西班牙统治时期和 1930 年代以前美菲当局对斯卡伯格礁(黄岩岛)进行了"有效管辖",因此斯卡伯格礁(黄岩岛)是作为 1935 年宪法中所提的"与现菲律宾政府行使管辖权的所有领土"中的一部分而纳入菲律宾群岛的,而不依赖于三个国际条约。[②]

逻辑上看,宪法第一条所提三个国际条约显然已指代菲律宾实际享有管辖权的菲律宾群岛,那么末尾增加了"与现菲律宾政府行使管辖权的所有领土"一句必然另有所指,而绝不会无病呻吟,无中生有。那么其究竟是否指代菲律宾条约界限内的水域或斯卡伯格礁(黄岩岛)呢? 答案是否定的。1935 年宪法所提"与现菲律宾政府行使管辖权的所有领土",既不指菲律宾条约界限的水域(或 1932 年渔业令所说享有管辖权的菲律宾水域),也不是指代黄岩岛,而是特指棉兰老岛和苏禄群岛等穆斯林地区。理由分析如下:

据菲律宾学者塞韦里诺在其《菲律宾在世界何处?》一书中的说法,1935 年宪法加入"国家领土"的内容,是为了明确表示"棉兰老岛

---

① 参见蒲国庆:《菲律宾领域主张之演进》,《台湾国际法季刊》2012 年第 2 期,第 130 页。

② J. Batongbacal, *Bajo de Masinloc(Scarborough Shoal):Less—known Facts VS. Published Fiction*, Speech at De La Salle University, Sep. 26, 2014, http://www.imoa.ph/bajo—de—masinloc—scarborough—shoal—less—known—facts—vs—published—fiction/, Last visited on December 2, 2015.

和苏禄群岛是菲律宾的一部分,预防美国保留对菲律宾群岛其余部分恢复独立地位的可能,阻止它们从国家分离"①。因为 1905 年、1909 年和 1926 年美国部分官员曾建议将苏禄群岛、棉兰老岛、巴拉望岛等,即穆斯林地区与北方菲律宾相分离,而成立单独的棉兰老殖民地。例如,1909 年摩洛省代理省长霍伊特(Ralph W. Hoyt)已向上级建议,将棉兰老、苏禄和巴拉望岛与菲律宾的其他部分相分离开来,组成单独由美国控制的"棉兰老殖民地"。② 20 世纪二三十年代,某些摩洛精英极力反对北方菲律宾人提出的自治要求。相反,他们提出了继续接受美国人而非其传统敌人——基督教菲律宾人的保护的诉求。他们向美国总统和国会提交了密集的请愿书,请求将棉兰老和苏禄并入美国领土,而不是将这些岛屿纳入独立的菲律宾。③ 1926 年来自纽约的共和党议员贝肯(Robert Low Bacon)向美国众议院提出了一份将棉兰老岛和苏禄群岛从菲律宾群岛分离的法案。④

而 30 年代菲律宾的马尼拉中央政府从行政上已对穆斯林地区进行了直接管辖。1913 年威尔逊总统和哈里森总督上任后,加快实施"菲人治菲"政策的步伐,试图将南部摩洛人融合进统一的菲律宾人政治架构中。⑤ 1913 年军管的摩洛省被文官治理的棉兰老和苏禄部取代。1916 年琼斯法案又创设新的非基督教部落局(Bureau of

---

① Rodolfo C. Severino, *Where in the World is the Philippines? Debating Its National Territory*, Manila: Carlos P. Romulo Foundation, 2011, p. 22.

② Peter G. Gowing, "Moros and Indians: Commonalities of Purpose, Policy and Practice in American Government of Two Hostile Subject Peoples", *Philippine Quarterly of Culture and Society*, Vol. 8, No. 2/3 (June/September 1980), p. 146.

③ Federico V. Magdalena, "Moro-American Relations in the Philippines", *Philippine Studies*, Vol. 44, No. 3 (Third Quarter 1996), p. 433.

④ Rodolfo C. Severino, *Where in the World is the Philippines?* pp. 17 – 18.

⑤ Ralston Hayden, "What Next for the Moro?" *Foreign Affairs*, Vol. 6, No. 4 (Jul. 1928), p. 639.

Non-Christian Tribes)监管这些省份的政府。[1] 1920 年棉兰老和苏禄部被正式废除,非基督教部落局监管下的七省份从而直接对内务部负责。上述转变开启了将棉兰老岛逐渐正式纳入菲律宾(中央政府)管辖和治理轨道的菲律宾化进程。[2] 变化不仅是行政上的。截至 30 年代,摩洛地区的地方事务决策权已由三宝颜转移至马尼拉,这些事务涉及教育服务、公共事业、医疗卫生、刑罚处置、农业生产和公有土地等诸多方面。[3] 摩洛地方的税收归马尼拉中央政府所有。同时,虽然摩洛地区传统的政治精英或多或少地担任了地方部门的领导岗位,但基督教菲律宾人所占领导职位的比例也呈现增加趋势。

在上述背景下,1934 年制宪会议尽管在明知三个国际条约事实上已包括棉兰老岛和苏禄群岛,以至于加入"与现菲律宾政府行使管辖权的所有领土"字样时不免显得重复冗余,但为了避免美国未来分裂菲律宾群岛,特别强调了当时菲律宾中央政府已有管辖权的穆斯林地区作为"国家领土"不可分割的一部分。这才是宪法条款中加入"与现菲律宾政府行使管辖权的所有领土"一句的真实原因。因此,1935 年宪法中所提"与现菲律宾政府行使管辖权的所有领土"是专指棉兰老岛和苏禄群岛,而非菲律宾条约界限内的水域或其他地区。

由此,将 1935 年菲律宾自治政府宪法中"与现菲律宾政府行使管辖权的所有领土"一句用来作为菲律宾对"菲律宾水域"享有管辖权的法律依据,就属望文生义了。例如一篇文章就此评论说:"从

---

[1] Lanny Thompson, "The Imperial Republic: A Comparison of the Insular Territories under U. S. Dominion after 1898", *Pacific Historical Review*, Vol. 71, NO. 4 (November 2002), p. 571.

[2] Eric Casiño, "Review: Making Mindanao: Cotabato and Davao in the Formation of the Philippine Nation-State", *Philippine Studies*, Vol. 49, Vo. 1(First Quarter 2001), p. 132.

[3] Ralston Hayden, "What Next for the Moro?" *Foreign Affairs*, Vol. 6, No. 4 (Jul. 1928), p. 640.

1898 年起美国就对巴黎条约线(后来的菲律宾条约界限)内的菲律宾群岛和水域行使主权,换言之,1898 年条约界限内的这些水域成为菲律宾的领水。当 1946 年 7 月 4 日菲律宾成为独立国家时,也被认为对这些领水行使同样的主权。**这一主张已被庄严地载入了 1935 年菲律宾宪法第一条。**自从那时起菲律宾就坚持主张对这些水域享有历史性权利。"[①]

第三节 1937—1938 年美菲内部关于"菲律宾条约界限"可变性的讨论

2012 年有西方学者撰文认为,"条约界限"经过数次变动,说明其是可变动的:如果界限内的岛屿不属于西班牙,那么该岛屿应该排除在外;同样,如果界限外的岛屿属于西班牙,那么仍应将其纳入界限内。1937—1938 年美菲当局内部关于"条约界限"与斯卡伯格礁(黄岩岛)关系问题的探讨,某种程度上也就是为了验证"条约界限"有无变动的可能。那么"条约界限"是否还有可变性呢? 其是否已于 30 年代固定? 美菲内部又是如何讨论的呢?

一、美国岛务局涉"条约界限"可变性讨论档案的发现

2012 年 11 月,《当代东南亚研究中心讨论版》(Irasec's discussion papers)第 14 期发表了一篇署名为佛朗索瓦-泽维尔·巴奈特(François-Xavier Bonnet)、题为《斯卡伯格礁的地缘政治》

---

① Lee Yong Leng, "The Malaysian — Philippine Maritime Dispute", *Contemporary Southeast Asia*, Vol. 11, No. 1, June 1989, pp. 64 – 65.

（Geopolitics of Scarborough Shoal）的文章。当代东南亚研究中心的全称 the Research Institute on Contemporary Southeast Asia，简称 Irasec。此中心由法国外交部与泰国政府共建于 2001 年，致力于研究当代东南亚政治、经济、社会与环境发展。总部位于泰国曼谷（Bangkok）。[1]

巴奈特是一名法国地理学者，在东南亚研究中心担任副研究员。他对菲律宾问题，尤其是菲律宾南部棉兰老岛的部落征伐战争有过深入研究。他也关注南海岛屿争端问题，曾于 2004 年在《世界公报》（World Bulletin）第 23 卷发表《南沙群岛的历史回顾》（The Spratlys：A Past Revisited）的文章。该刊由菲律宾大学法律中心（University of the Philippines Law Center）下属的四大研究所之一的国际法律研究所（Institute of International Legal Studies）创办。此外，他还参与了法国与菲律宾学者共同合作的《当代菲律宾人》一书的撰写工作，该工作旨在促进双方人文交流。[2]

巴奈特的《斯卡伯格礁的地缘政治》一文，是迄今为止域外学者论述斯卡伯格礁（黄岩岛）的历史、法律地位与地缘政治关系等问题比较系统的文章。其中对斯卡伯格礁的法律地位、中菲两国对斯卡伯格礁的主权声索历史、南海九段线的意义等方面的论述，让人耳目一新。更为重要的是，其利用美国国家档案馆藏岛务局档案说明，20

---

[1] François-Xavier Bonnet，"Geopolitics of Scarborough Shoal," *Irasec's Discussion Papers*，No. 14，November 2012，p. 2.

[2] 有关巴奈特的信息，可参阅网址：http://www.irasec.com/membre22。除上述成果外，2015 年 3 月 27 日，巴奈特还于菲律宾雅典耀大学法学院的一次有关东南亚海洋会议上作了题为《考古与爱国：中国人在南海的长期战略》的报告（*Archeology and Patriotism：Long Term Chinese Strategies in the South China Sea*，Paper presented at the Southeast Asia Sea Conference，Ateneo Law Center，Makati City，March 27，2015.）。报告对中国以往利用竖立主权界碑的方式说明中国早已享有西沙群岛和南沙群岛的观点提出了不同见解。

世纪30年代末美菲当局内部曾讨论了依据1900年美西华盛顿条约将斯卡伯格礁并入菲律宾群岛的可能,也就是说,讨论了菲律宾条约界限是否还有可变性问题。

这份档案材料藏于美国国家档案馆(the U. S. National Archives Records Administration,简称NARA),隶属于岛务局(the Bureau of Insular Affairs)系列。岛务局是美西战争后美国政府成立的专门管辖海外殖民地古巴、波多黎各和菲律宾群岛事务的行政机关。通过检索NARA官网,可以发现,目前国家档案馆岛务局系列收藏了众多有关上世纪早期这些地方的资料。涉及斯卡伯格礁的这份档案主要是1937—1938年美菲内部的一些政府官员与行政部门:美驻菲高级专员、美驻菲海岸与大地测量局、菲自治政府总统办公室、美国国务院、战争部、商务部,对斯卡伯格礁主权地位的讨论。[①]

巴奈特对斯卡伯格礁所作的相关分析是以往海内外学界未曾注意到的学术盲点,值得我们极大重视。幸运的是,巴奈特的文末附录了岛务局所藏的上述档案材料,这为我们重温及探究当时美菲内部如何讨论这一问题提供了便利。下面就根据巴奈特文末所附档案,对美菲内部的讨论展开详细分析。

二、关于"条约界限"是否还有可变性的讨论

据美国岛务局资料显示,这场内部讨论始于一封美菲政府部门间的公函。1937年12月6日,马尼拉的美国海岸与大地测绘局(U. S. Coast and Geodetic Survey)局长托马斯·马厄(Thomas J. Maher),收到一封来自美国驻马尼拉高级专员科伊(Wayne Coy)的

---

① François-Xavier Bonnet,"Geopolitics of Scarborough Shoal", *Irasec's Discussion Papers*, pp. 38 - 42.

公函。科伊向马厄询问："处于马尼拉—香港航线上的斯卡伯格礁（Scarborough Reef），大概位于马尼拉以北约 200 英里处。您能告诉我，它是否位于菲律宾的领水（Philippine territorial waters）之外，如果它处于领水之外，对之尚未宣称过主权吗？"[1]这里所说的领水，就是 1932 年菲律宾渔业法令当中所谓的菲律宾水域，也就是菲律宾条约界限内水域。对其水域性质的分析，前文已述，这里不再赘述。

接到专员科伊公函后，马厄局长于 12 月 10 日给予了答复。在回信中，马厄首先提及了测绘局迄今发现的涉及斯卡伯格礁的五份图籍资料：1836 年《印度指南》（India Directory 1836）；译自 1879 年的"菲律宾群岛航路"（Derrotero de Archipelago Filipino）；英国海军部出版的《中国海指南》（the China Sea Pilot）第二卷；法国水文局出《沿岸航海指南》）（the Coast Pilot）；一幅用条约界限绘出菲律宾群岛范围的 4200 号地图。

马厄还指出了 4200 号地图中斯卡伯格礁最东边缘距离西部条约界限 9 英里的事实，并强调条约界限的形成基础是：1898 年巴黎条约、1900 年美西华盛顿条约、1928 年海牙法院仲裁和 1930 年美英华盛顿条约。但马厄认为"界限是由地域范围而非固定的边界决定的"（The limits are determined by extent of territory instead of by fixed boundary），而且"两次变动（意指 1928 年和 1930 年两次岛屿变更——引者注）表明界限是可变动的（flexibility）"。

在扼要叙述了条约界限的形成过程，与表达自己对界限的定性

---

[1] Letter from Wayne Coy, Office of the U. S. High Commissioner in Manila, to Thomas J. Maher, U. S. Coast and Geodetic Survey Manila, December 6,1937. The Bureau of Insular Affairs（BIA）907. 127 NARA. Transcriptions of some records, concerning Scarborough Shoal, in the Bureau of Insular Affairs papers（BIA）in the U. S. National Archives Records Administration（NARA）. 参阅，Bonnet，"Geopolitics of Scarborough Shoal"，p. 38。

后,马厄转向论述有关菲律宾地图中吕宋岛西部海域的岛屿问题。他指出,现代菲律宾地图(大概指 19 世纪后半叶以后的地图)与旧地图(指西班牙占领菲律宾后至 19 世纪前期的菲律宾地图——引者注)中吕宋岛西部海域岛屿位置存在差异性,即旧地图中吕宋岛西部有与斯卡伯格礁大致同一纬度、但比斯卡伯格礁更靠近吕宋沿岸的岛屿,岛屿名称不同的旧地图前后也相异;而现代菲律宾地图中吕宋岛西部海域只有斯卡伯格礁。马厄认为,这是一个半世纪以前航海技术造就的结果,即测量点附着于船体上,这易于获得精确的纬度,而经度则不然。接着,马厄提到了当前有些商人,希望赶赴斯卡伯格礁附近海域采捕奇异珍珠的现实意愿,但往往因为周遭海域风力强劲的恶劣环境,导致这一计划落空。

在介绍斯卡伯格礁历史与现实的情况后,马厄转向了根本性的问题——斯卡伯格礁的主权归属。马厄敏锐地指出,1933 年 3 月发生于南海南沙群岛的中法九小岛事件。他认为,"那些'搜寻'(scouring)太平洋部分岛屿(主权)的人可能忽视了对斯卡伯格礁的权利宣称",因此"需要向国务院询问,其是否掌握拥有该礁所有权的确切信息"。不过尽管如此,马厄认为对该礁的归属问题作出意见已超出测绘局的权限范围。对斯卡伯格礁的所有权问题,测绘局仅能提供如下的数据或文献资料以供(权力部门)参考:

(1) 1748 年《沿岸航海指南》记录了斯卡伯格礁的情况;

(2) 旧地图表明以前对"斯卡伯格礁"的发现或知识(Old charts indicating prior discovery or knowledge);

(3)(档案材料)提到 1800 年 4 月马尼拉的西班牙舰队司令派出一艘测量船对该礁进行了调查。

不过,马厄在信中还是给出了自己的建议:"如果这一调查(指 1800 年 4 月西班牙测量船对斯卡伯格礁的调查测量——引者注)能够授予西班牙权利,或是对西班牙(享有该礁)主权的一种承认,或主权声称没有引发抗议,那么根据 1900 年 11 月 7 日的条约,该礁明显应该作为西班牙领土的一部分而转让给美国。"

信件的最后,马厄还建议在斯卡伯格礁上,"建立一个无人看守的钢质骨架灯塔"。[①]

马厄的备忘录以及向高级专员的建议,后来被提交给菲律宾自治政府。[②] 经商讨后,1938 年 3 月 31 日,菲律宾自治政府总统的秘书瓦尔加斯(Jorge B. Vargas),经高级专员科伊转交给美国国务院一份关于斯卡伯格礁所有权问题的信函。信中表示:"自治政府打算研究在礁上设立航空导航系统基地的可能价值",因此"需要国务院探究掌握该礁主权的有价值信息","如果该礁存在建设航空或航海导航系统的价值,那么自治政府打算宣称主权,这一行动应该不会遭致美国政府的反对"[③]。

在接到菲律宾政府的公函后,美国国务院不久给出了答复。答复反映在 1938 年 7 月 27 日国务卿赫尔(Cordell Hull)给战争部长武德林(Harry H. Woodring)的一份信函中。赫尔直截了当地表示,"国务院缺少针对斯卡伯格礁所有权的信息"。但"该礁位于 1898 年 12 月 10 日美西条约第三款所描述的菲律宾群岛界限之外,在无任何其他政府的合理主权声称下,该礁似乎应该纳入依据 1900 年 11 月 7

[①] 参阅 Letter of Thomas J. Maher, Director of Coast Surveys to Wayne Coy, Office of the U. S. High Commissioner in Manila, December 10, 1937, The Bureau of Insular Affairs (BIA) 907. 127 NARA. 转引自 François-Xavier Bonnet, *Geopolitics of Scarborough Shoal*, pp. 38 - 39。

[②] Memorandum from Antonio G. Perez, Chief Administrative Officer from the USC&GS Manila to Jesus Cuenco, Secretary of Public Works and Communications, January 18, 1938, Confidential. BIA 907. 127 NARA. 转引自 François-Xavier Bonnet, *Geopolitics of Scarborough Shoal*, p. 11。

[③] Letter of Jorge B. Vargas, Office of the President of the Philippines, to Wayne Coy, Office of the U. S. High Commissioner in Manila, March 31, 1938, (BIA) 907. 127 NARA. 转引自 François-Xavier Bonnet, *Geopolitics of Scarborough Shoal*, p. 40。

日美西条约转让给美国的岛屿中"。这一意见只有在下述几点考虑下方能保证：

(1)1800 年 4 月由马尼拉的西班牙舰队司令所遣船只对该礁进行的调查记录；(2)该礁位于菲律宾群岛通常区域范围内以及距离最近的土地是吕宋岛，约 120 英里的事实；(3)无其他政府对该礁宣称主权的任何材料。

在缺乏其他国家对斯卡伯格礁拥有最高主权主张的证据下，国务院对自治政府研究将该礁作为海空导航辅助基地的建议并无异议。[1]

随即，战争部于 1938 年 8 月 1 日，向海军部下达了一份关于斯卡伯格礁国际地位的公函。海军部执行部长弗朗（W. R. Furlong），于1938 年 8 月 27 日给战争部执行部长约翰逊（Louis Johnson）的信中表示，该部门对"自治政府的意见无异议"[2]。商业部长弗里泽尔（Paul Frizzel）于 1938 年 10 月 19 日给战争部的信件中亦表示对此无异议。[3]

上述就是 1937—1938 年美菲当局、国务院和军方关于斯卡伯格礁（黄岩岛）与条约界限关系的内部讨论过程。从中我们可以看出，美方并未明确指出巴黎条约线可以外扩至包含斯卡伯格礁，国务院作出的乃是一种措辞相当严谨、附有三个前提条件的指示。

在表示美国国务院的态度时，赫尔反复强调对斯卡伯格礁的主权声索，应建立在特定的基础之上，即"因为没有其他国家的声索，根据 1900 年 11 月 7 日美西条约，该礁应该包括进让与美国的岛屿之

---

[1] Letter of State Secretary Cordell Hull to the Secretary of War, Harry H. Woodring, July 27,1938, (BIA) 907. 127 NARA. 转引自 François-Xavier Bonnet, *Geopolitics of Scarborough Shoal*, p. 41。

[2] Letter from W. R. Furlong, Acting Secretary of the Navy to Louis Johnson, Acting Secretary of War, August 27, 1938. 转引自 François-Xavier Bonnet, *Geopolitics of Scarborough Shoal*, p. 40。

[3] Letter of Paul Frizzel, Secretary of Commerce, to the Secretary of War, October 19, 1938. 转引自 François-Xavier Bonnet, *Geopolitics of Scarborough Shoal*, p. 11。

中……在缺乏其他国家对斯卡伯格礁拥有最高主权主张的证据下，国务院对自治政府研究将斯卡伯格礁作为海空导航辅助基地的建议并无异议"①。

三、美菲相关证据的欠充分与"条约界限"事实上的固定

根据 1937—1938 年美菲内部讨论,美国国务院关于斯卡伯格礁(黄岩岛)主权归属的主要依据是 1900 年美西签订的华盛顿条约。根据该条约,西班牙需将 1898 年巴黎条约签订之际可能享有主权或管辖权的一切隶属于菲律宾群岛的岛礁割让给美国。倘若拥有充分的证据表明 1898 年之际西班牙拥有斯卡伯格礁主权或管辖权,那么条约界限应外扩至包含斯卡伯格礁;反之则无。因此,探讨"条约界限"与斯卡伯格礁的关系核心问题就转化为:只需判定 1898 年之际是否有充分的证据显示西班牙拥有斯卡伯格礁的主权或管辖权。

(一) 美菲证据的不充分

马厄在给美国驻菲高级专员的信函中,提及的 19 世纪西班牙对斯卡伯格礁的命名、调查与测绘,不能作为西班牙享有斯卡伯格礁权利的确切依据。

首先,依据 19 世纪的国际法,西班牙是不可能占有斯卡伯格礁的。形成于 20 世纪初的奥本海国际法规定,(20 世纪初以前)"公海是自由的,所以它的任何部分都不能成为占领的客体。公海中的礁石或沙洲也不能成为占领的客体"②。1792—1898 年,斯卡伯格礁显然是处于公

① François-Xavier Bonnet, *Geopolitics of Scarborough Shoal*, p. 11.
② [英]劳特派特修订:《奥本海国际法》上卷《平时法》第二分册,王铁崖、陈体强译,北京:商务印书馆,1989年,第75—76页。

海之上的,因为当时一般承认的领海宽度为三海里,最多不超过六海里[①],当时西班牙也主张六海里的领海制度。领海之外即视为公海。斯卡伯格礁远离吕宋岛沿岸120海里,无疑属于公海中的礁石。

所以,正如巴奈特在《斯卡伯格礁的地缘政治》一文中所说,在西班牙对斯卡伯格礁进行测量的1800年至20世纪,"对处于公海的沙滩、暗礁、岩石和珊瑚礁进行主权宣称是不可想象的",因此,"西班牙当局对马辛洛克礁(即斯卡伯格礁)的主权宣称,如果他们心中有此打算的话,在当时的国际环境下是不可能成功的"[②]。也就是说,19世纪那个时代西班牙即使宣称对斯卡伯格礁拥有主权的话,表现为测绘、命名、救援等系列行动,但在国际社会也是得不到认可的。这一时期西欧国家所绘的菲律宾地图也恰好反映了此点。例如,1851年英国所绘东南亚地图无任何标识表明斯卡伯格礁属于西属菲律宾[③];1861年英国所绘菲律宾地图中更未绘出斯卡伯格礁[④];1846年法国所绘地图也没有斯卡伯格礁[⑤];德语世界于1852年和1855年绘制的东南亚地图也无特别的标志表明斯卡伯格礁属于西属菲律宾[⑥]。尽管上述列举的地图大多由私人制作,在可靠性及有效性上略显不足,但这些地图在说明当时西班牙对斯卡伯格礁的"主权宣称"未获

[①] 参阅《奥本海国际法》(上卷《平时法》第二分册),第28页注释四。

[②] François-Xavier Bonnet, *Geopolitics of Scarborough Shoal*, p. 9.

[③] 参阅网址:https://www. raremaps. com/gallery/detail/36744/Malay_Archipelago_or_East_India_Islands/Tallis. html。

[④] 参阅网址:http://phimcos. org/gallery2/main. php? g2 _ itemId = 2958&g2 _ imageViewsIndex=1。

[⑤] 参阅网址:http://phimcos. org/gallery2/main. php? g2 _ itemId = 2914&g2 _ imageViewsIndex=1。

[⑥] 参阅网址:http://www. davidrumsey. com/luna/servlet/detail/RUMSEY～8～1～244582 ～ 5513941:Die-Ostindischen-Inseln-East-Indi? qvq = q:country% 3D" Philippines";lc:RUMSEY～8～1&mi = 107&trs = 126;http://www. davidrumsey. com/luna/servlet/detail/RUMSEY～8～1～33522～1171008:Ostindischen-Inseln-? qvq=q:country%3D"Philippines";lc:RUMSEY～8～1&mi=103&trs=126。

得国际社会,至少是西欧国家的普通认可方面,仍不失为一种参考。

其次,在明知他国对斯卡伯格礁进行测量时,西班牙当局却未进行抗议。1866 年 4 月,英国"海燕号"(*Swallow*)测量船在怀尔德(E. Wilde)的指挥下,对斯卡伯格礁进行了一次较为详实的调查。1879 年西班牙《多罗特奥菲律宾群岛航海指南》(Dorroteo del Archipielago Filipino)记录了英国的此次调查情况。这说明西班牙当局知晓英国人的测量活动,但没有任何材料显示,西班牙对英国的这一行动提出了抗议。这无疑表明当时位于菲律宾的西班牙当局默认了斯卡伯格礁不在其行政管辖下、不是其领土。当然,英国的这一行动本身也缺乏合法性,是对中国领土的侵犯。

最后,西班牙将斯卡伯格礁纳入其行政管辖下的材料不充分。除这一时期几幅地图外,菲律宾未提出其他实质性的能证明西班牙对之进行管辖的证据。而地图中最能体现西班牙对斯卡伯格礁有"占领意图"的当属 1852 年地图,但实际上该地图的可靠性是值得怀疑的。尽管 1852 年地图将斯卡伯格礁以虚线框纳入吕宋岛,但这并不意味着西班牙对之进行了切实的管辖。因为地图同样以虚线框将台湾岛的南端和东沙岛(地图标注为 I. y Bajo de la Plata)纳入了菲律宾的巴坦省(Provincias de Batanes);以同样方式将北婆罗洲的大部和苏禄群岛圈入了菲律宾群岛的行政管辖范围。这无疑是一种夸大的表现。无任何资料显示,西班牙曾对这些地方,特别是台湾岛南部和东沙岛,拥有主权或管辖权。由此,1852 年地图的有效性值得高度怀疑。[1]

既然西班牙于 19 世纪享有斯卡伯格礁主权的理由是零碎的、只言片语的,从国际法角度看,这种主权声索行动更是不可能获得国际

---

[1] Carlos Quirino & Leovino Ma. García, ed. , *Philippine Cartography 1320 - 1899*, p. 74.

社会的认可,那么美国国务院30年代末提出的其余两点证据效力又如何呢?

美方提出的"该礁位于菲律宾群岛通常区域范围内以及距离最近的土地是吕宋岛,约120英里的事实",实际上是在领土取得方式上一种"地理邻近论"的表现,这种观点已为国际社会所摒弃。例如,同样发生于菲律宾群岛领土争端上的美荷帕尔马斯岛仲裁案,明确提出地理邻近不是领土获取的法律依据。国际司法判例中也不乏更多的这样案例。例如,1967年2月20日,国际法院在审理"西德、丹麦、荷兰三国北海区域主权案"时说,"如果某水下区域不构成某沿海国陆地领土的自然延伸,那么即使它距离这个沿海比距离其他任何邻国都近,也不能被认为是该国的一部分"。1984年10月12日,国际法院对美国与加拿大之间"缅因湾海洋边界划分案"作出的判决中提及:"国际法将邻近的大陆架或邻近海岸的海洋区域的法律权利给予沿海国,是正确的,但要说国际法承认由于大陆架或海洋区域的邻近而赋予该国权利,好像邻近这个自然事实就能产生法律后果,则是不正确的。"①这些国际判例表明,"邻近原则"在确定领土归属或划分时,并不是主张领土所有的必要法理依据。

在事实层面上,也存在着众多因领土邻近另一国而主权归属一国的现象。例如,英国的海峡群岛离法国仅有20海里,而离英国85海里,其中泽西岛(Jersey Island)离法国瑟堡半岛(Cherbourg)甚至只有14海里。阿留申群岛最西端离阿拉斯加300海里,却为美国领土。法罗群岛离丹麦650海里,离苏格兰240海里,离冰岛300海里,但却是丹麦领土。菲律宾的苏禄群岛中有许多南部小岛离马来西亚的加里曼丹岛仅3—5海里,却是菲律宾的领土。直布罗陀靠近

---

① 参见程爱勤:《解析菲律宾在南沙群岛主权归属上的"邻近原则"——评菲律宾对南沙群岛的主权主张》,《中国边疆史地研究》2002年第4期。

西班牙却是英国的领土,等等。这些事例表明,"邻近原则"并非作为一国取得领土时的必要条件。

而关于美国务院提出的第三点依据,"无其他政府对该礁宣称主权的任何材料",更是有证据显示其并不充分。因为对斯卡伯格礁的国家主权宣称早已有之,最明显的证据是:中国政府于1935年出版的地图即将其纳入中国的领土。是年1月,国民政府水陆地图审查委员会出版的《水陆地图审查委员会会刊》第一期,刊登了《中国沿海各岛屿华英名对照表》,审定公布了南海132个岛礁沙滩名称,其中南沙群岛(即今中沙群岛)内有斯卡伯洛礁,即黄岩岛。[1] 4月,该委员会出版了《中国南海诸岛图》,亦把斯卡伯格礁(黄岩岛)标在中国的领土范围之内。[2] 从时间节点上看,至少1935年中国政府已对斯卡伯格礁(黄岩岛)宣称了主权。

除开国务院提及的三条理由外,美菲内部的讨论本身作为一种单方面的举措,已经为其合法性与合理性打了折扣。在中国政府早先明确宣布对斯卡伯格礁主权的前提下,美菲当局不顾事实,未经中国政府的同意,更未与中国政府进行交涉,便擅自进行内部处理斯卡伯格礁主权问题,肆意践踏他国的领土主权。其相关举措无疑也是不为人所认可的。

因此,综上所述,1937—1938年美国务院提出的对斯卡伯格礁(黄岩岛)主权可作出声索的三条证据,既是不充分的,也是站不住脚的,更是单方面作出的内部讨论而不具合法性。美方最终不能依据1900年华盛顿条约将斯卡伯格礁纳入菲律宾群岛,菲律宾条约界限也不能再变动包括斯卡伯格礁。

---

[1] 参见郑资约:《南海诸岛地理志略》,上海:商务印书馆,1947年版,第87页。

[2] 参见广东省地名委员会编:《南海诸岛地名资料汇编》,广州:广东省地图出版社,1987年版,第41、44页。

（二）"条约界限"事实上的固定

斯卡伯格礁不能被纳入菲律宾群岛，不仅可从美国相关论点和论据中得出证明，而且后来的历史事实也证实了这一点，主要表现为以下三点：

第一，1938年美制菲律宾地图未将斯卡伯格礁纳入菲律宾群岛。

1938年5月20日美国出版的《菲律宾事务联合筹备委员会报告书》（Joint Preparatory Committee on Philippine Affairs Report of May 20，1938）附录 X 中收录了一幅《菲律宾地图》。该图展示了菲律宾事务联合委员会于1937年8月至10月在菲律宾群岛的考察路线（Itinerary of the Joint Committee on Philippine Affairs，August-October 1937）。该幅地图的特别之处在于，图中绘有一条注记为"国际条约界限"（International Treaty Limits）的线框。[1]

该线框以双点画线的方式绘制，线框北部位于巴士海峡，南部位于北纬5度附近，东西线框大致分别位于东经127度和118度。在线框的左下角还有一些方向不一的折线，这些折线的附近分布着巴拉巴克海峡、海龟群岛、锡布图岛、塔威塔威岛等字样。在右下角线框以内邻近棉兰老岛的东南侧，地图还用双点画线的圆圈圈定了帕尔马斯岛，并写有荷兰的字样。通过上述对线框的位置、走向和经纬度大小的描述，此"国际条约界限"无疑就是"菲律宾条约界限"。而其西侧界限的经度位于118度，说明此时联合委员会考察之际的菲律宾群岛边界经过美菲内部讨论后依旧没有发生变动，也未包括斯卡伯格礁。

---

[1] Department of State，*Joint Preparatory Committee on Philippine Affairs*，*Report of May 20*，*1938*，Volume I，Washington：United States Government Printing Office，1938，p. 215.

第二,1943—1944 年美国军用地图未将斯卡伯格礁纳入菲律宾群岛。

二战期间,美军出版的更为精确的军用地图也显示菲律宾群岛的边界由菲律宾条约界限(国际条约界限)圈定。首版于 1943 年、次版于 1944 年的美国陆军制图局(U. S. Army Map Service)所制比例尺为 1∶500,000 的菲律宾群岛系列地图(Topographic Maps, Series S401)中,有一条标记为"国际条约界限"(International Treaty Limits)字样的线框。其清晰表明了菲律宾群岛的边界。系列图中有一幅地图展示了菲律宾南部巴拉巴克海峡(Balabac Strait, Philippine Islands,编号为:N600-E11600/200)的位置分布情况。

该地图在其上端标题部位首先指出其使用的范围仅限于战争和海军部门而不能用于出售或其他用途(For use by War and Navy Department Agencies only not for sale or distribution)。地图还说明了其制作的材料来源或数据编辑的依据,计有美国海道测绘局 1921 年 4309 号地图;1940 年 4326 号地图;1936 年 4720 号地图;美国 1938 年 2119 号水文地图;北婆罗洲地图;北婆罗洲西海岸和内陆地图;1928—1939 年不同比例的北婆罗洲地区图;1940 年菲律宾自治政府的调查统计;1943 年情报部门的数据。[①] 可见,地图旁征博引的参考材料中,既有 20 年代的地图,也有新近的(40 年代)地图;既有

---

① 关于地图的参考材料,其原文为:Prepared under the direction of the Chief of Engineers, U. S. Army, by the Army Map Service(AM), U. S. Army, Washington, D. C. , 1944. Compiled from: USC & GS Charts 4309,1921; 4326,1940;4720,1936; U. S. Hydrographic Chart 2119,1938. North Borneo, 1∶380,160, GSGS 4311,1942, reprint of LSD, East and West Sheets, 1941. Kudat and Marudu Bay, 1∶126,000; West Coast and Interior of North Borneo, 1∶126,000; District Maps of North Borneo, Varous Scales, 1928-1939. Environs of Kudat, 1∶34,290, Survey of North Borneo, Sheet Bronei and Sarawak; WDGS, 1943. Vols. I & V, Commission of the Census, Commonwealth of the Philippines, 1940. Intelligence Data, 1943。

菲律宾自身的地图,也有北婆罗洲政区地图。作为军事用途的地图,其可靠性是毋庸置疑的。

地图特别之处是,其使用双点画线绘出了菲律宾南部巴拉巴克海峡一带菲律宾与北婆罗洲的边界(地图中线条标记为 International Treaty Limits 的同时,还使用了 Boundary 一词)。地图显示,分界线穿过了该海域的南北茫西岛(North and South Mangsee Island)、茫西大礁(Mangsee Great Reef)。显然,这是 1930 年美英华盛顿条约对双方属地所作的边界划分,展示的是茫西岛的分割情况。此外,系列图中的另一幅图名为"山打根"的地图中(Sandakan, North Borneo,编号:N400-E11800/200),也有一条"国际条约界限",它给出了山打根至锡布图岛的地理分布情况。

尽管上述两幅地图展示的是菲律宾南部与北婆罗洲的边界分布情况,只是部分地显示了菲律宾群岛的边界,但根据图中的"国际条约界限"线条走向和名称,我们仍可推断出这条界限即为菲律宾条约界限。因为倘若此时的"国际条约界限"是在 1930 年形成的条约界限基础上作出的变更,那么其名称不可能再附有"国际条约"的字样,30 年代末美菲内部关于斯卡伯格礁(黄岩岛)归属的讨论也没有以签订国际条约的方式作为解决方案。故而,地图中"国际条约界限"线框的出现表明,菲律宾条约界限已固定。1937—1938 年美菲内部关于斯卡伯格礁的讨论后,美菲当局最终没有将其纳入菲律宾群岛。

第三,除从历史地图角度阐释菲律宾条约界限是否固定外,我们还可从法律文件本身的解释方面,对此问题展开论证。根据 1969 年《维也纳条约法公约》第 31 条关于条约之解释的通则,即条约应依其用语按其上下文并参照条约之目的及宗旨所具有之通常意义,善意解释之,对 1900 年华盛顿条约作出的解释,亦不能得出 1900 年华盛顿条约适用于斯卡伯格礁的结论。具体分析如下:

（1）用语

1900 年华盛顿条约原文有："Spain relinquishes to the United States all title and claim of title，which she may have had at time of the conclusion of the Treaty of Peace of Paris，to any and all islands belonging to the Philippine... particularly to the islands of Cagayan Sulu and Sibutu and their dependencies... "，其中文翻译为："可能拥有的全部岛屿……特别是卡加延苏禄岛和锡布图岛。"条约行文对拥有岛屿的数量具有不确定性，用语中只明确表达了享有卡加延苏禄岛和锡布图两岛，并未明确肯定提及其他额外的岛屿，更没有直接提及斯卡伯格礁。

（2）上下文

单独的条约中有云："美国将向西班牙支付 10 万美元。"从上下文看，这里的 10 万美元仅仅是针对卡加延苏禄岛和锡布图岛的"购岛费"，除此而外，不针对其他岛屿。否则在没有确定准确的岛屿数量下，不可能确定准确的费用数额。试想，2 个岛屿的转让价与 3 个岛屿，4 个岛屿，5 个岛屿或更多的岛屿的转让价显然是不同的。很难想象，将 10 万美元理解为上述两岛与其他数量不确定岛屿"购岛费"的总和。在这种情况下，当事方的西班牙，也绝不能同意如此。从西班牙角度看，当时其也不认为会有第三个、第四个或更多的岛屿存在了，否则不可能在条约之上签字。正如西班牙驻美大使阿克斯向国内报告所说的那般。

（3）目的与宗旨

条约的前言说，为了避免"误解"巴黎条约的第三款内容而进行此次谈判并签约。西班牙一方认为巴黎条约第三款已经规定了菲律宾群岛范围，条约规定的范围就是美国所希割让的区域。而美方认为条约的目的在于割让西班牙在菲律宾群岛享有主权或管辖权的所有岛屿。由于双方的误解，因此进行 1900 年谈判并签订条约。通过此次条约,西班牙一方也认定除了条约中提及的两岛外,再无他岛;而美方虽然保留余地,但没有给出具体岛屿的名称、方位,换句话说,没有明确提及斯卡伯格礁。

（4）补充资料

根据西班牙外交文件档案显示,在条约准备工作阶段,美西双方没有明确提及斯卡伯格礁。条约的缔结情况则是,条约虽然暗含了还可能存在除卡加延苏禄岛和锡布图岛外的其他岛屿,但条约中并没有给出可能岛屿的具体名称等信息,没有明确提出斯卡伯格礁问题。

（5）对 1900 年条约以后的实践

1930 年美国依据 1900 年条约提出对茫西群岛和海龟群岛的主权要求;1937—1938 年美菲当局内部关于斯卡伯格礁主权的讨论,虽提及 1900 年条约,但未公开声称对斯卡伯格礁享有主权,后来的实践亦表明未将至纳入菲律宾群岛。

因此根据条约法的规定,对 1900 年华盛顿条约作出的解释,我们得不出 1900 年华盛顿条约涉及斯卡伯格礁的结论。

综上所述,1937—1938 年美菲内部关于斯卡伯格礁（黄岩岛）是否能依 1900 年华盛顿条约包括进菲律宾群岛的讨论,无论是当时美国国务院作出的指示,还是美菲出版的菲律宾地图,抑或从法律文本解释角度,我们均得不出斯卡伯格礁被纳入菲律宾群岛的结论。换句话说,这意味着至 30 年代"菲律宾条约界限"已然固定而不再具有可变性。

本章小结

1898 年美西战争后双方签订的巴黎和平条约初步勾勒了菲律

宾的岛屿边界。1900 年美西双方签订华盛顿条约将锡布图岛和卡加延苏禄岛纳入了美属菲律宾。1928 年通过国际仲裁美属菲律宾失去了巴黎条约线内的帕尔马斯岛。1930 年美英华盛顿条约又将茫西群岛和海龟群岛划归美属菲律宾。至此美属菲律宾群岛的岛屿边界由 1898 年巴黎条约形成的"巴黎条约线"演变为"菲律宾条约界限"。1932 年菲律宾渔业法将菲律宾条约界限内水域称作菲律宾水域,菲律宾当局对其享有行政管辖权而非主权。1934 年菲律宾领土划界委员会对菲律宾领土问题进行了厘清,1935 年菲律宾自治政府在制定的国宪法中加入了领土条款,将菲律宾条约界限规定的边界进行了法律化确认。

20 世纪 30 年代以前美属菲律宾边界的几次局部调整与变动,引发了人们对 20 世纪 30 年代"菲律宾条约界限"是否还有可变性的探讨。2012 年国外学者利用美国岛务局相关档案就指出,1937—1938 年美菲内部曾对菲律宾条约界限是否还有可变性问题进行了讨论。对美菲内部具体讨论细节的分析及从美国国务院当时所作的结论看,条约界限并无可变事实。相反,后续的历史事实及美制菲律宾地图,均证明"条约界限"已然固定。30 年代美属菲律宾的岛屿边界就是菲律宾条约界限。

第五章

日本占领时期菲律宾的岛屿边界

1895 年日本割占中国台湾岛后,其与西班牙属菲律宾隔巴士海峡而望,遂成海上邻国。美西战争后日本对南部邻国的一举一动,殊为关注,尤其是西班牙与美国有关菲律宾的边界划定,念兹在兹。攻占菲律宾以前日本驻外机构对历次牵涉菲律宾边界的国际条约或仲裁事件均进行了及时跟踪,并向外务省做了汇报。在此基础上,战前日本基本形成了对美属菲律宾边界的认知,其边界即为"菲律宾条约界限"。因此,太平洋战争期间菲律宾处于日本殖民统治之际(1941—1945 年),日领菲律宾边界就是承继了美属菲律宾边界的"菲律宾条约界限"。

第一节　太平洋战争前日本对美属
菲律宾边界的关注

1895 年日本通过甲午战争割占中国的台湾岛后,与西班牙属菲律宾成为海上邻国。美西战争后日本时刻关注这个南部海上邻国的命运,对美西签署和平条约割让菲律宾群岛及美属菲律宾的边界,尤为在意。日本驻外机构对历次有关菲律宾边界的国际条约或仲裁皆进行了及时跟踪与对内反馈。有关菲律宾边界的情报已成为国内高层的案头材料,不断形塑着日本政界军界的菲律宾地理认知。现根据网上公开的日本国家档案馆亚洲历史资料中心(该中心有国立公文书馆、外务省外交史料馆、防卫省防卫研究所提供的近现代日本与亚洲近邻各国相关的资料)——数据库存有的外交档案,对日本驻外机构有关美属菲律宾边界的系列电报进行简要梳理。

一、美西战争后日本驻美公使馆关于美属菲律宾边界的报告

1899 年 1 月 4 日美国国会对 1898 年 12 月 10 日美国与西班牙在巴黎签署的和平条约进行了首次审读,经过激烈辩论最终于 2 月 6 日以一票之多数获得通过。国会审议巴黎条约不久后日本驻美公使小村寿太郎就向国内做了相关情况的汇报。1899 年(明治三十二年)1 月 7 日在给外务大臣青木周藏的电报中,小村就美国国会内部反对领土扩张的"帝国主义论"者的立场、和平条约涉及转让的菲律宾群岛边界、双方交换战俘、未来西班牙贸易船只入菲各港口待遇等条约所列 17 条款中的相关问题,作了详细介绍。美国国会最终批准巴黎条约二十多天后的 2 月 28 日,外务大臣青木周藏又将小村的报告上报给内阁总理大臣山县有朋,3 月 1 日又上奏了天皇御览。[①]

可见,在美西巴黎条约签署后不久,通过日本驻美公使的信息传递,日本国内政治精英们已精准获悉了西班牙转让给美国的菲律宾

---

① 米西媾和条約ノ批准ニ関スル米国ニ於ケル成行並ニ同国ノ比律賓群島ニ対スル処分方ニ関シ在米小村公使ヨリ報告ノ件・二通,https://www.digital.archives.go.jp/DAS/meta/listPhoto? KEYWORD=&LANG=default&BID=F0000000000000009164&ID=M0000000000000234584&TYPE=&NO=.

群岛的四至边界,对其岛屿边界有了直观的认识。由于 1895 年日本
与西班牙已就两国在巴士海峡的具体境界做了划界,因此对巴黎条
约中有关菲律宾北部边界的陈述,并未在日本国内引起轩然大波。
这与后来 1934 年菲律宾自治政府整理本国北部领土时质疑西班牙
的态度与立场迥然不同。

　　由于 1898 年巴黎条约未将事实上西班牙享有主权的部分岛屿
划入菲律宾群岛,因此 1900 年美国与西班牙又于华盛顿签署了一份
补充条约,明确将卡加延苏禄和锡布图两岛纳入菲律宾群岛。日本
驻美外交人员及时捕捉了这一事件,并于美西签署华盛顿条约的第
二天,即 11 月 9 日向国内做了汇报。日本驻美公使高平小五郎给外
务大臣加藤高明的电报中对此事大概介绍说,卡加延苏禄岛和锡布
图岛位于交通要冲,隶属于西班牙,但处于 1898 年美西巴黎条约之
外。在美国与西班牙围绕两岛主权发生争议之际,德国也对此岛表
达了兴趣,并与西班牙一方频频接触。鉴于其战略重要性,为避免未
来施政时发生纷扰,美国决定购买之,并于 11 月 7 日与西班牙签署
了条约。随即高平的报告又被上报给加藤总理大臣、皇太子及军方
知悉。1901 年(明治三十四年)2 月 6 日高平小五郎又将美西华盛顿
条约的唯一条款文本向外务省做了报告,并说该条约已获得美国国
会批准,3 月 13 日文本还被转交大山参谋总长和伊东军令部长阅
览。① 据此,日本政界军界对美西 1900 年将卡加延苏禄和锡布图两
岛纳入美属菲律宾一事已熟稔于心。

　　通过日本驻美外交机构的报告,19 世纪末 20 世纪初日本统治精

① 米国ニ於テ比律賓群島中「カガヤン」「シビツ」二島ヲ西国ヨリ購入ノ件　自明治三十
　　三年十二月,「JACAR(アジア歴史資料センター)Ref. B03041297400、各国領土売買関
　　係雑件(1‐4‐3‐6_001)(外務省外交史料館),https://www.jacar.archives.go.jp/aj/
　　meta/listPhoto? LANG＝default&.BID＝F2006092114131289636&.ID＝M20060921141
　　31389638&.REFCODE＝B03041297400.

英对南部邻邦在美西战争后确定的边界有了初步认识,这种地理上的认知不仅塑造了日本人眼中的美属菲律宾边界,也为其后来在南洋的活动,特别是在菲律宾西部一侧的中国南海地区、南沙群岛的拓殖行动产生了重大影响。

二、1925年日本驻菲总领事关于帕尔马斯岛一案的报告

在美军陆续进驻菲律宾南部诸岛屿过程中,美驻菲人员发现一处于1898年巴黎条约线之内的岛屿——帕尔马斯岛却为荷属东印度占领并设治管理。这就引发了美国与荷兰有关帕尔马斯岛的国际仲裁一案。就在双方就帕岛一案提请进入国际仲裁程序之际,日本驻菲律宾外交人员又将此事及时报告给了外务省。

1925年10月7日日本驻马尼拉总领事缝田荣四郎向外务大臣币原报告说,棉兰老岛向南约75海里有一帕尔马斯岛,1898年美西战争后双方签署的巴黎条约西班牙将该岛转让给美国,但当1906年美国驻摩洛总督伍德巡视该岛时,发现荷属东印度已在此建立行政,且认为此岛系其通过实际占有获得。经过交涉后双方政府决定将此争议提交国际仲裁,由瑞士人马克斯·胡伯担任独立仲裁员,10月5日美国国务院遂将此事公布于众。[①]

在日本亚洲历史资料中心公布的外交档案中,我们尚未发现更多有关日本驻外机构向国内介绍帕尔马斯岛一案进程的细节。不过就日驻菲总领事给国内的报告来看,可以判定当时日本国内已注意

---

① パルマス諸島主権問題,「JACAR(アジア歴史資料センター)Ref. B03041162400、国家及領域問題ニ関スル雑件/各国版図関係 第四巻(1-4-1-12_1_004)(外務省外交史料館)」,https://www. jacar. archives. go. jp/aj/meta/listPhoto? LANG = default&BID= F2006092114112788277&ID= M2006092114112888290&REFCODE= B03041162400.

到美国与荷兰有关帕尔马斯岛的主权争议,对其主权最终由美属菲律宾转给荷属东印度的结果也应知悉,这就意味着至 20 年代末美属菲律宾的边界再次变动日本一方也是了然于心的。

这里值得一提的是,亚洲历史资料中心所藏的外务省外交档案中有一则同一时期的新闻报道提及了 19 世纪末日本割占台湾岛后美西战争前西班牙政府有意将菲律宾群岛转让给日本的计划,不过该提议遭到了日本方面的拒绝。其大致情况是,1925 年(大正十四年)10 月 5 日日本驻檀香山总领事馆向外务大臣币原喜重郎报告称,9 月 28 日《檀香山星报》(Honolulu Star-Bulletin)报道的一则新闻提及,一位名叫大卫·乔丹(David Starr Jordan)的学者在檀香山青年旅社举行的泛太平洋渔业会议午宴上称,"1897 年西班牙政府曾提议将菲律宾群岛以总价 80 万美金出售给日本,但被拒绝"。在总领事馆给币原的电报中,还附录了这则新闻的英文原文,通过研读后发现,大卫·乔丹提及此事的言下之意是菲律宾在 19 世纪末以总价 80 万美金的售价被拒,那么在 1925 年之际菲律宾的价值已升至 1000 万美金的情况下,这种提议还将遭拒。换言之,其认为菲律宾是无价之宝。他说这句话的背景是,当时在美国正在召开太平洋地区的渔业渔产会议,菲律宾群岛地处太平洋中部,气候湿润,岛屿众多,渔业发达,鱼获丰富,投资相关产业必将一本万利。故而有上述之言。总领事馆认为此事涉及日本政府,故将新闻报道呈送国内及驻美大使知悉。①

这则消息此前并未为学界所知。如果属实的话,那么这也将从一个侧面表明 19 世纪末列强在东亚力量的此消彼长,因为这时传统

---

① 比律賓諸島讓渡,「JACAR(アジア歴史資料センター)Ref. B03041162300、国家及領域問題ニ関スル雑件/各国版図関係　第四卷(1-4-1-12_1_004)(外務省外交史料館)」,https://www. jacar. archives. go. jp/aj/meta/listPhoto? LANG=default&BID=F2006092114112788277&ID=M2006092114112888289&REFCODE=B03041162300.

殖民大国西班牙已日落西山、走向衰落,而通过甲午战争日本一跃而成为新兴殖民大国,势力触角已伸向南洋。当时债务缠身的西班牙通过出售菲律宾群岛给日本,也表明了其对新起之秀日本殖民大国地位的认可及地区实力的承认。这则新闻还提及了19世纪末德国的提尔皮茨一派希望通过挑起世界战争而大发战争财的企图,认为这与当时的和平主义者理念背道而驰。这也暗合了19世纪末德国在远东地带积极活动,企图寻求势力范围和海军基地的历史事实。这则史料就西班牙向日本提议出售菲律宾一事是否属实不得而知,不过就其反映的19世纪末20世纪初东亚地区的国际秩序变迁和殖民大国的力量对比这一历史事实而言,其价值还是值得肯定的。

三、1933年日本驻英大使馆对1930年美英边界条约的报告

美西战争后巴黎条约提及的菲律宾群岛边界问题、1900年卡加延苏禄和锡布图两岛归属问题,及1925年帕尔马斯岛主权归属问题,日本驻外机构均及时向国内做了汇报。进入30年代日本驻外机构萧规曹随,对1930年美国与英国围绕菲律宾南部与北婆罗洲的边界谈判及最终结果——美国与英国有关菲律宾群岛与北婆罗洲边界条约进行了反馈。

根据外务省的档案材料显示,1933年(昭和八年)2月13日驻英大使松平恒雄向外务大臣内田康哉提交了从英国搜集而来的美英边界条约及双方换文。这份报告包括了1930年美英边界条约的正式文本内容,1932年双方外交人员围绕相关议题的备忘录,以及附录了一份1907年双方早期围绕边界划分的外交信件。这里特别需要说明的是,在这份报告的末尾还附带了四幅局部地图,主要展示的是菲律宾群岛南部及巴拉巴克海峡及附近一带的地理。这些地图标记了美英划分菲律宾群岛南部与北婆罗洲具体边界的走向及经纬度,

特别是绘制了分割海龟群岛和茫西群岛的边界起始点及边界线走向，可谓一目了然，泾渭分明。[1] 这份地图材料是美国对外关系文件集中未曾附录的，因此尤显可贵。

显而易见的是，通过驻英大使发来的条约文本及相关附件，日本政治精英们对美英两国在菲律宾南部与北婆罗洲一带的边界有了更为深入细致的了解，对双方边界的具体走向与分割的群岛有了更为直观的认识。从 20 世纪以来日本获取美属菲律宾边界的几次局部变动和调整时的有关信息来看，对日本而言，美属菲律宾边界并不是束之高阁、秘而不宣的莫测之物。通过日本驻外机构的积极活动，对美属菲律宾边界的及时关注，及相关资讯的跟踪反馈，至 20 世纪 30 年代日本人的美属菲律宾边界观已然得以形塑。

第二节　战前日本政府对美属菲律宾边界的情报搜集与认知

通过 20 世纪 30 年代以前数次日本驻外机构的情报传递，日本对美属菲律宾边界的形成、演化已有初步认识，而日本外交部门对美属菲律宾边界条约文本等材料的专题搜集与专门整理，进一步塑造了太平洋战争前日本的菲律宾边界观，即菲律宾的边界首由"巴黎条约线"所定，至1930 年代则以"菲律宾条约界限"来规定。这种边界观不仅表现在此时日本整理的涉菲律宾边界条约文件集中，更从这一时期日本制菲律宾地

---

① フィリピン群島並北「ボルネオ」州境界ニ関スル英米条約，「JACAR（アジア歴史資料センター）Ref. B02031263000、各国国境問題関係雑件　第一巻（亜細亜南洋ノ部）（A－4－6－1－X1_001）（外務省外交史料館）」，https://www.jacar.archives.go.jp/aj/meta/listPhoto? LANG＝default&BID＝F20060921151814411155&ID＝M20060921151 81541170&REFCODE＝B02031263000.

图上得到了直接印证。现据亚洲历史资料中心所藏资料,对战前日本外交部门专门编辑的美西战争始末调研报告与涉美属菲律宾边界的国际条约集进行解说。同时,利用一些太平洋战争前日本绘制的菲律宾地图来直观分析日本人视域下的菲律宾边界。

一、战前外务省对菲律宾边界条约的情报搜集与整理

尽管日本驻外机构对美西战争后数次涉及菲律宾边界的变动与调整的情报进行了跟踪反馈,但相对而言其对美属菲律宾边界的认识并不系统与全面,特别是对美西战争后决定美属菲律宾边界实质性走向的巴黎条约,对美西战争的前因后果等问题的认识还一鳞半爪[1],为此外交部门专门对美西战争的相关背景资料进行了专题调研,并形成专题报告。1914 年(大正三年)11 月日本驻马德里公使馆根据搜集的西班牙文材料对美西战争一事进行了初步整理汇总,其后外务省欧米局第三课在此基础上于 1921 年(大正十年)9 月形成了太平洋问题参考资料之——《美西战争始末》调研报告。

这本介绍美西战争始末的小册子由四个章节与附录组成,分别是第一章战争的远因;第二章战争的近因;第三章战争;第四章战争的结果、和平条约及附录。第一章战争的远因主要介绍了美国与西班牙 1896 年至 1897 年底围绕古巴问题的交涉历程;第二章战争的近因着重描绘了美西在"缅因号"爆炸后的交涉经过;第三章则简单介绍了战争的开启及结果;第四章则记述了和平谈判时的菲律宾形

---

[1] 美西战争后日本国内也专门出版过有关美西战争的著作,比如 1903 年小林又七就出版了森山信规所著《米西戰争:附·比律賓群島小地誌》(参见 https://dl.ndl.go.jp/info:ndljp/pid/776943),对美西战争前的古巴问题、战争过程及结果等方面进行了详细描写。不过其著作并未使用当事方,尤其是西班牙的相关史料,未从西班牙一方检视美西战争的前因后果。故而其权威性就大打折扣。

势,双方围绕古巴问题、菲律宾问题的谈判,及美西战争在国际上的影响。附录部分除了记述战前古巴问题的沿革、美国态度和战争之初美国对西班牙的通牒外,还有巴黎和平条约文本的具体内容。[①] 通过这本小册子,可以说日本方面对 1898 年美西战争的原因、经过、结果及其影响有了更为详细、深入的认识。相较于早期驻美公使馆对美西战后巴黎条约宏观层面的介绍,这份调研报告可谓鞭辟入里,入木三分。由此,日本对美属菲律宾边界的认知也更加深入透彻。

除了对美西战争始末进行专题研究外,日本外务省条约局还专门对涉及菲律宾边界的国际条约进行了汇总,并将其汇编成集,形成《菲律宾关系条约集》。这份条约集,包括 1898 年 8 月美西和平谈判协定;美西和平条约;1900 年美西华盛顿条约;1930 年美英菲律宾群岛与北婆罗洲划界协定;1930 年美英有关北婆罗洲沿岸某些岛屿问题的换文;1932 年美英外交部门围绕北婆罗洲沿岸某些岛屿的备忘录;附录部分还包括 1895 年日本与西班牙的边界划定宣言;菲律宾群岛组织法,也称《琼斯法案》;《泰丁斯—麦克杜菲法案》。条约集用日英双语排列,便于对照与释读。[②] 显而易见的是,这本条约汇编全面系统地汇总了美西战争后有关美属菲律宾边界形成的一些关键性国际条约,以时间为序对其进行编排,从而便于形成特定的美属菲律

---

① 太平洋问题参考资料: 西班牙ヨリ見タル米西戦争ノ顛末(Details of the Spanish-American War viewed from Spain/Reference materials of the Pacific Relations/1921),「JACAR(Japan Center for Asian Historical Records)Ref. B10070028300、Details of the Spanish-American War viewed from Spain/Reference materials of the Pacific Relations/1921(欧_10)(Diplomatic Archives of the Ministry of Foreign Affairs)」,https://www.jacar. archives. go. jp/aj/meta/listPhoto? LANG=eng&BID=F20100730160653708 66&ID=M20100730160653708 67&REFCODE=B10070028300。

② 「フィリッピン」関係条約集/1942 年,「JACAR(アジア歴史資料センター)Ref. B10070285400、「フィリッピン」関係条約集/1942 年(条_59)(外務省外交史料館)」,https://www. jacar. archives. go. jp/aj/meta/listPhoto? LANG = default&BID = F20100730155038690 32&ID=M20100730155038690 33&REFCODE=B10070285400.

宾边界观。这种边界观的核心内容就是美属菲律宾岛屿边界,首由美西巴黎条约形成的所谓"巴黎条约线"所定,经过 1900 年美西华盛顿条约、1930 年美英划界条约纳入菲律宾南部部分岛礁后,最终定格于 1930 年形成的所谓"菲律宾条约界限"。

这里值得一提的是,在亚洲历史资料中心笔者检索到一份题为"菲律宾群岛中巴拉望岛及其他收购问题"的外交文件。大意谓,美西巴黎条约将菲律宾群岛转让给了美国,但所谓的"菲律宾群岛"包括了巴拉望岛、巴拉巴克岛、卡加延岛(即苏禄海中之卡加延苏禄岛——引者注),而这三个岛屿的所有权后来引发了争议。1915—1916 年文莱、苏禄和北婆罗洲王室成员曾向美国驻北婆罗洲、新加坡和山打根的领事馆提出抗议,认为上述三岛所有权归其所有,美国与西班牙无权转让其所有权,并陆续与美国政府进行了交涉,后来经过美方出具的相关证明等最终平息了此事。该文件最后还有新加坡日报社长长尾正平和笕清澄对美国胜诉进行的评论。[①] 这份材料是目前国内研究菲律宾边界或领土方面学者未曾注意到的。

这一史实的出现解决了长期困扰笔者的一个疑问。笔者曾研究过一些美国统治菲律宾群岛初期所制作的菲律宾地图,其中一幅地图由 1899 年芝加哥的马丁·米勒公司出版(Chicago:J. Martin Miller, 1899)。这幅地图与众不同之处除了用一条"条约界限"(treaty boundary)圈定菲律宾群岛边界外,还有一点表现在:地图将所谓的"菲律宾群岛"分成四个组成部分,分别给予了命名,它们是吕宋岛(Luzon)、米沙鄢群岛(Bisayas)、棉兰老岛和苏禄群岛

---

① フィリッピン群島中ノ「パラワン」島其他買収問題,「JACAR(アジア歴史資料センター)Ref. B03041162300、国家及領域問題ニ関スル雑件/各国版図関係　第四卷(1-4-1-12_1_004)(外務省外交史料館)」, https://www. jacar. archives. go. jp/aj/meta/listPhoto? LANG=default&BID=F2006092114112788277&ID=M2006092114112888289&REFCODE=B03041162300。

(Mindanao & Sulu Archipelago)，以及所谓的"邻近岛屿"（Islas Adjacentes）。这个"邻近岛屿"包括了卡拉棉群岛（Calamianes）、巴拉望岛、巴拉巴克岛以及附近的一些小岛屿。不过，地图虽将菲律宾群岛分成四个组成部分，但对它们进行着色时却使用了三种色彩，其中将"邻近岛屿"与棉兰老岛、苏禄群岛置于同种色彩之下。结合"邻近岛屿"的命名，可知在地图制作者看来，这个"邻近岛屿"是与棉兰老岛、苏禄群岛密切相关的，"邻近岛屿"就是指代邻近棉兰老岛、苏禄群岛的岛屿。①

这就引起了一个疑问：为何地图制作者将这个"邻近岛屿"单独置出并给予命名，却不使用人们惯常对这些岛屿的称谓？为何将其作为棉兰老岛、苏禄群岛的"邻近岛屿"而非米沙鄢群岛的"邻近岛屿"？外务省所藏的上述外交文件的出现，也许恰好证明了当时美国部分人士已注意到这部分岛屿的特殊地位，也就是，这些岛屿曾经一度属于苏禄苏丹的领地或属地，其与穆斯林地区历史上有着千丝万缕的联系，其并未作为一个独立的实体存在过，也未与米沙鄢群岛发生过联系。

二、战前日本视域下的美属菲律宾岛屿边界

如果说日本外交部门对美属菲律宾边界的介绍还停留于文字表述的话，那么战前日本出版的一些菲律宾地图或有关菲律宾的专著中附带的菲律宾地图则直观地反映了美属菲律宾的岛屿边界。下面就分别以20年代和40年代初日本所制的菲律宾地图为例，对太平洋战争前日本人视域下的美属菲律宾岛屿边界进行说明。

---

① *Philippine Islands*, Chicago: J. Martin Miller, 1899, Courtesy of Murray Hudson, Halls, Tennessee, http://cartweb.geography.ua.edu/lizardtech/iserv/calcrgn? cat=Asia&item=/Asia1899b.sid&wid=500&hei=400&props=item(Name,Description), cat(Name,Description)&style=simple/view-dhtml.xsl.

1922 年(大正十一年)7 月东京东方通信社根据该社调查部 1921 年最新调查资料编制发行了一幅四百万分之一比例的"比律宾群岛地图"。[①] 这幅菲律宾地图详细标注了"菲律宾发现史""日本菲律宾关系概史""吕宋岛电信局所"等信息。这幅地图尽管比例尺小而稍显粗略,也未出现专门圈定菲律宾群岛边界的线框(即未以类似"巴黎条约线"或"菲律宾条约界限"的线框来表示菲律宾的岛屿边界),但总体来看还是基本勾勒了此时美属菲律宾的主要边界,即北部抵巴坦群岛的雅米岛、西南部至巴拉巴克岛一线、东南部到苏禄群岛一带,包括苏禄海的卡加延苏禄岛。由于地图制作时间处于 20 年代初期,因而地图正确表达了 1898 年美西巴黎条约以及 1900 年美西华盛顿条约对菲律宾群岛边界的定义范围,而并未涉及 1925 年美国与荷兰引发争议的帕尔马斯岛,以及 1930 年美英关于菲律宾群岛与北婆罗洲间边界划定条约所牵涉的数个岛礁。

1941 年太平洋战争前由日本外务省情报局编辑的《菲律宾的政治经济文化》一书附录了一幅菲律宾地图。[②] 这幅地图虽也未像部分美制菲律宾地图那般用条约界限的形式划定菲律宾的岛屿边界,但其对菲律宾的轮廓表达也间接反映了美属菲律宾的岛屿边界,主要表现在三个方向:第一,菲律宾群岛北部包括了巴坦群岛,这表明菲律宾北部边界是位于北纬 21 度 30 分;第二,地图西南部明确用虚线将巴拉巴克岛与英属北婆罗洲进行了分隔,这表明 1930 年美英划界条约此时已得到了具体呈现,苏禄海中还明确画出了 1900 年美西华

① 野村潔已编,"太平洋諸島歷史地圖:比律賓群嶋地圖",东京:東方通信社,1922 年,https://dl. go. jp/info: ndljp/pid/948714。
② 外务省情报局:《比律賓の政治・経済文化》,1941 年,第 95 页,参见「JACAR(アジア歷史資料センター)Ref. B10070250600、比律賓の政治・経済文化(情_134)(外務省外交史料館)」,https://www. jacar. archives. go. jp/aj/meta/listPhoto? LANG=default&BID=F2010073015354568289&ID=M2010073015354568290&REFCODE=B1007025060。

盛顿条约提及的卡加延苏禄岛;第三,地图的西侧隐约有一条间断的虚线,虽未有任何地理地形绘出,但我们可以明确判断出这里就是1939年被日本宣布吞并的所谓"新南群岛"。地图用虚线的方式进行标记,这就充分表明了日本方面是将菲律宾群岛的岛屿边界限定于"新南群岛"之外的,也就是说,所谓的"新南群岛"与菲律宾群岛毫无关联。从上述三点来看,这幅菲律宾地图也间接地蕴含着美属菲律宾岛屿边界此时已由"菲律宾条约界限"所定。

第三节 日本占领时期菲律宾的岛屿边界

1941年12月7日,"珍珠港事件"爆发后不久日本随即发动了对菲律宾的进攻。对马尼拉的占领标志着美国殖民统治的结束与日本殖民统治的建立。1943年日本扶持下独立的菲律宾共和国名义上仍保有对南部穆斯林地区的统治权。由于战前日本对美属菲律宾边界已有相当认知,故而日本短暂统治时期菲律宾的边界与美属菲律宾边界如出一辙,并无二致。

一、日本攻占美属菲律宾

明治维新以后,在"八纮一宇"思想指导下,进占菲律宾成为日本南进政策中的重要一环。日本著名维新、启蒙思想家、教育家吉田松阴已将菲律宾纳入其构建的"保国"圈中,"北割满洲之地,南收台湾吕宋诸岛","可谓善保国矣"。[①] 迨1879年吞并琉球,及1895年割占

---

① [日]吉田松阴,《幽囚录》,《吉田松阴全集》卷1,东京:1936,第596页。转引自沈予:《日本大陆政策史》,北京:社会科学文献出版社,2005,第37页。

台湾后,南进之论不绝于耳,例如,当时膺任日本海相的八代六郎大将等人即力主先事南侵,再谋北进。据民国时期的相关文献记载,当时统治菲律宾的西班牙人,对此曾深以为虑:1894 年冬,马德里阿设略(Ateneo,即文化中心,cultural center)学会,曾在政治家莫勒(Moret)之指示下,举行特别会议,专门讨论"防日对策"。此后,西国的报纸,且屡传倭人侵入菲岛的消息,尤有谈虎色变之概。①

　　菲律宾的独特位置,使其成为占领台湾后日本"南进"政策中的下一个目标。菲律宾群岛北望台湾,南临荷属东印度(今印度尼西亚),扼太平洋、南海和印度洋的交通要冲,战略地位十分重要,"菲岛离台湾可以说只有一箭之遥,是日本南侵的第一个目标,亦是日本侵略英属马来、荷属东印度等地的要道"②。"菲律宾作为日本南进的桥梁和根据地。如果我们认识占领朝鲜为日本北进大陆政策不可少的步骤的话,则菲律宾正是其南进政策中的朝鲜。"

　　1898 年美西战争的爆发及其后菲岛对美国的转让,暂时浇灭了日本迅速"南进"的野心。不过此后三十年日本缓慢发展了对菲律宾政治、经济、军事的包围态势。进入 30 年代,随着日军扩大侵华战争,其对东南亚的战略资源需求与日俱增,菲律宾日渐成为其重要原料输入国之一。例如,根据 1936 年菲律宾输出货物品别统计看,在菲律宾输出的大宗品中,如占全输出的 14% 的麻类与木材虽已大部在供给日本,而其最主要的占全输出的 42% 的蔗糖,虽亦为日本所需输入品之一而现在则只供应着美国。其他如铁矿虽属为数不多,亦为日本所需要的。这样,菲律宾的主要输出品中除了椰子及其制粉、

---

① 姜季辛:《日本南侵政策下的菲律宾》,《东方杂志》1941 年第 38 卷第 9 期,第 62 页。
② 林云谷:《日本南侵与菲律宾》,《民族杂志》1934 年第 2 卷第 7—12 期,第 1318—1319 页。

椰子油等以外,大部均为日本所需求的原料。[1]

太平洋战争前日本对菲律宾的军事包围圈已渐次形成。首先,1904 年日本人太平恭三郎至菲律宾之纳卯(达沃),设兴业株式会社,树立基础。迨欧战一起,日本又乘机夺取德属赤道以北小岛,向菲侵略,在纳卯投资竟达一千余万元。其进展之迅速,实有一日千里之势。[2] 其次,1919 年,日军攻占德领"内南洋",至此菲律宾便陷于日领小笠原群岛、琉球、台湾与内南洋之包围中,在战略上处于不利的形势。最后,1937 年以远,复于侵华的军事行动之下,先后攻占广州、海南岛、"团沙群岛"中的"斯巴拉莱岛",对"菲岛和越南"构成紧密包围的形势,并获得对南洋全面军事进攻的有利地位。[3]

如此,日本攻占美属菲律宾已万事俱备,只欠东风。1941 年 12月 7 日,日军偷袭珍珠港,太平洋战争正式爆发。战争爆发后,日军为彻底消灭驻扎在菲律宾的美国军队及其在亚洲的舰队,尽快打通日本本土与东南亚之间的海上交通线,攫取资源丰富的英美殖民地,给以后进攻荷属东印度和澳大利亚创造有利条件,日军自 1941 年 12月 8 日起到次年 5 月,发动了对菲律宾的战略性进攻。

开战之初,日军的主要战略目标是攻占位于吕宋岛上的首都马尼拉和占领棉兰老岛上的达沃。马尼拉既是美国在远东的根据地,也是菲律宾的政治、军事和经济中枢;达沃则是菲律宾南部的政治、军事、经济要冲。取得这两个城市就能控制整个菲律宾,就能达到攻占菲律宾的战略目的。[4] 日军大本营计划首先夺取制空权;同时派

---

[1] 洪启翔:《日本南进政策与菲律宾》,《华侨先锋》1939 年第 1 卷第 6—7 期,第 18—19页。

[2] 唐雄中:《中国与菲律宾》,《外交月报》1936 年第 8 卷第 1 期,第 122 页。

[3] 姜季辛:《日本南侵政策下的菲律宾》,《东方杂志》1941 年第 38 卷第 9 期,第 62—63页。

[4] [日]服部卓四郎著:《大东亚战争全史》第三册,张玉祥、赵宝库译校,北京:商务印书馆,1984 年,第 426 页。

遣先头部队在吕宋岛多点登陆,逐步推进并占领马尼拉;在南部占领菲律宾第二大岛棉兰老岛,随后南北对进占领菲律宾全部岛屿。

偷袭珍珠港数小时后,日机即飞临菲律宾上空,先后轰炸了达沃、图盖加拉奥、碧瑶、伊巴等地,并于中午时分对美空军基地克拉克发动猛烈轰炸。10日,甲米地的美海军基地亦遭受毁灭性打击。至此日军夺取了菲律宾的制空权和制海权。

日军先遣部队已于12月8日在台湾和吕宋岛之间的巴坦群岛登陆。12月10日,在吕宋北部的阿帕里和吕宋西海岸的美登陆。12日,日军又在黎牙实比登陆。19日,开始在南部的达沃、和乐登陆。随后登陆日军控制附近机场,为后继主力部队登陆铺平道路。12月下旬主力部队开始登陆。12月20日,本间指挥的日军大兵团开始在林加延登陆。乔纳森·温赖特少将指挥的菲律宾部队,一触即溃。24日,另一支7000人的日军在马尼拉东南70英里的拉蒙湾登陆。小乔治·帕克将军指挥的16000人美菲联军很快被击溃。12月27日,麦克阿瑟正式宣布马尼拉为"不设防城市"。1942年1月2日,日军兵不血刃开进了马尼拉城。

4月3日,日军对巴丹要塞发动总攻,5日突破最后一道防线,9日守军金克少将下令投降。5月6日,科雷吉多岛美菲联军司令温赖特发表投降书。但零星的抵抗直到6月9日方才结束。巴丹半岛和科雷吉多岛的失守,标志着美菲军有组织的抵抗结束。[1] 1942年4月16日,日军侵入班乃。5月在保和登陆。12月进入棉兰老的达沃,次年3月占三宝颜。[2] 至此,日军占领菲律宾全境。

---

① 金应熙主编:《菲律宾史》,第570—576页。
②《菲律宾史》,第588页。

二、日领菲律宾的岛屿边界

1942 年 1 月 3 日，日军通过北边的诺瓦利切斯（Novaliches）和南边的巴赛（Pasay）进入了马尼拉。日军总司令颁布告示，宣布美国对菲律宾的占领正式结束，并声称日本远征的目的，乃在使菲律宾人民从美国统治下解放出来，让他们建立"一个菲律宾人的菲律宾"，成为大东亚共荣圈的一员。[①] 经过一番精心准备，1943 年 10 月 14 日在日本人扶植下，以劳雷尔（Jose P. Laurel）为首的傀儡政权正式建立，史称"菲律宾第二共和国"（1943.10～1945.8）。日本占领军随即于同日宣布，撤销菲律宾的军事管制。[②]

由于战前日本对美属菲律宾边界已有相当认知，其基本架构由"菲律宾条约界限"规定，因而日本占领时期菲律宾边界与美属菲律宾边界相比并无多大差异。日本占领时期菲律宾边界的情况，可以通过此阶段日本出版的菲律宾地图中管窥一二。下面即以一幅日本制或收藏之菲律宾地图为例，对其加以说明。

1942 年底，东京欧亚通讯社出版的一本《比律宾产业道路地图》（"比律賓＜フィリピン＞"）绘制了这一时期菲律宾群岛地图。这对我们探究这时的菲律宾边界具有参考意义。在前言当中，地图编者毫不掩饰地表达了出版该图集是"作为开发菲律宾的产业、资源及各项建设工作的重要基础，以战前菲律宾土木工程局留存的唯一本岛地图为原本进行编纂刊行的，兹献与'皇国'以供实现伟大使命的参

---

① 《比岛作战》，读卖新闻社出版部，昭和 17 年（1942 年），第 252—253 页。转引自《菲律宾史》，第 576 页。另参阅，Conrado Benitez, *History of the Philippines*, revised edition, Manila: Ginn and Company, 1954, p. 417。

② 《大东亚战争全史》第三册，第 805 页。

考资料足矣"①。既然该图参考的是"战前菲律宾土木工程局的本岛地图",那么该图所作的日领菲律宾应与美属菲律宾出入不大。

该图集为昭和十七年(1942年)十二月初版,发行1500部,四开精装大本。有单面双色套印地图15幅,另扉页背面附有前言、目次及基本概况。图集装帧较为独特,并未装订成册,而是呈散页形式,应该是考虑到了在实际使用当中或野外作业时方便取出阅读而为之。各图依次为:索引图和巴坦群岛州、吕宋岛北部、吕宋岛中北部、吕宋岛中南部、吕宋岛东南部、民都洛及郎布隆、米沙鄢群岛东部、米沙鄢群岛东部二、米沙鄢群岛西部、棉兰老地方北部、棉兰老地方南部、棉兰老岛西部、苏禄州、巴拉望州北部、巴拉望州南部。各图除第一幅的索引图外,其余比例尺均为1:100,000。

作为道路地图,对道路状况的绘制及标注就成为地图的重点描绘对象。其中,公路方面标示了一级公路、二级公路、三级公路、人行道(踏付路)、建筑中公路、预定公路、牛车路等七种,各主要公路还注明了每段编号及主要城市间(市级以上)的公路里程数;铁路标出了已建成和未建成两种。行政区划分为州、地方、市三级;居民点分为州府、市、镇、村四级;沿海灯台也被区分为闪光灯、闪烁灯和固定灯三种。每一条道路、每一座岛屿、每一个微小居民点都被一一标明,一览无余,可以说非常详尽齐全,无一挂漏。②

地图册列举的诸多岛屿有:吕宋岛;民都洛岛及朗布隆岛、塔布拉斯岛、锡布延岛等岛屿;马斯巴特岛、萨马岛、莱特岛及其附近岛屿;宿务岛、保和岛及其附近岛屿;班乃岛;内格罗斯岛;棉兰老岛;苏禄群岛;巴拉望岛。可见,这时尽管日本方面并未以确切的经纬度形

① 参见地图守望者:"日据时期的菲律宾地图集",2011年3月21日,http://blog.sina.com.cn/s/blog_4d052d530100pryf.html。
② 地图守望者:"日据时期的菲律宾地图集",2019年6月7日,https://www.chizusekai.com/nd.jsp?id=150。

成类似于"菲律宾条约界限"的线框以圈定菲律宾边界,但地图所描绘的群岛范围大抵是与美属菲律宾群岛相当的。

这里值得一提的是,与二三十年代美国内部高层的计划不谋而合,占领菲律宾时期日本部分决策者,曾一度筹划将菲律宾南部的穆斯林地区与北方基督教地区分离开来,而将前者作为一单独的殖民地,直接置于日本的统治之下。

1909年,摩洛省代理省长霍伊特(Ralph W. Hoyt)已向其上级建议,将棉兰老、苏禄和巴拉望岛与菲律宾的其他部分相分离,组成单独由美国控制的"棉兰老殖民地"。[1] 进入二三十年代,某些摩洛精英极力反对北方菲律宾人提出的自治要求。相反,他们提出了继续接受美国人的保护而非其传统敌人——基督教菲律宾人的诉求。他们向美国总统和国会相继提交了密集的请愿书,请求将棉兰老和苏禄并入美国的领土,而不是将这些岛屿作为独立的菲律宾的一部分。[2]

不过,南部地区穆斯林的分离要求最终遭致了美国人和北方菲律宾人的反对而夭折。美国政府对菲律宾群岛的政策之一是"寻求将众多不同的族群融合成一个国家。这一任务直到摩洛人被纳入群岛的政治、社会和商业秩序时方才完成"。尽管许多美国人(包括华盛顿和马尼拉的部分高层)希望延宕菲律宾的独立,尽管大部分的摩洛人可能希望留在美国人的统治下,如果他们不能获得群岛北部相互分离的独立,尽管少数美国人(特别是那些涉及某些商业利益的人)和部分摩洛人希望看到棉兰老岛和苏禄岛从菲律宾分离出去,但

---

[1] Peter G. Gowing, "Moros and Indians: Commonalities of Purpose, Policy and Practice in American Government of Two Hostile Subject Peoples", *Philippine Quarterly of Culture and Society*, Vol. 8, No. 2/3 (June/September 1980), p. 146.

[2] Federico V. Magdalena, "Moro-American Relations in the Philippines", *Philippine Studies*, Vol. 44, No. 3 (Third Quarter 1996), p. 433.

是美国政府的官方政策始终支持菲律宾的独立,并将棉兰老岛和苏禄作为国家领土的一部分而纳入其中。[1]

而对北方菲律宾的政治精英看来,"在菲律宾群岛的南北盛行一种文明"[2],是他们义无反顾的、不可争辩的旨归。与他们的美国同伴一道,从哈里森任总督伊始,基督教菲律宾人已着手消除他们的非基督教居民对统一政策的疑虑。[3] 因此,尽管穆斯林组织了游说活动,但美国人屈从于基督徒民族主义者的压力,后者试图继承帝国的衣钵,坚持认为南部穆斯林是国家遗产的组成部分。所以穆斯林发现他们被纳入了自治政府,最终于 1946 年成为菲律宾共和国的一部分。[4]

因此,当日本入侵菲律宾群岛时,南部穆斯林地区正被积极融入到菲律宾国家建设的架构之中。然而随着菲律宾群岛的易手,日本人看到了重启美国人曾经实施分离计划的可能。例如,日本海军曾认为南菲律宾作为日军南进太平洋的重要通道而具有十分重要的战略地位,因此一位居住于斯米兰岛(Siamil Island)的日本侨民宫本(Miyamoto Sannosuke)与国会议员阿米邦萨(Ombra Amibangsa)密谋,企图恢复苏禄苏丹国,并试图获得日本军事当局的支持。[5]

1942 年 1 月,日本首相东条英机宣布日本将支持菲律宾独立。在此背景下,分离棉兰老岛的提议再起。是年末成立的由村田昭三

---

[1] Peter G. Gowing, *Muslim Filipinos — Heritage and Horizon*, Quezon City: New Day Publishers, 1979, p. 171.

[2] Howard T. Fry, "The Bacon Bill of 1926: New Light on an Exercise in Divide-and Rule," *Philippine Studies*, Vol. 26, No. 3 (Third Quarter 1978), p. 270.

[3] Usha Mahajani, *Philippine Nationalism: External Challenge and Filipino Response*, *1565 - 1946*, St. Lucia: University of Queensland Press, 1971, p. 352.

[4] Cesar Adib Majul, "Moro Struggle in the Philippines", *Third World Quarterly*, Vol. 10, No. 2 (Apr. , 1988), p. 899.

[5] Ikehata Setsuho & Ricardo T. Jose ed. , *The Philippines under Japan: Occupation Policy and Reaction*, Manila: Ateneo de Manila University Press, 1999, p. 105.

(Murata Shozo)担任主席的菲律宾问题研究委员会专门对此进行了调研,以期襄助日本军政当局。1943 年 1 月,委员会成员之一的农业专家伊藤(Ito Choji)建议,委员会接受将棉兰老岛与菲律宾其余部分相分离的方案。然而,委员会主席村田表示:"一方面我们宣称支持菲律宾的独立,另一方面又将棉兰老与其分离而置于日本的领土之下,这对我们来说确实是荒谬可笑的。"4 月,当委员会讨论将棉兰老作为一"特别行政区"的计划时,委员会的核心人物蜡山政道(Royama Masamichi)反对称,"……甚至海军已经抛弃了将棉兰老岛分离,吞并于日本的这一立场"。9 月,委员会发布了一份调查报告。在题为《赤道一带的种植业移民》的第七章第四部分,委员会建议将达沃作为一特区,置于日本的控制之下,发展成由政府有计划、支持的军事供需基地——"国家殖民地"(national colony)。

对分离棉兰老的计划,14 军团指挥官黑田将军（Kuroda Shigenori)表示,如果日本将棉兰老岛作为一"国家殖民地",那么菲律宾人民将会说:"看! 日本真实的意图是要分割菲律宾!"黑田还补充说,此举将有使赢得菲律宾人民内心的运动彻底崩塌之虞。黑田和村田的意见是要避免改变菲律宾目前的现状,以免造成菲律宾上层精英的离心离德。而东京政府的意见也倾向于维持现状。在 6 月 26 日举行的大本营政府联席会议上,军部军事局(Military Affairs Bureau of the Army Ministry)局长佐藤贤了(Sato Kenryo)对棉兰老岛问题发表看法时说:"对棉兰老岛,我们不打算将该岛作为一特区,就像在北部中国和满洲那样。"[1]

值得注意的是,二战时日本对南海诸岛的态度因其战略地位极

---

① 以上内容参阅,Ikehata Setsuho & Ricardo T. Jose ed., *The Philippines under Japan: Occupation Policy and Reaction*, Manila: Ateneo de Manila University Press, 1999, pp. 105 – 108。

其重要便选择加以占领。日军大本营确定的"南洋防卫三角"就是指夺取并固守香港-马尼拉-新加坡之间的领土与海域,以确保南方物资的转运安全。其中东沙海域、西沙海域和南沙海域成为日本供应线的必经之地。因此,南海诸岛控制了日本的海上生命线,其价值自不待言。"七七事变"后不久,日军即攻占东沙岛,更名为"西泽岛"。1939 年 3 月,日军相继攻占西沙群岛和南沙群岛。3 月 31 日,日本外务省对外宣布,将南沙群岛更名为新南群岛,包括东经 7 至 12 度,北纬 111 至 117 度范围内的所有岛礁,并将之划归台湾总督府高雄州高雄市管理。① 日本还在今天的太平岛建立军事基地,随后成为攻占菲律宾的桥头堡。这一历史记忆后来长期成为菲律宾领土安全的梦魇,并是其积极声索南沙岛礁的重要理由之一。

　　日本分离棉兰老岛的计划最终付诸东流表明,美国政府和北方菲律宾基督教精英战前营造统一的菲律宾政治架构业已深入菲律宾人心,任何一种分离现有政治架构的企图必将遭致菲律宾人的抵触与反对。日本在菲军政当局也不得不顾及此种民意,特别是为了笼络那些上层菲律宾精英人士与军政当局的通力合作时,尤为如此。

本章小结

　　1895 年割占台湾岛后日本成为菲律宾的邻国。美西战争后太平洋战争爆发前,日本驻外机构对美属菲律宾边界问题进行了及时跟踪,对历次有关菲律宾边界的国际条约或仲裁事件均向外务省做了第一时间汇报。通过对美西战争始末、菲律宾边界相关条约等情

---

① "Southward Advance of Japanese Expansionist Movement: Hainan and the Spratly Islands", *Foreign Relations*, 1939, Volume III, p. 112.

报进行搜集与整理,战前日本基本形成了对美属菲律宾边界的认知,其边界即为"菲律宾条约界限"。为此日本殖民统治菲律宾时(1941—1945 年),日领菲律宾边界就直接承继了美属菲律宾边界。这一结论从日占时期日本制菲律宾地图和日本有关菲律宾专著中所附菲律宾地图中得到了印证。

第六章

二战后至独立初菲律宾的岛屿边界

二战后期美国势力卷土重来,陆续在菲律宾恢复了殖民统治体系,以菲律宾条约界限为标志的美属菲律宾边界得以重建。1946 年 7 月 4 日,根据《泰丁斯-麦克杜菲法案》菲律宾自治政府正式宣告从美国统治下独立。独立之际,美国与菲律宾签署的相关法律文件承认美国统治时期签署的三个国际条约法律效力,肯定了国际条约对菲律宾边界的约束力,因此独立后的菲律宾共和国就从法律上继承了美属菲律宾的岛屿边界。1947 年菲律宾政府正式接管 30 年代初期仍被置于英属北婆罗洲公司管辖下的茫西群岛和海龟群岛。上述两群岛的接管标志着美属菲律宾岛屿边界最终形成。

第一节　菲律宾独立时若干法律文件
对菲律宾岛屿边界的规定

二战末期美国陆续恢复了在菲律宾的统治存在,美属菲律宾边界得以重建。1946 年 7 月 4 日,菲律宾正式宣布从美国独立。随后美菲签署系列协定,其中《美菲一般关系法》对独立后的菲律宾边界作出了明文规定,将其边界限定于三个国际条约所定内容。菲律宾独立后 1935 年菲律宾自治政府颁布的宪法继续发挥效力,从而也从法律角度肯定了"菲律宾条约界限"作为菲律宾边界。

一、1946 年菲律宾的独立

1944 年 10 月,莱特湾战役的胜利和莱特岛的获得,为美军解放菲律宾群岛奠定了战略基础。随后民多洛岛的获取又成为美进军吕宋的跳板。此后美军相继夺取了巴拉望岛、班乃岛、尼格罗斯岛、宿务岛、保和岛和棉兰老岛。[1] 1945 年 2 月 3 日,美军先遣部队进入马尼拉城。8 月 15 日,日本天皇裕仁通过电台宣读《终战诏书》,对外宣布无条件投降。因此,8 月 21 日,菲律宾日军第 14 军司令官山下奉文大将奉命停战。9 月日军正式向美军投降。[2] 至此,美属菲律宾光复。在此之前的 1945 年 7 月 5 日,麦克阿瑟将军曾以官方名义正式宣布菲律宾获得解放。[3]

美国在菲律宾群岛统治的恢复,标志着美属菲律宾边界得以重建。30 年代末美菲内部有关菲律宾条约界限是否具有可变性的讨论,表明菲律宾条约界限已固定,不再具有变动性。日占时期菲律宾边界继承了美属菲律宾边界,未对其有过变动。现有材料表明二战后美国未再有过对菲律宾边界问题的讨论。因此,二战后美属菲律宾边界还是菲律宾条约界限。

---

① Samuel Eliot Morison, *The Liberation of the Philippines: Lozon, Mindanao, the Visayas 1944－1945*, Boston: Little, Brown and Company, 1959, p. ix.

② 《菲律宾史》,第 609 页。

③ Conrado Benitez, *History of the Philippines*, revised edition, Manila: Ginn and Company, 1954, p. 452.

　　根据 1934 年《泰丁斯-麦克杜菲法案》规定的菲律宾设定十年自治期(因战争爆发而后延),在美国恢复菲律宾群岛统治秩序后近一年,菲律宾独立问题被提上了议事日程。美国允诺 1946 年 7 月 4 日美国独立日这一天实现菲律宾的独立。

　　19 世纪末以来,争取国家独立是菲律宾人孜孜以求的最高目标。随着国家的光复,菲律宾精英阶层再次看到了争取国家独立的希望。在美治时代,菲律宾争取国家独立的民族主义激情丝毫未曾减少,主要表现为通过和平的请愿方式以期获得从美国治下的独立。随着美式国家治理模式在菲岛的开展、各级政府部门菲人精英的激增、国民经济结构的调整(表现为重要经济命脉由菲人掌控),及相关文化教育事业的推进,菲律宾民族主义在 20 世纪二三十年代已持续发酵与高涨,独立的呼声不绝于耳。在此背景下,菲人相继组织赴美请愿团游说美国会、总统等部门、团体、个人,以支持菲岛的尽早独立。奥斯敏纳-罗哈斯代表团选择采取单一的路线——他们的人民已经团结起来,并且在各方面做好了独立的准备。他们宣称:"我们要求的一切就是权利,及'下沉'或'游泳'的权利。我们将会'游泳'。"[1]

　　30 年代菲律宾民族主义进一步发展。1935 年自治政府成立后,菲律宾上层精英对菲律宾国家的政治、经济、文化等诸项事业大力发展,客观上为制定十年菲律宾独立准备期后准予菲律宾正式独立的《泰丁斯-麦克杜菲法案》创造了条件。1941 年 1 月 31 日,自治政府总统奎松(Manuel L. Quezon)在国会一年一度的国情咨文演说中宣称:在这些大危机中间,我们的任务很明确。经由与美国一份庄严的协定,我们国家独立的实现将得到保证。我们必须为此做好准备;

---

[1] Theodore A. Friend III, "Philippine Interests and the Mission for Independence, 1929 - 1932", *Philippine Studies*, Vol. 12, No. 1(January, 1964), pp. 63 - 64.

我们不能延宕；我们不能犹豫。相信上帝的福佑，我们必须坚定勇敢地向前，以取得我们梦寐以求的目标——建立菲律宾共和国——和在和平民主的庇佑下保卫我国人民的繁荣、幸福和自由。[1]

日本占领菲律宾后，奎松和奥斯敏纳在美国组织流亡政府，并成为战时盟国承认的菲律宾唯一合法政府。1942 年 6 月 14 日，当奎松总统在《联合国家宣言》上签字时，菲律宾正式成为对轴心国作战的联合国家一员。3 天后，奎松总统和奥斯敏纳副总统参加了太平洋战争委员会，在会上发出了菲律宾的声音。同时，美国总统罗斯福向菲律宾人民作出承诺："……当我们的敌人日本的力量被摧毁时，菲律宾共和国将会建立。"[2]国际事务的积极参与和作为准国家地位的国际承认，给菲律宾持独立主张之民族主义者以巨大鼓舞。

令人饶有兴趣的是，日本占领菲律宾时期，在日本"监管"下成立的以劳雷尔为首的菲律宾共和国，让菲律宾本土民族主义分子独立管理国家事务方面牛刀小试。日占时期，他加禄语代替英语成为政府部门用语，同时菲律宾人还打算将国名改为黎刹或吕宋，甚至麻逸。[3] 在教育方面，教育局和私人教育部门的菲律宾化进一步加深了。在"菲律宾为菲律宾人"的口号下，以经济自主为标尺开发自然资源。[4] 凡此种种涉及独立国家事务的有益尝试在民族主义者心中留下了不可磨灭的记忆。

---

[1] Joseph Ralston Hayden, "The Philippines at the Threshold of Independence", *Annals of the American Academy of Political and Social Science*, Vol. 215 (May, 1941), p. 100.

[2] Conrado Benitez, *History of the Philippines*, revised edition, Manila: Ginn and Company, 1954, p. 439.

[3] 麻逸，中国宋元时代史籍对菲律宾民多洛岛（或兼指吕宋岛的一部分）的称呼，一作摩逸、麻叶。麻逸是民多洛古称 Mait 的音译，意为黑人的国土。

[4] Usha Mahajani, *Philippine Nationalism: External Challenge and Filipino Response, 1565-1946*, St. Lucia: University of Queensland Press, 1971, pp. 450-453.

因此,当战后争取民族独立的浪潮席卷整个亚洲包括东南亚地区,反殖民主义运动风起云涌之际,菲律宾民族主义亦水涨船高,迅速发展激荡,形成一股强大的力量。在日本投降前的 2 月 27 日,流亡美国、继奎松之后担任自治政府总统的奥斯敏纳(Sergio Osmeña),已着手重建菲律宾自治政府。根据 1934 年菲律宾自治法案,美国国会于是年 12 月宣布,将本应该于 1945 年 11 月 11 日举行的菲律宾总统选举,推迟至 1946 年 4 月 23 日举行。是日,经过角逐,罗哈斯和基里诺分别当选为自治政府最后一任正、副总统,他们也将于 7 月 4 日独立当天宣誓担任菲律宾共和国的首任正、副总统。

1946 年 7 月 4 日,菲律宾正式成为主权独立国家,"远至 1916 年经由美国国会发出的美国人民的庄严宣言——放弃对菲律宾群岛的主权,承认其独立——正式实现了"[1]。菲律宾共和国的独立,从形式上宣告了美国在菲律宾 48 年的殖民统治就此结束,标志着菲律宾人民争取民族独立的斗争最终取得了胜利。按照国家继承的原则,独立的菲律宾共和国继承了美国统治下的菲律宾群岛,将美国曾经行使管辖权的所有岛屿纳入新兴独立的国家领土结构中。独立前后,美菲双方签订的相关法律文件,或多或少地提及了菲律宾群岛的边界问题。

二、《美菲一般关系条约》等法律文件对菲律宾岛屿边界的规定

独立前,美国总统杜鲁门(Harry S. Truman)签署生效的菲律

---

① Abraham Chapman,"America and Philippine Independence",*Current History*,Vol. 11,No. 61(september,1946),p. 201.

宾独立宣言(Proclamation)在关于菲律宾群岛的边界问题上,这样写道:"通过 1898 年 12 月 10 日与西班牙签订的和平条约,即通常所说的巴黎条约,以及 1900 年 11 月 7 日与西班牙签订的条约,美国获得了菲律宾的主权。与此同时,美国于 1930 年 1 月 2 日与英国签订的协定,划分了菲律宾群岛与北婆罗洲之间的界限。在过去 48 年内美国忠实持续地行使了对菲律宾及其人民的管辖权……美国总统通过宣言退出和撤销,美国对菲律宾领土和人民占有、监督、管辖、控制或主权的所有权利……"[①]宣言中提及的三个条约,正是形成菲律宾岛屿边界菲律宾条约界限的边界条约。这表明菲律宾从美国手中继承的边界就是由三个国际条约构成的菲律宾条约界限。

菲律宾独立的当天,7 月 4 日,菲律宾外交部长罗哈斯(Manuel Roxas)和美国驻菲大使麦克纳特(Paul V. McNutt)即签署《美菲关于友好关系暨外交领事代表临时协定》(Provisional Agreement Between the United States of America and the Republic of the Philippines Concerning Friendly Relations and Diplomatic and Consular Representation)。该协定总计七款内容,其中第一款也提及了菲律宾领土问题,"美国政府承认菲律宾共和国为一独立自主的国家,承认菲律宾共和国对菲律宾群岛领土(the territory of Philippine Islands)的权利和管理权"[②]。这里的菲律宾群岛,无疑即是由菲律宾条约界限圈定的那个菲律宾群岛。

10 月 22 日,菲律宾与美国又签订《菲美一般关系条约》(Treaty of General Relations between the Republic of the Philippines and the United States of America)。其中,第一款规定:"美国同意撤销

---

① Raphael Perpetuo M. Lotilla, ed., *The Philippine National Territory*: *A Collection of Related Documents*, pp. 261 - 262.

② Raphael Perpetuo M. Lotilla, ed., *The Philippine National Territory*: *A Collection of Related Documents*, p. 263.

和放弃对菲律宾群岛领土及其人民,目前存在着的和行使中的所有占领权、监督权、管辖权、控制权和主权。(The United States of America agrees to withdraw and surrender, and does hereby withdraw and surrender, all rights of possession, supervision, jurisdiction, control or sovereignty existing and exercised by the United States of America in and over the territory and the people of the Philippine Islands.)"[1]

条约第七款显示,菲律宾政府同意继续行使美西 1898 年和 1900 年两条约中美方承担的相应义务。(The Republic of the Philippines agrees to assume all continuing obligations assumed by the United States of America under the Treaty of Paris between the United States of America and Spain concluded at Paris on the 10th of December, 1898, by which the Philippine Islands were ceded to the United States of America, and under the Treaty between the United States of America and Spain conclude at Washington on the 7th day of November, 1900.)

上述两条内容表明,美国放弃了对菲律宾群岛的管辖权,并将之移交给独立的菲律宾。故而,菲律宾从美国手中继承的菲律宾也只是美国曾经享有管辖权或主权的岛屿,菲律宾也只能享有这些继承而来的岛屿的管辖权或主权权利,以及承担相应的义务。总之,菲律宾独立之际美菲相关的宣言或协定说明,美国转移给菲律宾的岛屿只限于菲律宾群岛,其边界由菲律宾条约界限所圈定,不涉及界限之外任何其他的领土或岛屿。

---

[1] 参见 Treaty of General Relations between the Republic of the Philippines and the United States of America, http://www. gov. ph/1946/10/22/proclamation-no-11-2/。

三、菲律宾共和国宪法有关菲律宾岛屿边界的规定

　　除上述三份法律文件外,独立之际菲律宾共和国的宪法也对菲律宾群岛边界作出了规定。由于 1935 年菲律宾自治政府所颁布的宪法,并未被独立后的菲律宾政府所废除,1935 年宪法虽于 1939 年 10 月 24 日、1940 年 6 月 18 日和 1947 年 3 月 11 日分别作过修订,但基本内容并无太大出入,所以在独立后该部宪法自然成为菲律宾共和国的首部宪法,而继续发挥效力。正如赛义德所说:《泰丁斯-麦克杜菲法》并没有明白说,将要制定的宪法应该专为自治政府使用,还是也为共和国使用,宪法会议制定了一个为自治政府和共和国二者所共用的宪法以解决这个问题。所以菲律宾宪法的第十七条(修订的宪法第十八条)宣称:"由这个宪法所成立的政府将名为菲律宾自治领政府。在美国的主权最后完全撤销,宣布菲律宾独立的时候,菲律宾自治政府就从此称为菲律宾共和国。"[1]

　　1935 年自治政府宪法规定的菲律宾领土是由 1898 年美西巴黎条约、1900 年美西华盛顿条约和 1930 年美英华盛顿条约所规定的领土构成。既然该宪法为独立后的菲律宾共和国继承,且关于领土范围的条款并未作出修订,那么独立后的菲律宾共和国边界就是自治政府承认的菲律宾条约界限,当属无疑。

　　1935 年自治政府时期颁布的宪法至 1946 年独立之时未被废除或被修正,恰恰表明在十年自治时期内,菲律宾群岛的边界没有发生改变。这也就强烈地表明了 30 年代末美菲当局关于"菲律宾条约界限"是否具有可变性的讨论,其结果是肯定了条约界限不再具有变动

---

[1] 〔菲〕格雷戈里奥·F·赛义德著:《菲律宾共和国:历史、政府与文明》(下册),温锡增译,北京:商务印书馆,1979 年,第 504 页。

性,菲律宾条约界限 30 年代已固定。

第二节 1947 年茫西群岛和海龟群岛的接收与美属菲律宾岛屿边界的最终形成

  1946 年菲律宾独立时,1930 年美英华盛顿条约所定的海龟群岛和茫西群岛实际管辖权仍处于英属北婆罗洲公司手中,因此不仅独立后的菲律宾,也包括美属菲律宾,只是名义上享有对这两个群岛的主权。因此为了行使完整的国家主权,独立后的菲律宾政府趁国内民族情绪高涨之际,立即着手接管海龟群岛和茫西群岛。经过一年多的准备,1947 年 10 月 16 日菲律宾政府正式接管了上述两群岛。尽管 1947 年两群岛是由菲律宾政府接管,在国际法上对两群岛行使主权的国家主体已发生变化,但考虑到上述两个群岛的主权划分毕竟是由美国完成的,因此这里还将两群岛的接管,作为美属菲律宾边界最终形成的标志。

一、1947 年菲律宾政府接收茫西群岛和海龟群岛

  1930 年 1 月,美英签订华盛顿条约规定了英属北婆罗洲与菲律宾南部的岛屿归属划分,但因当时英属北婆罗洲公司在这部分岛屿上保有相当设施存在,且对其利益关系重大,因而美菲政府认为立刻收回海龟群岛和茫西群岛管辖权的条件尚不成熟,故将其管辖权继续交予英属北婆罗洲公司行使。但至二战后随着菲律宾的独立,在民族主义思潮的鼓舞与激励下,收回上述岛屿的管辖权被提上了菲律宾政府的议事日程。

  1946 年,独立后的菲律宾政府援引 1930 年作出的制度安排,向

英国政府提出转移茫西群岛和海龟群岛主权的要求。[①] 9 月 19 日，菲律宾副总统兼外交部长基里诺（Elpidio Quirino）向英国驻马尼拉负责外交事务的代表（the British Chargé d'Affaires in Manila），正式提出收回海龟群岛和茫西群岛管辖权的要求，并告之收回活动将在该通知下发一年以后正式付诸实施。[②] 对菲律宾的这一要求，1947 年 7 月 7 日，英国政府回复表示无异议，但英方附带提出了以下几点建议：

（1）希望菲方在海龟群岛维持一支强有力的警察队伍，并定期对茫西岛展开巡逻；（2）因塔格纳克岛（Taganak Island）扼守着进入山打根（Sandakan）的交通咽喉，岛上建有灯塔并设有警察厅，这对北婆罗洲公司至关重要，在灯塔建造与维护方面，英方曾耗资巨凡，因而英方询问菲方在收归岛屿主权时，能否对其作出相应的补偿；（3）鉴于塔格纳克岛远离菲律宾而靠近北婆罗洲的事实，在尊重该岛主权属于菲方的前提下，经慎重考虑后，英方建议菲方将其管辖权继续交予北婆罗洲行使。除此之外，英方还同意菲方提出的建议，成立一个由双方相关人员组成的委员会负责调查有关岛屿转移的具体事宜。[③]

1947 年 9 月 24 日，在双方代表组成的考察团完成对塔格纳克岛实地考察后，基里诺对 7 月 7 日英方的外交照会作出了回复。在回信中，基里诺明确表示要立即接管海龟群岛和茫西群岛的管辖权。对英方提请派驻警察部队和定期巡逻的要求，菲方作出积极响应，同意建立联合快速反应部队，驻守、巡逻海龟群岛和茫西群岛。同时，对塔格纳克岛的驻防与巡逻，会随着未来形势的好转而相应加大投

---

① Republic of the Philippines Department of Foreign Affaris, *Memorandum on the Philippine Claim to North Borneo*, Manila：1968，p. 14.

② Raphael Perpetuo M. Lotilla, ed., *The Philippine National Territory：A Collection of Related Documents*, p. 265.

③ Ibid.，pp. 266 - 267.

入力度。

然而,对英方提出对塔格纳克岛上建造灯塔作出相应补偿一项,菲方予以了拒绝,理由是:(1)灯塔在战争期间已经损坏严重;(2)菲方对此灯塔的需求远低于英方;(3)1930 年美英双方的协定与备忘录中已写明,美(或菲)方对灯塔的维护,是建立在其正常运作基础之上的。但考虑到塔格纳克岛的灯塔对山打根的意义非轻,菲方同意另寻一地建设灯塔,并以每年一比索的价格出租给英方。这样的安排可以满足双方的不同需求。

在回信的末尾,基里诺还通知英方,菲方将于 1947 年 10 月 2 日正式接管海龟群岛和茫西群岛的管辖权。届时,由苏禄省长领衔的一个委员会将会前往两地举行相关接收事宜。该委员会由一位区长(District Officer)陪同,区长即被任命为海龟群岛的当地行政长官。同时,一支警察队伍也将于同日进驻。菲律宾共和国对两岛的主权将赋予区长和警察行使。[1]

尽管后来英国政府与菲律宾政府,对灯塔的维护费用问题产生的持续争执一直延续至 1949 年 7 月[2],但菲律宾政府于 1947 年 10 月 16 日最终接管了对海龟群岛和茫西群岛的管辖权[3]。至此,1903 年英美双方关于北婆罗洲与菲律宾南部的岛屿争端,经过 44 年最终以菲律宾共和国收归海龟群岛和茫西群岛结束。

---

[1] Raphael Perpetuo M. Lotilla, ed. , *The Philippine National Territory: A Collection of Related Documents*, pp. 267 – 268.

[2] Vicente Abad Santos & Charles D. T. Lennhoff, "The Taganak Island Lighthouse Dispute", *The American Journal of International Law*, p. 684; M. Lotilla, ed. , *The Philippine National Territory: A Collection of Related Documents*, pp. 268 – 269.

[3] 根据 1947 年 9 月 24 日菲律宾外交部长给马尼拉的英国大使的信函,菲律宾政府将于 10 月 2 日对海龟群岛和茫西群岛恢复行使主权,但实际时间为 10 月 16 日。参阅,Vicente Abad Santos & Charles D. T. Lennhoff, "The Taganak Island Lighthouse Dispute", *The American Journal of International Law*, p. 683。

二、美属菲律宾岛屿边界的最终形成

海龟群岛和茫西群岛的收回，标志着菲律宾政府正式继承了美国统治时期依据国际条约享有主权或管辖权的一切岛屿，也就意味着美属菲律宾岛屿边界最终由字面走向了现实，"美国统治菲律宾时期，关注的是，殖民地图以及将美国（美属菲律宾群岛）领土与其他殖民大国领土的想象边界现实化"[1]。至此，美属菲律宾边界内的所有岛屿均完成了其主权由西班牙向美国的转让，进而随着菲律宾的独立再由美国转向了菲律宾。

西班牙统治时期通过 1885 年马德里条约和 1895 年东京条约，西班牙完成了西属菲律宾群岛南北划界的基础工作、确定了划界的基本原则（北部以巴士海峡中间线为界，南部以北婆罗洲沿岸向外三里格为界）。美国统治时期，经 1898 年美西巴黎条约、1900 年美西华盛顿条约和 1930 年美英华盛顿条约，美国以具体经纬度方式完成了对菲律宾群岛的实际划界工作，一线"标界"工作亦随之有序展开。美国通过三个国际条约对菲律宾岛屿边界进行具体的规划设计，及菲律宾独立一年后对海龟群岛和茫西群岛的接收，标志着美属菲律宾岛屿边界的最终形成。

本章小结

二战后期美国陆续恢复了在菲律宾的殖民统治，以菲律宾条约

---

[1] Patricio N. Abinales, *Making Mindanao : Cotabato and Davao in the Formation of the Philippine Nation-State* , Manila：Ateneo de Manila University Press，2000，p. 46.

界限为标志的美属菲律宾边界得以重建。1946 年 7 月 4 日,根据《泰丁斯-麦克杜菲法案》菲律宾自治政府正式宣告独立。独立之际美国与菲律宾签署的相关法律文件承认美国统治时期签署的三个国际条约法律效力,肯定了菲律宾条约界限就是独立后的菲律宾边界,由此美属菲律宾边界从法律上为菲律宾继承。1947 年菲律宾政府正式接收 30 年代初期仍被置于英属北婆罗洲公司管辖下的茫西群岛和海龟群岛。上述两群岛的接管标志着美属菲律宾岛屿边界的最终形成。美属菲律宾南部边界也由纸面走向现实。

第七章

"3W"视角下美国殖民统治时期
菲律宾边界研究

通过前六章对美属菲律宾边界形成史的分析,我们可以从三个维度分析美属菲律宾的边界:美属菲律宾边界是什么(what)? 美属菲律宾边界形成过程中参与者有谁(who)? 美属菲律宾边界如何形成(how)? 即从 3W 视角对之进行深度分析。本研究认为,美属菲律宾边界包括岛屿边界和海洋边界两个层面;美属菲律宾边界形成过程中的参与者主要是殖民国家西班牙、美国、英国、荷兰和日本,菲律宾本土人士也有参与其中,但仅作为看客和承认既定事实的受者;美属菲律宾边界通过国际法时效和继承原则形成,实践层面则主要依赖于双边协商谈判、签署划定边界的条约完成,最终表现为以条约边界的方式确定美属菲律宾的边界。

第一节　美属菲律宾边界的内涵是什么（What）?

根据本研究设定的范围,美属菲律宾边界包括两个层面:岛屿边界和海洋边界。美属菲律宾的岛屿边界就是菲律宾条约界限,其首由 1898 年巴黎条约线规定,经过 1900 年美西华盛顿条约将卡加延苏禄岛和锡布图岛纳入菲律宾、1928 年帕尔马斯岛仲裁将其主权由美属菲律宾转归荷属东印度、1930 年美英华盛顿条约将海龟群岛和茫西群岛并入菲律宾，上述数次局部调整，美属菲律宾的岛屿边界由巴黎条约线演变成菲律宾条约界限。美属菲律宾的海洋边界包括以各岛屿正常基线（低潮线）向外推算三海里的领海线和以菲律宾条约界限为限的渔业管辖线。

一、美属菲律宾的岛屿边界

根据前文分析，1898 年美西战争后双方签订的巴黎条约第三款规定了西班牙转让给美国的菲律宾岛屿边界，即所谓的"巴黎条约线"；1900 年美国与西班牙签署华盛顿条约将菲律宾南部苏禄海中之卡加延苏禄岛与苏禄群岛南端、位于西里伯斯海中之锡布图岛纳入菲律宾群岛；1928 年经过国际仲裁原处于巴黎条约线界内的帕尔马斯岛主权转入荷属东印度；1930 年美国与英国签订划分菲律宾南部与英属北婆罗洲边界条约将位于北婆罗洲沿岸一带的茫西群岛中部分岛礁、海龟群岛纳入菲律宾群岛，从而将美属菲律宾岛屿边界由"巴黎条约线"扩展至所谓的"菲律宾条约界限"或"国际条约界限"。经过 1937—1939 年美菲当局关于条约界限是否还具可变性的内部讨论，及面对日本在菲律宾周边海域不断推进的蚕食鲸吞，至 40 年代初日本占领菲律宾前，美菲认为菲律宾边界已然固定，就是菲律宾条约界限，美菲当局也不再认为还有其他地方属于美属菲律宾。日本占领菲律宾期间，承继了美属菲律宾的边界，未对其有过更改变动。菲律宾光复至独立之前菲律宾边界也未发生变化，因而独立之初菲律宾的岛屿边界即为美属菲律宾群岛的边界，就是由三个国际条约所形成的"菲律宾条约界限"。

因此，美属菲律宾岛屿边界的具体经纬度，按顺时针顺序，从其东北角一侧开始分别是：A(21°30′N 127°E)；B(4°45′N 127°E)；C(4°45′N 120°E)；D(4°23′N 120°E)；E(4°23′N 119°E)；F(4°42′N 119°E)；G(5°16′N 119°35′E)；H(6°0′N 118°50′E)；I(6°0′N 118°20′E)；J(6°17′N 117°58′E)；K(6°52′N 117°58′E)；L(7°24′45″N 117°25′30″E)；M(7°40′N 117°0′E)N(7°40′N 116°E)；O(10°N 118°E)；P(21°30′N 118°E)。由 ABCNOP 组成的不规则多边形就是美属菲律宾最终的岛屿边界。

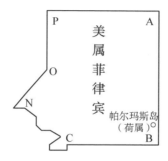

二、美属菲律宾的海洋边界

前文述及,1898 年巴黎条约线只是一条圈定岛屿归属的界限而非一条包含水域的国界线,同样,菲律宾条约界限也是一条框定岛屿之线而不是涉及水域的领海线或国界线。根据 1932 年菲律宾渔业法,菲律宾条约界限只是一条美菲当局享有行政管辖权的渔业管辖线。因而当时的美属菲律宾海洋边界,主要体现为领海线。其领海宽度则需要按照当时国际通行的规则进行确定。为此在分析美属菲律宾的海洋边界前,有必要对 20 世纪上半叶美国殖民统治菲律宾时期国际上通行的涉海规则与习惯做一扼要介绍。

依据 19 世纪末国际通行的规则,传统视三海里为领海宽度的标准已存在争议,因为 19 世纪以来火炮技术已飞速发展,其射程已远超出三海里。但具体执行何种宽度的领海没有统一的标准,理论上国际法学界也没有形成统一程式。英美等海军强国的法学界则认为,三海里宽度是国际法承认的领海界限,不容国家自由扩大;而另一种观点认为国际法并没有确定国家的领海宽度,因而各国有权自行规定领海宽度,而不以三海里宽度为原则。[①] 1898 年,国际法学界曾建议将国家领海分为二种:第一种为平时领海,定为离岸六海里;第二种为战时领海,以岸上炮力之远近为准。然而这一建议未获各国同意。[②] 因此 1911 年福尔顿(Fulton)还说:"尽管通常采纳三海里,但很少有学者同意,作为合法界限的三海里已经在国际法上确立了。"[③]也就是说,19 世纪末 20 世纪初国际上对领海宽度并无统一的标准。

1930 年国际联盟在海牙召开国际法典编纂会议,在参加会议的47 个国家中,有 35 个国家提出了他们对领海宽度的具体主张,其中18 国主张三海里,4 国主张四海里,11 国主张六海里,1 国主张六或三海里,1 国主张十二或六海里。[④] 在提出主张的国家中,英、美、日、德、澳、丹、印等国主张三海里;芬兰、挪威主张四海里;意大利、罗马尼亚主张六海里;葡萄牙主张十八海里;[⑤]作为观察员,苏联虽未向大会提出主张,但一直宣称实行十二海里领海。[⑥] 因此,30 年代至二战结束以前国际法学界关于领海宽度的分歧和各国具体实践的迥异,

① 周鲠生:《国际法》(上),武汉:武汉大学出版社,2007 年,第 308 页。
② 江澄清:《我国应以国内法规定领海之范围论》,《外交评论》1930 年第 5 期,第 2 页。
③ R. P. Anand, *Origin and Development of the Law of the Sea: History of International Law Revisited*, Hague: Martinus Nijhoff Publishers, 1983, p. 140.
④ 鹿守本:《海洋法律制度》,北京:光明日报出版社,1992 年,第 55 页。
⑤ 目之:《四海消息·海权·各国与领海范围》,《海事》1930 年第 3 卷第 7 期,第 104 页。
⑥ 目之:《四海消息·海权·各国领海范围统一问题》,《海事》1930 年第 3 卷第 10 期,第 97 页。

使领海宽度的选择,在国际上实际处于一种"无政府状态"。

不过,经过二战的洗礼与实践,沿海地区的国防安全已获得相当重视,实行宽领海制度的理念逐渐深入人心,"强国以小领海有利,弱国以大领海有利"[①]的观点得到进一步发展。在此背景下,各国惟按照本国的实际出发,作出合理的安排。十二海里制度日益成为最优化的方案。例如,苏联早已于十月革命后即继承沙俄时代的十二海里领海制度。[②] 根据一份材料显示,截至1956年世界上至少有6国实行十二海里的领海制度,[③]而至1958年第一次海洋法会议时,这一数字已经增至11国。[④]

综上所述,20世纪上半叶国际法学界对领海制度并无统一的规定,各国均根据本国的实际需要自行决定领海宽度,所谓三海里领海制度并未成为金科玉律,成为世界通行的标准。那么具体至美属菲律宾实行何种领海制度呢?

美西战争前,西班牙属菲律宾执行西班牙的领海制度,从1760年开始西班牙就实行六海里的领海制度,[⑤]1930年海牙国际法法典编纂会议上西班牙坚持六海里领海宽度,[⑥]至1950年代亦未改变。因此美西战争前夕,西班牙属菲律宾不会执行超过六海里的领海制

---

① 《中国领海界限范围》,《海事》1931年第4卷第9期,第73页。

② 尼古拉耶夫著:《国际法中的领水问题》,徐俊人等译,北京:法律知识出版社,1956年,第70页。

③ 6国分别是苏联、保加利亚、罗马尼亚、厄瓜多尔、哥伦比亚和危地马拉。参见尼古拉耶夫著:《国际法中的领水问题》,徐俊人等译,北京:法律知识出版社,1956年,第352页。

④ 11国分别是苏联、保加利亚、罗马尼亚、阿联、印尼、沙特、厄瓜多尔、埃塞俄比亚、危地马拉、委内瑞拉和利比亚。参见傅铸:《关于我国的领海问题》,北京:世界知识出版社,1959年,第8页。

⑤ 尼古拉耶夫著:《国际法中的领水问题》,徐俊人等译,北京:法律出版社,1956年,第49页。

⑥ 包遵彭:《海上国际法》,海军总司令部新闻处出版,1942年,第10页。

度,也就是其领海边界是从正常基线(低潮线)起向外推算不超过六海里。美西战争后,美属菲律宾执行美国的领海制度。而美国则一直严格执行三海里的领海制度。[①] 1793 年美国就已实行三海里领海制度,并日渐获得普及,以致 1927 年杰赛普(Philip C. Jessup)宣称:"鉴于相当的证据,因此当前的作者认为今天三海里宽度已是国际法上确立的一个原则。"尽管 1930 年海牙会议未能确定领海实行三海里,但这更多是由于在有必要设立一个用于缉私和捕鱼目的的独立区域上未能达成一致,而不是不承认三海里领海。[②] 这就是说,美属菲律宾群岛也执行三海里领海制度,因此其领海线就是以各个岛屿为中心向外划定三海里,其结果是菲律宾各岛屿及其领海被公海切割成了碎片,与 20 世纪上半叶的荷属东印度领海如出一辙,正如后来荷属东印度法令所指出的那样:1939 年《荷兰领海与海洋地区法令》(Netherlands' Territorial Sea and Maritime Districts Ordinance)规定荷属东印度(即今天的印度尼西亚)沿各个岛屿划定三海里领海,于是由上千岛屿构成的印度尼西亚群岛被公海切割成了碎片。[③]

除了以各个岛屿的正常基线(低潮线)向外划定三海里领海外,美属菲律宾的海洋边界还有所谓的渔业管辖线,其边界就是 1932 年渔业法案规定的菲律宾条约界限。对当时的国际规则而言,渔业管辖范围或捕鱼界限也未有明确的规定,各国可以依实际需求灵活划定。捕鱼界限并不以领海界限为据:如英国人过去在波斯湾、锡兰岛两处采取珍珠,其界限超出领海界限三海里以外。英美两国过去

---

① 宁墨公:《国际间领海界限之私议》,《军事杂志》1931 年第 34 期,第 39 页。

② Donald Rothwell, *The Law of Maritime Boundary Delimitation Between States: A History of its Development to the Present Day*, A Thesis of Faculty of Law, The University of Alberta, 1984, p. 27.

③ Charlotte Ku, "The Archipelagic States Concept and Regional Stability in Southeast Asia", *Case Western Reserve Journal of International Law*, Vol. 23, No. 3, 1991, p. 469.

在大西洋北岸捕鱼,对于沿海海湾之捕鱼权,有扩充至十海里之遥者。[1] 澳大利亚对巨累珊瑚礁区域的规定更为广阔,从托尔斯海峡到沙角约长1千海里。昆士兰沿岸的珍珠和海参的采捕,有时伸及离岸1百海里以上。突尼斯省长要求对突尼斯沿海的海绵场享有排他性的管辖权,即使这种海绵场超过了三海里界限。[2] 阿根廷将渔业管制权行使于领海外七海里宽的海域。[3]

因此以菲律宾条约界限为菲律宾渔业管辖线,在当时是合理的、可行的,尽管由菲律宾条约界限勾勒的不规则多边形其界限宽度在不同的方向上表现不一,"在其西南端最宽的是0.5—2海里,在南中国海一边是147—284海里,在太平洋一边是270海里"[4]。所以中国台湾方面提出,"包括菲律宾群岛南部广阔的苏禄海域在内的菲律宾群岛水域,当时只能被视作公海,他国在此享有捕鱼等权益"[5]这一观点,在当时看来并无充分的国际法依据。美国殖民统治菲律宾时期,他国若需在苏禄海域等菲律宾条约界限内的水域进行捕鱼作业的话,需要双方协商解决。

除了领海界限、渔业权利之外,对海关缉私等权利的行使,当时国际法学界也已从学理上予以承认。1927年世界国际法学会重议领海之范围,拟就国际规约草案一件。凡十四条。其第二条规定领海宽度为六海里。惟各国为施行法律、警政、及保卫、中立与卫生、海

---

① 傅角今:《我国领海界问题之研讨》,《地理教学》第2卷第4期,国立北平师范学院地理学系出版,1947年12月31日,第6页。

② 希金斯、哥伦伯斯合著:《海上国际法》,王强生译,北京:法律出版社,1957年,第117页。

③ 刘泽荣:《领海法概论》,北京:世界知识出版社,1965年,第127页。

④ 李金明:《菲律宾国家领土界限评述》,《史学集刊》2003年第3期。

⑤ 陈冠任:《"中华民国"渔权发展的历史考察(1912—1982)》,台湾政治大学硕士论文,2011年,第183—184页。

关等事起见，得以领海之外，再加六海里之附属海区。[①] 1928 年国际法学会接受了设立一种区域的原则，在这区域里一个国家可以采取"为它的安全、为维持对它的中立的尊重，为它的卫生及海关巡察以及为它的渔业"所必要的措施。这个补充地带的宽度不得超过 9 海里。[②]

在实践上，各国也早已有相应的立法规定。例如，美国曾与十六国订立《禁酒条约》，许可其领海外"一小时航行区内"对有贩酒嫌疑船舶实行临检搜索；[③] 1925 年《反走私法》（Anti-Smuggling Act）在"领海"外，复设一定区域为海关管理区。[④] 1935 年，《缉私法案》授权总统主张"海关执法区域"（customs-enforcement area），该区域可自海岸向外延伸 62 海里，沿一艘徘徊于美国海岸并被怀疑走私的特定船舶四周延伸 100 海里。[⑤] 法国 1817 年 3 月 27 日法律规定法国当局的监督范围为 20 公里。比利时根据 1832 年 6 月 7 日法律，主张在 10 公里界限以内可以要求临检船只和查阅货单。西班牙和葡萄牙都主张海关监督范围为 6 海里。意大利要求有一个 10 公里的地带，在这地带里面每一只船的船长都必须具备准他进入领水的护照。1921 年，挪威通过了一项法律，规定挪威海关法在 10 海里的海上界限内施行。[⑥]

以上这种领海之外"为实施关税、航行、警察、卫生、渔业或国防需要，设定权利"于某一范围的区域，类似于后来所谓的"毗连区"

---

① 江澄清：《我国应以国内法规定领海之范围论》，《外交评论》1930 年第 5 期，第 3 页。

② 希金斯、哥伦伯斯合著：《海上国际法》，王强生译，北京：法律出版社，1957 年，第 84—85 页。

③ 崔书琴：《国际法》（上册），上海：商务印书馆，1947 年，第 101 页。

④ 包遵彭：《海上国际法》，海军总司令部新闻处出版，1947 年，第 10 页。

⑤ 路易斯·B·宋恩等著：《海洋法精要》，傅崐成等译，上海：上海交通大学出版社，2014 年，第 130 页。

⑥ 希金斯、哥伦伯斯合著：《海上国际法》，王强生译，北京：法律出版社，1957 年，第 110 页。

(contiguous zone),当时也称作"毗连地带主义"(doctrine of the contiguous zone)。[①] 1930 年海牙国际法典编纂会议期间,很多国家已经对毗连区明确提出主张,"法国、德国、埃及、波兰等主张附加有毗连区的三海里领海,芬兰、挪威主张附加有毗连区的四海里领海,智利主张不附加毗连区的六海里领海,或附加有毗连区的三海里,西班牙、土耳其等主张附加有毗连区的六海里领海,而葡萄牙则主张十二海里领海或附加有毗连区的六海里领海"[②]。当然,此时关于毗连区的概念与具体权利规定,仍处于一种不确定状态,不可与后来的毗连区完全等而视之。

如若依据上述国际法涉海规定,美属菲律宾同样享有在三海里领海之外区域设定一定界限的"补充地带""海关执法区"或"毗连地带"等权利。不过,有鉴于美属菲律宾将菲律宾条约界限内水域已视作渔业管辖区,美菲当局对此相当海域内享有行政执法权,也无需另外专门设定上述的海域制度了。

综上所述,美属菲律宾的海洋边界由两部分构成:第一,领海线,以菲律宾各岛屿正常基线(低潮线)向外推算三海里为界;第二,捕鱼线或渔业管辖线,以菲律宾条约界限所定范围为界。除此而外,美国统治菲律宾时期的菲律宾再无其他海洋边界。

第二节 美属菲律宾边界形成中的
参与者有谁（Who）?

通过前文分析,美属菲律宾边界的形成完全是由殖民国家西班

---

① 包遵彭:《国家对领水管辖权》,《中国海军月刊》1947 年第 13 期,第 4 页。
② 魏敏主编:《海洋法》,北京:法律出版社,1989 年,第 14 页。

牙和美国主导的,在其边界局部调整与变动过程中牵涉的也是邻近的殖民国家——英国和荷兰。此外,曾经毗邻美属菲律宾的日本对菲律宾边界的形成也产生了一定影响。而本来享有菲律宾这块土地所有权和主权的本土居民——菲律宾人却未对菲律宾边界的形成发挥实质性影响,被完全排除在菲律宾边界问题决策圈外,仅充当着看客和承认既定事实的角色。这种强烈烙上殖民时代印记的现象随着后来非殖民化运动的兴起失去了生存土壤。

一、殖民国家西班牙与美国

西班牙和美国是美属菲律宾边界当之无愧的设计者和创立者。西班牙作为美西战争前菲律宾的宗主国,一手操办了西属菲律宾的北部边界和南部边界。1885 年西班牙、英国和德国三方,经过多年博弈,最终妥协,于马德里签署条约,其中确定了菲律宾群岛南部与英属北婆罗洲的边界,尽管这一划界仅停留于文本上,并未将其予以落实、标界,但有关边界划分的原则后来为美国所承认、继承,最终成为 1930 年菲律宾群岛与北婆罗洲边界划定的依据。1895 年西班牙与甲午战争后割占中国台湾岛的日本签署边界划分宣言,确定了以巴士海峡为两国在太平洋属地的分界线。西班牙时代确定的菲律宾南北边界后来成为美属菲律宾南北边界的直接来源,就此而论,西班牙无疑是美属菲律宾边界的创设先驱。

美西战争后美国和西班牙通过和平谈判,以具体经纬度的方式划定了所谓"菲律宾群岛"的边界。由于西班牙和美国分别作为战败方和战胜方,因此在菲律宾边界形成过程中,角色与地位直接决定了西班牙是美属菲律宾边界形成的被动方、接受者,而美国是美属菲律宾边界形成的主动方、创设者。早期对割让菲律宾群岛范围存在的争论,不仅仅存在于美国内部,也表现在西班牙与美国双方之间。前文述及,美西谈判之初西班牙对美国提出割占整个菲律宾群岛这一方案是不接受的,在西班牙看来,最多转让吕宋岛及其周边的岛屿,而南部棉兰老岛、苏禄群岛、北部的巴坦群岛等将继续为西班牙所控制,特别是南部那些所谓尚未接受基督教文明的、"未开化的"穆斯林地区。但当美国发出最后通牒并允诺给予适当补偿后,西班牙便不再坚持己见,甚至在支付可观补偿金的情况下,也能转让棉兰老岛和苏禄群岛等穆斯林地区。西班牙虽说在围绕割占菲律宾边界范围多大的谈判过程中表现出了较强的机会主义和逐利本性,但其作为战败方根本无力撼动美国一方业已形成的割占整个菲律宾群岛的决心。美国从其战略角度、政治经济军事角度出发,最终拍板决定割占整个西班牙属菲律宾群岛,从而左右了美属菲律宾边界的走向。可以说,携大战胜利之威的美国,毫无疑问是菲律宾边界名副其实的设计者。

1898 年美国与西班牙,虽有菲律宾边界方案主动为之与被动接受之实,却无承担菲律宾边界设计者和创始者这种角色差异之别。他们在美属菲律宾边界形成中充当同等角色。1900 年美西华盛顿条约之际,这种角色并无根本改变。不过相对而言,从谈判攻守态势上来看,本次西班牙一方要略胜美国一筹,其理由是:在完成 1898 年菲律宾主体岛屿的交割后,西班牙一方已显"无官一身轻",对菲律宾的利益处置从容不迫,而美国一方因接收菲律宾群岛反而变得患得患失,穷于应对。更为重要的是,就在围绕卡加延苏禄岛和锡布图岛主权归属争议之际,西班牙一方巧妙利用舆论战,适时抛出有意在苏禄群岛寻求海军基地的、野心勃勃的德国正与其接触这一重磅消息[1],无疑刺激了美国的敏感神经。遂使美国痛下决心,再次赎买两

---

[1] Lowell B. Bautista, *The legal status of the Philippine Treaty Limits and territorial waters claim in internayional law: national and international legal perspective*, Wollongong: Australian National Centre for Ocean Resources and Security, 2010, p. 74.

岛,以免夜长梦多,得不偿失,造成"卧榻之侧,德人鼾睡"之局面!

二、殖民国家荷兰与英国

美国割占西属菲律宾群岛之际,菲律宾群岛周边的国际格局表现在:其北部是新起之秀殖民国家日本,其与菲律宾隔巴士海峡而望;其南部分别是老牌殖民国家英国和荷兰,其中,英国控制着北婆罗洲、沙捞越和山打根一带,荷兰控制着南婆罗洲,西里伯斯海成为西班牙、英国和荷兰三国的连接地带。地理上的邻近决定了菲律宾南部边界的划分必将牵涉英国和荷兰两国。事实也是如此,除了签署1885年马德里条约对西属菲律宾群岛和英属北婆罗洲边界作出规定的英国外,20世纪初随着美国接管菲律宾南部诸岛屿,其与已在帕尔马斯岛建治设官的荷兰,发生了边界争议或岛屿主权归属争议。

1925年美国和荷兰将两国围绕帕尔马斯岛的主权争议提交给海牙国际仲裁庭,经过三年多的听证、答辩等程序,1928年独立仲裁员胡伯,以实际占有并连续有效行使行政管辖权将该岛主权判给了荷属东印度,为此即便该岛位于1898年美西确定的巴黎条约线之内、西班牙享有该岛的"原初权利",最终美国只得欣然接受。

1907年美国与英国开始就北婆罗洲沿岸两国属地边界划分一事进行接触,20年代末谈判工作进入实质性阶段,1930年两国正式签署针对菲律宾群岛与北婆罗洲的边界条约,确定了苏禄海、北婆罗洲沿岸中茫西群岛和海龟群岛的归属,并对部分岛屿的实际管辖权和岛上建筑设施的使用权做出了妥善安排,这种机制直至菲律宾独立之初完全收归部分岛屿管辖权为止。在此过程中,英国对菲律宾南部边界的形成所发挥的影响力不逊于美国。虽说西班牙是与英国一并确定了边界划定的基本原则,但其毕竟仅停留在纸面上,西班牙当局并未对南部岛屿进行过任何的调查研究,未将边界具体化、实践化。这种工作反而是由美国,特别是英国完成的,因为英国当时享有对北婆罗洲的治权,对北婆罗洲沿岸一带已有相当了解,还在部分岛屿上设治管辖。在美国统治菲律宾时期通过与美国的共同努力,英国对曾经西班牙一无所知、模棱两可的,但法律上享有主权的苏禄海域中的一些荒芜岛屿,进行了实地调查与走访,使其从模糊状态走向了具象化,从而使马德里条约中提及的西班牙不对北婆罗洲沿岸线至三里格以内岛屿主张主权的这一行动真正得以落实。

三、殖民国家日本

因为 1895 年日本与西班牙发表了划分两国太平洋属地边界的宣言,其确定的以巴士海峡为界原则,后来在美属菲律宾北部边界形成中得到了具体贯彻,所以日本也对美属菲律宾边界的形成间接产生了影响。对此相关内容,前文已有详述,这里不再赘述,本节重点探究美国统治菲律宾时期日本与美国于 1932 年围绕巴士海峡渔业管辖线问题进行的一场交涉。在本次交涉过程中双方涉及了菲律宾北部边界问题,而日本一方也对巴黎条约确定的美属菲律宾北部边界,也就是菲律宾群岛包括巴坦群岛,无异议。因此通过分析此次事件,可以从中管窥日本对美属菲律宾北部边界的真实态度。

1898 年美西签署巴黎和约时,尽管事实上双方是以巴士海峡中线为界,但条约文本对菲律宾北部界限的位置做了相互矛盾的处置,作为正式文件的条约本身存在瑕疵,极易给人留下口实,造成外交上的困扰。不出所料,20 世纪 30 年代日治下的台湾总督府果然因巴士海峡一带的渔业管辖线问题与美菲当局发生了外交纠葛,其中就涉及了菲律宾北部边界问题。其大致情况是:针对日籍台湾渔船多次侵入菲律宾管辖水域①,1932 年美国与日本的外交部门专门进行了交涉。为有效管控此类事件,后来台湾总督府出台行政令单方面规定以北纬 21°线为限,线以南的台湾渔船需获得总督府颁发的营业执照方能进行捕捞作业。然而以北纬 21°线为渔业管辖线的规定,却与美西巴黎条约规定的菲律宾北部边界为北纬 21°30′旨趣相去甚远,容易给人造成北纬 21°线为菲律宾北部实际边界、北纬 21°以北雅米岛等岛屿不属于菲律宾群岛组成部分的印象。就此美菲当局曾向日方提出交涉,但日方以承认雅米岛等岛屿属于菲律宾群岛为由,最终拒绝将行政令中设定的渔业管辖线从北纬 21°更正为北纬 21°30′。

美国外交档案真实记录了这一交涉过程。档案显示:当时管辖菲律宾群岛事务的美国战争部率先提出了台湾籍渔船入侵菲律宾管辖水域的议题,并要求菲律宾总督将近期发生的相关案件上报战争部岛务局(the Bureau of Insular Affairs)。1932 年 7 月 8 日,美国战争部下辖的岛务局局长帕克(Parker)向菲律宾群岛总督小西奥多·罗斯福(Theodore Roosevelt Jr.)致信,询问有关日籍渔船入侵菲律宾群岛水域的情况。8 月 15 日,罗斯福回函帕克表示:"通过检索菲律宾警察局、军方情报办公室、群岛海关署和执行局的档案,过去十年日籍海上电动船只非法进入菲律宾管辖水域的事件经常发生。在 1928—1931 这四年间,这样的案件大约有 20 件,大部分发生于巴坦群岛和巴布延群岛周边水域,米沙鄢群岛有一到两件,卡加延苏禄岛有一件。"

罗斯福在信中还指出,台湾渔船进入菲律宾水域主要是为了从

① 根据 1932 年美菲当局颁布的《菲律宾群岛渔业和其他水产资源修正案》,菲律宾管辖水域为 1898 年和 1900 年美西条约所勾勒的范围。其北部边界为北纬 21°30′。参见 Raphael Perpetuo M. Lotilla, ed., *The Philippine National Territory: A Collection of Related Documents*, Manila: Foreign Service Institute, Department of Foreign Affairs, 1995, p. 146。

事非法贸易:"查获或拦截的日籍船只通常声称是由于引擎故障而进入菲律宾水域的,但相关证据已否定了这一说法,这些于台湾登记的日籍船只是有目的性的造访菲律宾水域的,主要是进行非法贸易,并在无菲律宾颁发的营业执照情况下,非法从事捕捞作业,搜集海龟、海草、贝类等海产品,且大量砍伐岸上各类名目的藤条树木。"由于地理邻近,人烟稀少及群岛政府有限的使用巡逻船,巴坦群岛和巴布延群岛附近水域,成为日籍船只入侵的重灾区。为此,罗斯福向帕克表示,有两种方案可供选择以改变这一局面:"一是寻求与日本当局合作,从源头上打击非法入侵的船只,阻止来自台湾的船只再次进入菲律宾水域;二是加强相关水域的巡逻力度,对非法行为坚决予以打击。"①

就在美菲讨论台籍渔船问题时,美方就此问题也向日本方面作了反馈并要求日本采取行动。8月19日,美国驻台北领事馆领事约翰·凯查姆(John B. Ketcham)致信菲律宾总督罗斯福说,日本高层已向台湾总督府通报了近期发生的渔业事件,并指出了非法入侵事件的危害:"日本副外交大臣和日本驻马尼拉总领事已知会台湾总督府称,近年发生多起在台登记的日籍船只,或因天气或其他原因,入侵菲律宾管辖水域的事件,相关船员也被菲律宾政府,以涉嫌非法捕捞和贸易罪名扣留。菲律宾政府已决定加强巡逻,以打击这些非法入侵行为,类似的重复事件将会对日本与菲律宾群岛的友好关系造成影响,并对在菲日侨活动产生消极后果。"日本对该事件的定性是:"台湾总督府认为未对台湾登记造册的、于菲律宾南部菲律宾水域进行捕捞作业的船只进行特别管控,导致了海上事故和国际摩擦。"

---

① "The Governor General of the Philippine Islands (Roosevelt) to the Chief of the Bureau of Insular Affairs, War Department (Parker)", August 15, 1932, *FRUS*, 1932, Volume IV, p. 740.

　　为了改变这一情况,1932 年 7 月 2 日台湾总督府以第 33 号行政令颁布了《渔业法施行规则》。其中有一项对捕捞作业的范围作出了限制:"(a)在北纬 21°以南从事捕鱼活动的电动渔船,需获得台湾总督府颁发的营业执照。规则于当日生效,但规定规则出台前已于北纬 21°以南进行捕鱼的、船只总吨位不超过 20 吨的渔船与个人不受此限,直到其返回登记口岸为止。"[1]

　　台湾总督府行政令中对渔业管辖线为北纬 21°线的规定引发了美方的高度关注与直接交涉。1932 年 10 月 4 日,罗斯福致信帕克表示,"台湾总督府设定的北纬 21°范围会给人造成这样一种印象,即其为菲律宾群岛的北部边界"。但这是错误的,因为巴黎条约第三款规定,"一条边界从西向东沿着或靠近北纬 20°,通过巴士海峡的中间线,而美国海岸指引,菲律宾群岛卷,第一部分又说北部界限(巴士海峡的中间线)是北纬 21°25′"。这就包括了雅米岛和北岛,这两个岛均属于巴坦群岛,而该群岛属于菲律宾群岛的一个独立省份。因此,台湾总督府应采取措施更正行政令中的这一错误,以将设定的水域范围线与菲律宾北部边界北纬 21°25′相对应。[2] 对此,11 月 18 日国务卿卡斯尔(W. R. Castle)指示美驻台北领事馆领事凯查姆,向台湾总督府正式提出交涉,并要求其将交涉结果尽快向国务院汇报。[3]

　　1933 年 2 月 21 日,凯查姆向国务院作了汇报。在报告中,他说就此事其已多次与水产局局长和该局负责渔业事务的官员进行了接洽,但台湾总督府官员对以任何形式将菲律宾边界问题写入第 33 号

---

[1] "The Consul at Taihoku (Ketcham) to the Governor General of the Philippine Islands (Roosevelt)", August 19,1932, *FRUS*, pp. 742 - 743.

[2] "The Governor General of the Philippine Islands (Roosevelt) to the Chief of the Bureau of Insular Affairs, War Department (Parker)", October 4,1932, *FRUS*, p. 743.

[3] "The Secretary of State to the Consul at Taihoku (Ketcham)", Novermber 18,1932, *FRUS*, p. 744.

行政令的文本均表反感。因为他们毫无妥协地坚持行政令的目的在
于防止船只灾难和国际争端。凯查姆在信中也提及了其已向日方提
出相关规定可能带来的忧虑:行政令规定的北纬21°线十分靠近菲
律宾北方的实际边界(北纬21°25′),规定有被理解为允许在北纬21°
以北不受任何限制进行捕鱼活动的倾向,因此事实上已被菲律宾总
督误解成北纬21°成为了菲律宾群岛的北部边界。不过,水产局局长
在考虑数日后向凯查姆作出了回复:只有在对方缺乏有效权威政府
的情况下,台湾总督府才会倾向于尝试定义另一国的边界。第33号
行政令修正案并未考虑这一点,因为行政令起草时人们心目中(台湾
与菲律宾群岛的)边界根本不存在问题。

由于日方态度强硬,凯查姆只好做出妥协,另觅他途,要求总督
府通知台湾渔民承认"位于北纬21°以北的雅米岛和北岛均属于菲律
宾群岛"这一事实。对此建议总督府表示了同意。2月18日台湾总
督府代理总督、内务局局长小滨(Kiyokame Kohama)在给台湾当地
官员的指示中明确指出,鉴于北纬21°被部分人误解为菲律宾群岛的
北部边界,这里需要指出该线以北的雅米岛、北岛等岛屿属于菲律宾
群岛。因此,凯查姆在给国务院的报告中最后表示,尽管意识到与日
方的交涉结果与国务院所期望的不完全一致,但在这种情况下其相
信这已是能取得的最好结果。[①]

根据上述历史事实,美菲当局是以台湾总督府承认北纬21°以北
的雅米岛、北岛属于菲律宾,而未对台湾总督府渔业行政令中渔业管
辖线具体位置作出调整告终的。尽管当时美国的外交努力只能取得
上述安排,但其所示担忧却一语成谶,给后来台湾当局质疑巴坦群岛
主权地位未定提供了口实。可以说,正是1932年台湾总督府对雅米

---

① "The Consul at Taihoku (Ketcham) to the Secretary of State", Februray 21,1933,
  FRUS, pp. 745 - 746.

岛等岛的言行不一——颁布的第 33 号行政令以北纬 21°为其渔业管辖线、是将雅米岛划在其管辖区内,而口头上与内部往来的官方公文上又承认雅米岛和北子岛属于菲律宾群岛所有——埋下了后来台湾方面声称部分巴坦群岛(雅米岛和北岛)存在主权争议的祸根。

例如,台湾地区学者陈鸿瑜就撰文认为:"美国和台湾总督府,曾经对台湾与菲律宾之间的海域分界与捕鱼问题进行交涉,其谈判的结论如下:第一,从 1932 年起台湾的机动船延绳钓渔船在北纬 21 度以南的海面作业,需经台湾总督府之同意……第三,台湾渔船只要经由台湾总督府同意,即可在北纬 21 度以南捕鱼作业,台湾总督府不接受美国的干预。第四,台湾总督府不承认巴丹岛、北子岛属于菲律宾所有。第五,台湾总督府不承认以北纬 21 度作为台湾与菲律宾之间的海域界线。据此,美国侵占巴丹岛等领土不被日本所承认,故日本不承认以北纬 21 度作为台湾与菲律宾的海域分界线。"[1]

事实上菲律宾北部边界在美西巴黎条约签订之际业已确定,1935 年菲律宾自治政府宪法也对此作出了符合实际的规定,并不存在台湾地区后来所谓的巴坦群岛主权存在争议问题。换言之,台湾地区与菲律宾在巴士海峡之间根本不存在岛屿主权争议。而 1932年台湾总督府对渔业管辖线的规定本身也未导致后来台菲之间海域管辖权争议,当前台菲海域管辖权争议是后来根据《联合国海洋法公约》确定的相关海洋权益引发的,不过这已是后话。[2]

通过上述内容的分析,我们可知,尽管日本承认菲律宾北部边界

---

[1] 陈鸿瑜:《菲律宾之领土和领海主张》,发表于中央研究院人文社会科学研究中心亚太区域研究专题中心海洋史研究之演讲内容,台北,2013 年 10 月 4 日,尚未出版。转引自,林秉翰:《台湾与菲律宾的海域立法以及海域冲突——以广大兴 28 号事件为例》,淡江大学亚洲研究所硕士论文,2015 年,第 16 页。

[2] 有关台菲巴士海峡一带重叠海域划界问题,参见陈鸿瑜:《南海诸岛之发现、开发与国际冲突》,台北:国立编译馆,1997 年,第 402—417 页。

为北纬 21°25′,承认巴坦群岛属于美属菲律宾,但其执行的渔业法令却别出心裁炮制出一套以北纬 20° 为渔业管辖线的说辞,究其目的,无非是为了在承认雅米岛等岛屿主权归美属菲律宾所有前提下,让日籍渔船渔民能在更为广阔的海域,表现为深入菲律宾条约界限所划水域内,进行捕捞作业,从而谋求本国渔业事业的利益最大化。在当时海洋法尚处幼稚阶段,沿海国可自行颁布渔业管辖区的背景下,日本的做法并无不妥之处,他国只能听之任之。本研究无意对日美围绕巴士海峡渔业管辖线问题进行更为深入的探讨研究,但就本次渔业问题交涉来看,其已成为一块管窥这一时期日本对美属菲律宾边界观的试金石,日本对美属菲律宾边界的态度或立场,彰明较著。

四、菲律宾自治政府

殖民大国对美属菲律宾边界形成中发挥的作用及影响力已如上所述,西班牙、美国、荷兰、英国和日本,无疑是菲律宾边界形成中的主导者和决策层,而世居于菲律宾群岛的本土菲律宾人民并未在其中发挥多大的作用。这是殖民时代殖民地人民无可奈何的选择。不过,对于菲律宾人民而言,随着 1916 年美国颁布《琼斯法案》及 1934 年《泰丁斯—麦克杜菲法案》出台,进入 30 年代菲律宾开始进入了自治轨道。1934—1935 年菲律宾自治政府对本国领土的法律化顶层规划,可视为这一时期菲律宾人民擘画国家领土边界的初次尝试。

1934 年领土划界委员会对巴黎条约中菲律宾北部边界模棱两可的条约文本进行了再确认,扫除了佶屈聱牙的文本所造成的障碍;对帕尔马斯岛和海龟群岛、"一减一增"岛屿问题也作了说明。1935 年自治政府宪法有关国家领土的文本加入了"现菲律宾政府行使管辖权的所有领土"的字样,亦从法律上保证了菲律宾国家领土的完整,排除了南部穆斯林地区独立出去的可能。1937—1938 年美菲内部对菲律宾条约界限是否具有可变性的讨论,也让菲律宾上层政治精英体会到了国家领土边界的重要性和严肃性。经过这些事件,菲律宾人民一定程度上参与了菲律宾边界的形塑工作,尽管这种工作仅是照本宣科式、对既定事实的整理与确认。

这里需要提及的是,菲律宾部分政治人物曾于 30 年代对南海中部分岛礁发生兴趣,并扬言依据美西巴黎条约将其纳入菲律宾群岛。1933 年中法围绕南沙群岛主权归属发生"九小岛事件"后不久的 8 月12 日,菲律宾前参议员陆雷彝(Isabelo de los Reyes)就认为根据巴黎条约和地理邻近原则,法国所占九小岛应为菲律宾所有,要求美国政府交涉。当时的菲律宾总督墨斐(Frank Murphy)将其要求转达华盛顿,未加本人意见。[①] 8 月 19 日墨斐曾致信法国驻菲领事威洛奎特(IIon G. Willoquet)表示,其已告知陆氏不认为干预此事是正确的。[②] 但陆氏不以为然,其后又陆续举行了数场新闻发布会,进一步充实其观点,认为:"在我们自己的领土上,允许法国或日本控制这些岛礁,并在岛上筑城防御、武装他们,然后来攻击我们自己,这绝对是个大错"。

陆氏的危言确实引起了政治精英的注意。9 月 1 日国会一个以参议员基里诺(Elpidio Quirino)为主席的委员会提出要研究该问题。一些学者,比如圣托马斯大学以研究基督教教会法规见长的亚拉神父(Father Ylla)也认为,这些岛屿应该被纳入巴黎条约,它们应被视为无主地。这时位于马尼拉的海岸与大地测量局局长鲁斯博士(Dr. Lucc)也表示,"这些位于巴黎条约线之外、无明显商业价值的岛屿,作为飞机中转基地(aerial bases)可能对菲律宾而言是

---

① 韩振华主编:《我国南海诸岛史料汇编》,北京:东方出版社,1988 年,第 545 页。
② 参见邱显存:《殖民时期美国对菲律宾政策中的南海问题研究》,《历史教学问题》2017年第 5 期,第 38 页。

有用的,因为在未来设立与柬埔寨的空中航线时可以将其作为一处枢纽"。

　　然而 10 月 9 日美国国务院在询问菲岛当局后,最终确定了美国的立场:"……法国占领的这些岛屿位于巴黎条约定义的菲律宾边界外 200 海里。而且这些岛屿位于一大片浅滩海域——航海图将其命名为'危险地带'的另一侧。因此这些岛屿相当遥远,处于菲律宾界限之外……"[1]"依照美西条约,菲律宾领域内其最接近新南群岛(我南沙群岛——引者注)之部分,在北纬 7°40′,由东经 116°达东北北纬 10°东经 118°一线,该新南群岛系位于该线之 200 里外,故不能认为美国领域。"[2]

　　可见,当时美国国务院及在菲总督与菲律宾部分上层精英,对法占九小岛一事的反应与南沙群岛的态度是存在分歧的。尽管美国国务院以位于巴黎条约之外为由否认九小岛属于菲律宾群岛,并对九小岛事件采取不介入立场[3],但菲律宾本土的一些人士仍冥顽不化,执迷不悟,特别是负责调查此事的时任参议员基里诺,更是不甘失败,1937 年已跻身菲律宾自治共和国内务部长的基里诺,就以政府的名义正式向美国国务院提出声索南沙群岛主权的主张。"不幸的是,国务院认为这样做不合适。这些岛屿显然没有正式的拥有者,尽管从地理上说,菲律宾应该是其最恰当的声索国。"[4]由于当时美国还对菲律宾群岛享有统治之权,尽管这时存在部分菲律宾本土上

① 以上均参见 François-Xavier Bonnet,"The Spratlys: A Past Revisited",*World Bulletin*,Volume 23,July-December 2004,Institute of International Legal Studies,University of the Philippines Law Center,pp. 18 - 19。

② 钮仲勋、文焕然:《南沙群岛的历史沿革》,载中国科学院南沙综合科学考察队编:《南沙群岛历史地理研究专集》,广州:中山大学出版社,1991 年,第 56—57 页。

③ 参见栗广:《1930 年代美国对南海争端的立场评析》,《太平洋学报》2016 年第 7 期。

④ S. P. Vak. Jr.,"Third Conquest of the Philippines?"*Pacific Affairs*,Vol. 14,No. 3 (Sep. , 1941),p. 287。

层人士将南沙部分岛屿"纳入"菲律宾群岛的声音，但美国国务院和美驻菲总督从本国利益出发，坚持采取不支持、否定立场，以巴黎条约为据，否认这些岛屿为美属菲律宾领域。易言之，在九小岛事件后美菲当局认为菲律宾的西部岛屿边界并未超出菲律宾条约界限。

30年代菲律宾本土人士对本国领土边界问题的积极介入，有其两面性。一方面，在实行民族自治背景下，学习如何管理国家日常事务，已成为菲律宾人的重要课题。而介入早期由殖民大国一手操办、将菲律宾人排除在决策与规划圈之外的边界问题，无疑强烈地提升了菲律宾人的主人翁意识，这对培养民族国家意识、训练管理国家领土边界的能力等方面，不无裨益。另一方面，随着菲律宾本土民族主义的勃兴，菲律宾人的民族自尊心与自信心日益增长，其对自身驾驭风云变幻国际局势的能力，作出了不切实际的预期，尤其是对国土安全的心理防线的设置超出了既有的历史事实，对某些地区的领土声索与主张，大有走上"帝国主义"的倾向。可见，如何平衡主人翁意识与民族主义情绪，如何在波诡云谲的国际局势面前恰如其分地设置本土的安全防线并充分尊重既有的历史事实，无疑是菲律宾自治过程中亟待解决的重大问题。

第三节　美属菲律宾边界通过
何种方式形成（How）？

从国际法角度看，西班牙属菲律宾是通过"发现""先占"及"时效"原则取得的，而1898年美西战争后西班牙又通过割让方式将菲律宾群岛转让给了美国。1946年菲律宾独立后则通过国家继承原则继承了美属菲律宾。[①] 对于美属菲律宾而言其边界形成主要涉及的国际法依据是割让。而对菲律宾边界形成具有重要影响力的殖民大国间的双边外交谈判和国际仲裁,特别是美国与美属菲律宾邻近国家的双边协商谈判,及确定的国际条约,是美属菲律宾边界形成的最主要方式。

一、时效、割让与美属菲律宾边界的形成

在正式进入正文分析前,这里需要对国际法上领土取得方式作出特别说明。近代以来国际法上确立的领土取得方式带有严重的"西方中心论"色彩,是西方戴着有色眼镜观看欧洲之外世界的产物,其背后隐藏的诸多非正义性、暴力、荒谬之处,不胜枚举,亦为后世所诟病、口诛笔伐,自不待言。不过本研究认为国际法作为西方话语权体系的重要组成部分,在西方殖民大国殖民化过程中逐渐为殖民地所接受并持续至非殖民化运动以后,成为新独立国家对外行为的重要指导方针,这也包括本研究的对象——菲律宾,因此运用国际法来分析美属菲律宾边界的形成时,从逻辑上就便于与这些国家的一些理念及其背后的西方世界进行直接"对话",从而在对话交流过程中达到以子之矛攻子之盾效果。

传统国际法规定了五种取得领土的方式,分别是割让、占领、添附、灭亡和时效。[②] 这五种方式经历了一个逐渐发展演变的过程,至19世纪末大致形成。首先,国际法上领土取得理论肇始于地理大发

---

① Lowell B. Bautista, *The legal status of the Philippine Treaty Limits and territorial waters claim in internayional law : national and international legal perspective*, Wollongong: Australian National Centre for Ocean Resources and Security, 2010, pp. 60–69.

② [英]劳特派特修订:《奥本海国际法》,王铁崖、陈体强译,上卷第二分册,第69页。

现时期,当时为减少欧洲列强争夺新领土而引发的纠纷和冲突,各国有意形成共识,确立一特定游戏规则。起初,罗马教皇以颁布诏书方式将新发现的地区划定界限,分给航海业比较发达的西班牙和葡萄牙。国际法学家认为,这样的方式是希望建立领土之主权来源,对两国产生拘束力,并有对抗第三国的效力,此时尚与"发现"概念无关。

16世纪中后期以后,随着荷兰、英国和法国的海外领土快速扩张与竞争,教皇诏书已无法解决各国领土争端,因而产生以"发现"作为领土取得的要件。"自十五世纪以来,各国政府的官方行为和实践表明,日益倾向于承认一个新发现地方的象征性合并行为,作为占有的权利。""不加占领的单纯发现在十六世纪前后是可以赋予权利的。"[1]"发现"伴随着在领土上竖立本国旗帜,或展现具体的登陆行为。通过此,对新领土的所有权因而得以建立。直到18世纪,"发现"是取得领土原则中最古老、最传统及最重要的原则。进入19世纪,随着欧洲资产阶级革命的先后成功,西欧列强在海外扩大殖民地、抢夺资源与商品市场的竞争日益激烈。此时领土取得的要件也随之发生变化。经过柏林会议后,多数(欧洲)国家认为,除非该领土上发展出欧洲国家的社会模式,否则可被视为无主地,以占有的方式取得,有效占领的概念遂应运而生。[2]

因此,在解析20世纪上半叶菲律宾边界形成过程中的国际法依据时,我们必须严格遵循这样一种原则,即不同时期的领土取得或领土变更,应以那个时代相应的国际法上领土取得规则为标准,也就是说要运用"时际法"的规则来作具体问题的分析。归纳起来,自菲律宾群岛"诞生"至20世纪上半叶菲律宾边界最终形成,其中涉及的领

---

① 赵理海:《海洋法问题研究》,北京:北京大学出版社,1996年,第5页。
② 刘千绮:《两岸有关南海争议岛屿主权主张之作为——以国际法中有效统治原则之探讨为核心》,"国立清华大学"科技法律研究所硕士论文,2012年,第27页。

土取得规则相继有：时效原则、割让原则和国家继承原则，而国际条约又贯穿其始终。

（一）第一阶段：时效原则

菲律宾的"诞生"及西班牙取得对菲律宾群岛三百年的殖民统治，理论上符合近代国际法上的"时效"规则，而非"率先发现"或"先占"规则。国际法上通行的"时效"定义是：在足够长的一个时期内对于一块土地连续地和不受干扰地行使主权，以致在历史发展的影响下造成一种一般信念，认为事物现状是符合国际秩序的，因而取得该土地的主权。[1] 时效规则必须符合以下几个要件：首先，占有的对象是他国的土地，这种占有原本是一种非法占有；其次，当事国在占有过程中必须长期而安稳的行使事实上的主权；最后，原主权所有国明知对方的占有行为却没有采取抗议或抵制措施，构成事实上默认。时效制度的本质是使那些原本非法取得行为的合法性，无法得以证明的有疑问的权利，随着时间的推移合法化。[2] 在国家实践中，即使一个国家的部分领土是经由不正当方式取得，只要占有者在相当长的时间内不受干扰且和平地实行占有，以致造成一种现状符合国际秩序的信念，那么这个国家就可能被视为这块土地的合法所有者，从而取得该领土的主权。[3]

西班牙获得菲律宾群岛乃其通过"非法"手段从葡萄牙手中夺取的结果。在西班牙正式拓殖并彻底占有菲律宾群岛的 16 世纪中叶

---

[1] ［英］劳特派特修订：《奥本海国际法》，王铁崖、陈体强译，上卷第二分册，北京：商务印书馆，1989 年，第 126 页。

[2] Malcom N. Shaw, *International Law*, Cambridge：Cambrige Press，2003，p. 426. 转引自，田辽：《南海争端的相关法律问题研究》，武汉大学博士学位论文，2013 年，第 30 页。

[3] Louis and Henkin, *International Law：Cases and Materials*, St. Paul，Minn.：Weat Publisher，1993，pp. 322 - 323. 转引自陈希杰：《从国际法观点分析南海主权争端与中华民国的南海政策》，第 7 页。

以前,菲律宾群岛从国际法上讲应"归属"葡萄牙一方。这从以下三处事实中可以得到证明。

1493年教皇亚历山大六世谕令,以大西洋中亚速尔(Azores)和佛得角群岛(Cape Verde Islands)以西100里格处为界,将线以西新发现土地分配给西班牙,以东地域划归葡萄牙。第二年,西班牙同意葡萄牙将此线向西移至佛得角以西370里格处的意见,是为托德西拉斯条约(Treaty of Tordesillas)。按照均分规则,菲律宾群岛事实上被划归葡萄牙一方。是其一。

1512年葡萄牙人率先航达马鲁古群岛,在东航过程中,葡人亦"发现"了菲律宾的南部岛屿。按照早期的国际惯例,简单的发现即可作为获取领土的法律依据,故而理论上讲此时菲律宾群岛应归属葡萄牙。是其二。

当1521年麦哲伦航抵"西部群岛"及马鲁古群岛后,西葡两国为后者的归属发生了争执,双方均宣称对其享有权利。为此,1529年4月22日签订的萨拉戈萨条约(Treaty of Zaragoza)规定两国在太平洋的势力范围,以马鲁古群岛以东17度或297.5里格(1763公里,952海里)处为限,线以东属西班牙,线以西属葡萄牙。按照条约的规定,菲律宾群岛被划归葡萄牙的一侧。[1] 是其三。

然而,1542年西班牙国王却命令维拉洛博斯再次远征探险菲律宾群岛,后又于60年代正式命令黎牙实比占领菲律宾。在此过程中,位于马鲁古的葡萄牙人斐雷拉曾数次率舰封锁、登陆宿务,企图将西班牙人驱逐出去,但最终以失败告终。

葡萄牙人早期从法律上对菲律宾群岛的享有、西班牙人对菲律

---

[1] 李长森:《16世纪西葡两国在马鲁古群岛的争夺和托尔德西里雅斯条约》,李向玉、李长森主编:《明清时期的中国与西班牙国际学术研讨会论文集》,澳门理工学院,2009年,第303页。

宾群岛的实际占领,及葡萄牙人驱逐西班牙人于菲律宾之外的行动失败,继而对西班牙人占领的默认,事实上造成了西班牙人对菲律宾群岛的"非法"占领,在经过西班牙长期、持续不断的行使主权后,这一情形获得了法律上和事实上的国际承认。这成为1898年美西战争后,西班牙能够转让菲律宾予美国的重要法律基础之一。① 西班牙对菲律宾群岛的"实际占领"并不是其获得菲律宾群岛主权的法理依据,尽管该方式在西班牙获取菲律宾群岛过程中发挥巨大效力;葡萄牙对菲律宾群岛的"最早发现"和条约规定也未使得其最终获得了菲律宾群岛的主权。

19世纪中叶,随着各大国掀起瓜分世界的浪潮,以条约方式划分各自势力范围,进而取得占领某地的优先权,成为一时之风尚。在19世纪后半期,各国希望取得大量土地作为它们的殖民地,但是它们又不能立刻有效地占领这些土地,因此它们就和居住在这些未被占领的土地上的土著酋长订立协定。依据这种协定这些酋长置身于作为国际社会成员的国家的"保护关系"之下。被保护地是占领的先声。而占领的范围的不确定性,以及每一个殖民国家都有不断地和逐步地,将它的占领向被占领领土的内部或"内地"扩展的趋势,导致了有些在非洲拥有殖民地的国家,用和其他有利害关系的国家订立国际条约的办法,来获得"势力范围"。势力范围是指专门保留由已经有效占领了邻近土地的国家,将来加以占领的那些土地。这些方法可以避免未来的争端。②

对菲律宾群岛,19世纪中后期欧洲列强在苏禄群岛,也通过上

_____

① 菲律宾当时虽已成立共和国,但尚未获得国际社会的普遍承认,这意味着从严格的法律意义上讲,其并不能作为独立的国际法主体而免于被原宗主国西班牙转移其予美国的命运。

② [英]劳特派特修订:《奥本海国际法》,王铁崖、陈体强译,上卷第二分册,北京:商务印书馆,1989年,第79—80页。

述确立保护国关系，进而划分势力范围的方式，为确立各自在苏禄地区的利益作准备。1851 年和 1878 年西班牙与苏禄苏丹签订的条约，分别确立了双方的保护、被保护关系。而 1878 年和 1885 年西班牙、英国和德国三方签订的关涉苏禄群岛条约，又划分了各自在苏禄海的势力范围。其中特别规定了西班牙未来可以正式占领的区域。这些条约、协定为西班牙最终占领苏禄群岛、从法律上获取整个苏禄群岛主权，进而确立对整个菲律宾群岛的主权奠定了基础。

（二）第二阶段：割让原则

美西战争后，双方通过和平条约将菲律宾群岛的主权作了转移。这里涉及的是国际法上的领土"割让"原则。国家领土的割让是由领土所有国将对国家领土的主权转移给另一个国家。实行割让的唯一形式是由让与国和取得国以条约签订协议。割让的效力并不有赖于交付，因为割让已经由割让条约的批准而完成了。[①] 西班牙享有对菲律宾群岛的所有权，为其割让菲律宾群岛给美国提供了法律基础；1898 年巴黎和平条约的签订及双方立法部门对之的批准，使菲律宾群岛的这一割让行动具备了法律效力。1946 年 7 月 4 日，菲律宾正式获得独立，其又通过国家继承（the succession of state）方式从美国手中获得了菲律宾群岛的主权。

以上分析主要聚焦于菲律宾的陆地领土——岛屿部分，那么由诸多岛屿构成的菲律宾其水域情况又是如何演变的呢？大航海时代以降西班牙在"南海"（太平洋）地区享有的"主权"区域经历了一个由全部岛屿、海洋到部分岛屿、部分海洋再到局部岛屿、少部分海洋的不断消散过程。通过《托德西拉斯条约》和《萨拉戈萨条约》，西班牙和葡萄牙两国将"新世界"内发现的一切岛屿、海洋和大陆进行了分

---

① ［英］劳特派特修订：《奥本海国际法》，王铁崖、陈体强译，上卷第二分册，第 70—72 页。

割与占领,"将(托德西拉斯条约所定)界限之内(以东)的所有海洋、岛屿和大陆划归葡萄牙国王、其王国及其继承者"[1]。此后一个世纪"南海"事实上成为西班牙的"内湖"。进入 17 世纪随着荷兰的崛起,特别是荷兰法学家雨果·格劳秀斯(Hugo Grotius)对"海洋自由"的雄辩论证,使后起殖民大国荷兰、英国、法国等开始挑战葡萄牙,尤其是西班牙在太平洋的海上霸权,"内湖"格局逐被打破。

18 世纪中期,西班牙与英法两国于七年战争后因福克兰群岛(Falkland Islands,即马尔维纳斯群岛,Islas Malvinas)的争端,使西班牙倾向于对岛屿的占领由原先的"发现权"转向需要"有效定居"。这一立场标志着西班牙对"新世界"的领土权利首次遭致重大挑战。1790 年,努特卡公约(Nootka Conventions)后西班牙承认了英国在太平洋享有航行权和捕鱼权。[2] 西班牙在"新世界"的海洋区域由此被迫对外开放。1880 年,柏林会议后"有效占领"成为各国占领"无主地"的有效方式之一。这进一步削弱了西班牙对"新世界"的领土权利。至 19 世纪末,就西班牙在菲律宾群岛享有主权的领土而言,其仅限于实际占领的岛屿、由国际条约规定势力范围内未占岛屿和一定范围内的领海(西班牙主张十二海里)。因此美西战争后西班牙仅可将上述享有权利的区域割让给美国。

由于美西战争之际美国实行三海里领海制度,因此美国统治菲律宾时期菲律宾的领海就严格限定在三海里,至菲律宾独立之际亦不曾改变。1932 年美菲当局颁发渔业法令,将菲律宾条约界限内的所有水域称之为"菲律宾水域"。尽管当时国际法上对领海之外一国享有的其他海域权利并未有着成熟的、明文规定,但可以确定的是,

[1] Emma Helen Blair & James Alexander Robertson, eds., *The Philippine Islands 1493 -1529*, Vol. I, Mandaluyong: Cachos Hermanos Inc., 1973, p. 117.

[2] Rainer F. Buschmann, *Navigating the Spanish Lake: the Pacific in the Iberian World*, *1521 -1898*, Honolulu: University of Hawai'i Press, 2014, pp. 20 - 21, p. 45.

菲律宾不能将菲律宾条约界限内的所有水域视作其领海,菲律宾对所谓的"菲律宾水域"只能享有行政管辖权,而非主权。因而至1946年独立之际美属菲律宾享有的海洋权益,就表现在两个方面:一是在以各岛屿正常基线(低潮线)向外划定三海里的领海内享有主权;第二,在以菲律宾条约界限为界的海域内享有行政管辖权,特别是渔业管辖权。这种管辖权后来随着海洋法的成熟与完善,逐渐被抛弃或被新的海洋权益所替代。

综上所述,美属菲律宾边界的形成实质上是自殖民时代以来,统治菲律宾群岛的主体不断利用"时效法"的具体理论与实践共同作用的结果。西班牙通过征服和时效原则,对法理上"属于"葡萄牙的殖民地进行了长期有效的占领与管辖,因而获得了对菲律宾的统治权利。1898年通过割让方式,西班牙将菲律宾的主权转移给了美国。1946年,作为殖民地的菲律宾又从美国获得独立,并以"国家继承"方式获得美属菲律宾群岛。美属菲律宾边界的形成,就是统治菲律宾群岛的主体对国际法中领土取得方式的直接展示与实践。具有法理意义的美属菲律宾岛屿边界就是所谓的"菲律宾条约界限",唯有"条约界限"圈定的岛屿才是美属菲律宾的陆地领土,其海洋边界或海洋权益则包括两个层面:一是以各岛屿正常基线(低潮线)向外推算三海里的领海(此时并无所谓的群岛基线);一是菲律宾条约界限以内、三海里领海之外、美菲当局仅拥有管辖权而非主权的菲律宾水域。

二、双边协商谈判与美属菲律宾的条约边界

美属菲律宾边界肇始于美西战争后双方签署的巴黎条约及其对菲律宾群岛边界的规定,通过割让方式美国攫取了菲律宾群岛。其后美属菲律宾边界的调整和变动,则是通过美国与邻国间的双边协

商谈判、签订边界条约及国际仲裁来完成的。1900年美国与西班牙通过双边协商谈判后签订了将卡加延苏禄岛和锡布图岛纳入菲律宾群岛的华盛顿条约;1930年美国与英国也通过双边协商谈判解决了菲律宾群岛南部与北婆罗洲之间的边界,以条约的形式具体规定了美属菲律宾的边界走向。1932年美菲当局还与日本围绕巴士海峡一带的渔业管辖范围及雅米岛主权归属进行了直接外交接触与交涉。除此之外,1925—1928年间美国与荷兰通过国际仲裁解决了帕尔马斯岛的主权归属问题。

美属菲律宾边界的形成过程强烈地表明,双边协商谈判、签订边界条约是解决边界问题的主要手段。正如奥本海国际法所说,采取和平解决边界的最简单手段是有关各方能够达成协议,订立边界条约。[①] 相较于其他和平解决争端方式,谈判固有的属性决定了其成为争端解决的最主要手段。根据许光建主编《联合国宪章诠释》的解释:谈判是指两个或两个以上的国家为了有关冲突、矛盾或争端得到谅解或求得解决而进行的直接交涉,包括当面澄清事实,阐明观点,沟通感情,消除隔阂和误会,增进相互了解和信任,以寻求双方都能接受的解决办法。在国际实践中,谈判是和平解决争端的基本或首选方法,可适用于一切类型的国际争端。谈判的特点是:①直接性。争端当事国之间面对面地直接交换意见,自始至终地参加和掌握谈判的整个过程。②灵活性。适用于各种类型的国际争端,包括政治性的、法律性的、事实性的、技术性的和混合性的各种争端。③有效性。一方面,谈判时各国最经常用来解决争端的方法,虽然不能全部取得圆满或成功的结果,但在实践中确实解决了大多数的争端。另一方面,由于谈判是争端当事国之间面对面进行的,其谈判结

---

① [英]劳特派特修订:《奥本海国际法》上卷第二分册,王铁崖、陈体强译,北京:商务印书馆,1989年,第60页。

果一般能够得到争端当事国的执行或遵守。④充分尊重了有关国家的主权和尊严。在谈判桌上,争端当事国在理论上处于完全平等的地位,它可以提出、接受、拒绝或修正任何解决争端的建议而不失去面子。⑤不影响争端当事国采用其他和平解决争端的方法。① 因此,相关国家通过谈判或协商,通过订立边界条约来解决争端,既简单易行,又合理有效。具体至美属菲律宾边界的形成过程,尽管有通过仲裁解决争端的历史,但双边协商谈判无疑成为其主流。

通过双边协商谈判,其结果最终是为了签署划定双边边界的条约(协定、议定书),形成所谓的条约边界(还有历史边界或继承边界)。"边界不是自然地存在于一个国家领土与他国领土之间,而通常是依据历史事实或有关国家签订的条约加以确定的。国家边界的形成有三种情况:有的是在长期的历史过程中形成;有的是通过条约划定的;有的是从原国家继承而来的。当前多数国家的边界都是根据条约划定。国家通过条约确定边界主要有两种情况:一种是签订专门的边界条约,对国家间的未定边界予以确定或者对原有边界作某些调整;另一种是通过缔结和约变更原国家的领土或者确定新国家的领土,划定国家边界。条约边界准确明了,不易产生争议。事实上,条约边界往往是在历史边界的基础上划定的,两者有着一定的联系。"②根据上述内容,美属菲律宾边界就是通过 1898 年、1900 年和 1930 年三个国际条约确定的条约边界。其又属于国家通过条约确定边界的第一种情况,即是美国与他国签订专门的边界条约,对菲律宾的未定边界予以了确定:1898 年巴黎条约初步对所谓的菲律宾群岛进行了边界确认;1900 年华盛顿条约则对 1898 年确定的边界作出了局部调整;1930 年美英华盛顿条约又对菲律宾南部与北婆罗洲

① 许光建主编:《联合国宪章诠释》,太原:山西教育出版社,1998 年,第 225—226 页。
② 李寿平等主编:《国际公法教程》,北京:对外经济贸易大学出版社,2007 年,第 44 页。

间虽已于 1885 年马德里条约进行了定界、但尚未对其进行划界和标界的边界进行了确认。通过上述进程美属菲律宾条约边界最终得以形成。

本章小结

从三个维度,即美属菲律宾边界是什么(what),美属菲律宾边界形成过程中参与者有谁(who),美属菲律宾边界如何形成(how),也就是"3W"视角,对美属菲律宾的边界进行综合分析。本研究认为,美属菲律宾边界包括岛屿边界和海洋边界两个层面;美属菲律宾边界形成过程中的参与者主要是殖民国家西班牙、美国、英国、荷兰和日本,菲律宾本土人士也有参与其中,但仅作为看客和承认既定事实的受者;美属菲律宾边界通过国际法上时效和继承原则形成,实践层面则主要依赖于双边协商谈判、签署划定边界的条约完成,最终表现为以条约边界的方式确定美属菲律宾的边界。

结语

　　西班牙殖民统治时期，菲律宾群岛的范围经历了由小到大、由点到线再到面的转变过程。当麦哲伦率领的西班牙探险队航抵"西部群岛"时，麦哲伦将以萨马岛（Samar）为中心的周边诸多岛屿统称为"圣拉萨罗群岛"（Saint Lazarus）。1542年，维拉洛博斯又将宿务岛命名为"菲律宾那"（Felipina），而将复数的"菲律宾那斯"（Felipinas）一词用来指代以萨马岛为中心的周边岛屿。如果说麦哲伦命名的"圣拉萨罗群岛"和维拉洛博斯笔下的"菲律宾那斯"，还停留于对所接触岛屿赋予宽泛的区域构建，寓地理范围于一种不确定性的话，那么随着黎牙实比远征队在米沙鄢群岛和吕宋岛殖民据点的建立不断的外拓殖民、建立有效统治，菲律宾群岛的范围经由点线面的扩展后，始从早期西班牙人的"区域想像"逐渐走向清晰的"实体单元"。1851年苏禄群岛并入西属菲律宾群岛，"大菲律宾群岛"（Vast Philippine Islands）随之诞生。随着1885年马德里条约和1895年东京条约的签订，菲律宾群岛的南北边界完成了法律上的划界。这成为后来美国确立菲律宾群岛南北边界的法律依据。

　　美国殖民统治时期，随着美军对偏远岛屿的接管，及新一轮国际条约对菲律宾群岛四至范围作出科学化的经纬度规定，一幅清晰明了的菲律宾群岛地理画卷呈现于世人面前。1898年美西战后双方签订的巴黎和平条约第三款初步勾勒了美属菲律宾边界的外形轮廓；1900年华盛顿条约又将菲律宾南部的锡布图岛和卡加延苏禄岛纳入美属菲律宾。1928年帕尔马斯岛仲裁案则使美属菲律宾失去了对该岛的主权。1930年美英签署的华盛顿条约又将茫西群岛和海龟群岛纳入菲律宾群岛。经1900年、1928年和1930年三次岛屿增减，1898年最初勾勒美属菲律宾岛屿边界的"巴黎条约线"，最终演变为"菲律宾条约界限"（或"国际条约界限"）。

1935年菲律宾自治政府宪法肯定了"条约界限"内的岛屿作为菲律宾的领土，菲律宾条约界限就是美属菲律宾边界。1937—1938年美菲内部讨论了菲律宾条约界限是否还有可变性问题，但无论是美国国务院的相关指示，抑或后来1938年、1944年的美制菲律宾地图等事实，均证明"条约界限"已固定，不再具有变动性。由"菲律宾条约界限"表示的美属菲律宾边界，在日本占领菲律宾时期得以保持。战后美国重返菲律宾重建了美属菲律宾边界，至1946年菲律宾独立，美属菲律宾边界再无变动。1947年随着菲律宾政府正式接管1930年仍被置于北婆罗洲公司管辖的海龟群岛和茫西群岛，美属菲律宾的岛屿边界最终从字面走向了现实。因此，美属菲律宾边界包括岛屿边界和海洋边界。岛屿边界由三个国际条约决定，分别是1898年美西巴黎条约、1900年美西华盛顿条约和1930年美英华盛顿条约，三个国际条约形成的岛屿边界被称为"菲律宾条约界限"。海洋边界包括以菲律宾各岛屿正常基线（低潮线）向外推算三海里的领海线和以菲律宾条约界限为限的渔业管辖线。

美国统治菲律宾时期对菲律宾边界的根本政策是：将西班牙曾享有主权或管辖权的一切岛屿纳入美属菲律宾，将西班牙统治时期与周边邻国，尤其是北部的日本和南部的英国确定的仍停留于纸面上的定界原则具体实践化，完成其划界和标界。20世纪上半叶美国在菲律宾边界形成中的多次外交实践，既是其对南北划界仅以文字说明而无确切经纬度的、停留于纸面上的西班牙属菲律宾边界,经科学化的经纬度划界后付诸实际行动的结果,也是其运用国际法、国际条约等一般国际规范与准则,将西班牙统治时期那些鞭长莫及、人烟荒芜、长期漠视的,且与周边殖民大国相邻的模糊地带的岛礁,纳入自身殖民行政统治体系的表现。美属菲律宾边界的形成过程反映出美国对菲律宾边界的认知由模糊不定逐渐走向清晰明了。由菲律宾条约界限表达的美属菲律宾边界通过国家继承原则和相关法律条文后来为独立的菲律宾所继承,因此菲律宾条约界限才是菲律宾合理、合法的岛屿边界。

与黄岩岛相关的几个外国历史地名考论^①

摘要： 2012 年中菲黄岩岛争端以来，菲律宾始终以一幅 1734 年西班牙制地图为据，大肆渲染图中出现的 Panacot 就是黄岩岛。根据西方图志文献，文章对与黄岩岛有关的几个外国历史地名进行了详细考证，发现：(1)18 世纪吕宋岛以西海域的 Panacot 又被称作 Masingola 或 South Maroona，其与黄岩岛是纬度相似、经度不同的两个地理存在；(2)从岛礁命名习惯和语音学角度看，Masingola 系 Masingloc 的同名异写，而 Panacot、Masingola/Masingloc、Maroona 则是他加禄语、西班牙语、英语对同一礁石的异称；(3)18 世纪末 19 世纪初，由于海平面上升或地壳运动等地质原因，一度存在的 Panacot (Masingola)消失了，因为西班牙人和英国人 18 世纪末在吕宋岛以西海域进行水文测量时未发现 Panacot，于是西班牙人和英国人于 19 世纪初分别将 Bajo de Masingloc 和 South Maroona 的名称转移至黄岩岛上；(4)以 Masingloc(Masingola)为媒介，将 19 世纪地图中的 Scarborough Shoal 等同于 18 世纪的 Panacot，是 2012 年以来菲律宾将 1734 年西班

---

① 本文初次发表于《南海评论》第 1 辑，南京大学出版社，2017 年，第 142—169 页。这里略有删减和改动。

牙穆里略所制地图中的 Panacot 误作为黄岩岛的内在逻辑。实际上，18 和 19 世纪图志中的 Masingola/Masingloc 是两个截然不同的地理存在;(5)17 世纪地图中出现的、与 P. de Mandato 相对的海中未命名暗礁乃是 18 世纪地图中的 Galit/Bolinao/North Maroona,而非 Panacot,更不是黄岩岛。由此,菲律宾提出将黄岩岛属己历史追溯至 1734 年甚至更早的 1636 年的观点,不能成立。

一、引言

自 2012 年 4 月中菲黄岩岛船只对峙事件以来,根据部分西班牙殖民统治时期欧洲人所制菲律宾地图,菲律宾官方及媒体连篇累牍报道黄岩岛早已"归属"菲律宾的"悠久"历史。对峙事件发生不久后的 4 月 18 日,菲律宾外交部即发布《菲律宾关于巴约的马辛洛克(斯卡伯格礁)及其附近水域的立场》文件。文中称:"1734 年出版的由穆里略(Pedro Murillo Velarde)制作的《菲律宾群岛水道与地理图》(Carta Hydrographical y Chorographica De Las Yslas Filipinas)将巴约的马辛洛克(Bajo de Masingloc)作为三描礼士(Zambales)的一部分。巴约的马辛洛克是由西班牙殖民者命名。另一幅由马拉斯皮纳(Alejandro Malaspina)探险队绘于 1792 年、出版于 1808 年马德里的地图,也显示巴约的马辛洛克是菲律宾领土的一部分。"[①]文件所述作

---

① Department of Foreign Affairs, *Philippine position on Bajo de Masinloc* (*Scarborough Shoal*) *and the waters within its vicinity*, 网址为:http://www. gov. ph/2012/04/18/philippine—position—on—bajo—de—masinloc—and—the—waters—within—its—vicinity/;另参见 *PH sovereignty based on UNCLOS, principles of international law*, 网址为:http://globalnation. inquirer. net/34031/ph—sovereignty—based—on—unclos—principles—of—international—law,访问时间:2014 年 5 月 20 日。

为三描礼士省一部分的巴约的马辛洛克,实际上在 1734 年地图中被称作 Panacot。将其称作巴约的马辛洛克乃是菲律宾政府改头换面的结果,目的无非是以此证明其对黄岩岛拥有主权已有相当历史。

与官方相呼应,菲律宾主流媒体也不断为此造势。6 月 27 日,一则新闻报道写道,"几幅老地图支持菲律宾的权利主张——斯卡伯勒礁(或帕纳塔格礁,Panatag)①是属于菲律宾而非中国的领土,因为这些地图显示争议区域远自 1734 年已处于西班牙殖民统治下。由西班牙制图员穆里略所绘《菲律宾水道图》(Carta Hydrografica de las Islas Filipinas),在三描礼士省以西绘有一个暗礁帕纳克特或巴约的马辛洛克。"就此,马尼拉雅典耀大学的一位学者和地图搜集者加西亚(Leovino Garcia)告诉菲律宾主流媒体之一的拉普勒(Rappler)说,穆里略地图"一定程度上支持菲律宾对斯卡伯格礁的权利主张"。② 此后菲律宾学术媒体界陆续以不同形式大谈特谈这幅地图对菲律宾的意义。③

2014 年 9 月以后,菲律宾又别出心裁由大法官卡皮奥(Antonio T. Carpio)出面,通过一系列地图展与讲演,不仅试图证明 1734 年穆里略地图中的 Panacot 即是黄岩岛,而且有意将 17 世纪部分西方制菲律宾地图中标绘的、一个与吕宋岛沿岸地"P. de Mandato"相对的海中未命名地理存在论证为 Panacot,进而将其等同于黄岩岛,从

---

① 2012 年,中菲黄岩岛对峙事件发生后,菲律宾政府以一幅 1734 年西班牙制菲律宾地图在吕宋岛西部海域中绘有一处 Panacot 暗礁为由,将巴约的马辛洛克礁(斯卡伯格礁,即黄岩岛)命名为帕纳塔格(Panatag)。参阅"菲律宾正式将黄岩岛命名为'帕纳塔格礁'",http://gb.cri.cn/27824/2012/05/06/2625s3670418.htm,访问时间:2014 年 6 月 29 日。

② Carlos Santamaria, *Ancient maps support PH claim over Scarborough*,网址为:http://www.rappler.com/nation/7655 — ancient — maps — support — ph — claim — over—scarborough 访问时间:2014 年 5 月 15 日。

③ Dana R. Herrera, "The Philippines: An Overview of the Colonial Era", *Education About Asia*, Vol. 20, No. 1, 2015, pp. 14—20.

而将黄岩岛"属己"的历史追溯至更早的 1636 年。近期,李孝聪先生根据 2014 年菲律宾地图展已专门撰文对黄岩岛与 Panacot、Masingloc 的关系进行了考证,指出黄岩岛与 Panacot 根本毫无关系,以及 18 世纪末西班牙人将吕宋岛西岸港口 Masingloc 名字移植到黄岩岛的事实。[①] 本文拟在李先生一文的基础上,通过进一步搜集西文地图与航海日志,对 18 至 19 世纪图志中出现的 Panacot、Masingola、South Maroona、Bajo de Masingloc 与黄岩岛的关系再进行详细考证,以期说明菲律宾将 Panacot 等几个地名等同于黄岩岛观点的缪误。

二、18 世纪菲律宾地图中 Panacot = Masingola = South Maroona

1734 年,西班牙耶稣会士穆里略(Pedro Murillo Velarde)编制的《菲律宾群岛水道与地理图》(Carta Hydrographical y Chorographica De Las Yslas Filipinas)在吕宋岛以西海域首次绘制了一个被称作"Panacot"的暗礁。[②] 据《英—他词汇袖珍词典》,"Panacot"一词是他加禄语(Tagalog)"Pananakot"一词的简略式,意为"威胁"(Threat)。[③]

1752 年,法国人尼古拉斯(Jacques Nicolas Bellin)制作了一幅《菲律宾缩略图》(Carte reduite des Isles Philippines)。作者在编制

---

① 李孝聪:《从古地图看黄岩岛的归属——对菲律宾 2014 年地图展的反驳》,《南京大学学报(哲学·人文科学·社会科学)》2015 年第 4 期,第 76—87 页。
② 关于 1734 年穆里略所制菲律宾地图的详细研究,请参见王胜:《1734 年菲律宾群岛地图研究》,《元史及边疆与民族研究集刊》第二十九辑,上海:上海古籍出版社,2015 年,第 163—178 页。
③ M. Jacobo Enriquez & M. O. Guzman, *Pocket Dictionary an English — Tagalog Vocabulary*, Manila: Philippine Book Company, 1949, p. 112.

该图时即参阅了穆里略地图,尽管其声称不是对穆里略地图的"纯粹复制"。[①] 在该图中,尼古拉斯将"Panacot"同时称作为"Basse de Marsingola"。1782 年一幅由德语世界编绘的《菲律宾群岛地图》(Carte der Philippinschen Inseln)也将 Panacot 标注为"Reef Panacot der Masingloc"。此后,间有地图将 Panacot,要么单独注记为"Marsingola",要么同时标记两种名称(参见表1)。

1788 年,一幅由亨瑞·威尔逊(Henry Wilson)和乔治·凯特(George Keate)共同编绘、于伦敦和巴黎同时发行的《帛琉群岛及其邻近海域图》(Chart of the Pelew Islands and Adjacent Seas),在吕宋岛西部海域首次标出了一个称作"South Maroona"的暗礁。事实上,西方人早在 1748 年"斯卡伯格"号运茶船于吕宋海域触礁沉没之前,已知晓在这片海域存在一个叫做"Maroona"的地方。因为当时"斯卡伯格"号船长道维尼(D'Auvergne)即认为船只触礁之地即是 South Maroona。[②]

[①] Carlos Quirino & Leovino Ma. García ed. , *Philippine Cartography 1320—1899* , third edition, Quezon City:Vibal Foundation,2010,pp. 70—71.

[②] 参见 Gabriel Wright & William Herbert, *A New Nautical Directory for the East — India and China Navigation* , London:S. Couchman, seventh edition, 1804, p. 480。对"Maroona"的名称来源,目前存在不同说法。19 世纪初英国人胡达特(Joseph Huddart)在其所著《东方航海家或东印度、中国和新荷兰的新指南》一书中说,英国人将"Marsingola"称为"South Marona"(Joseph Huddart, *The Oriental Navigator*;or New Directions for sailing to and from the East Indies, China, New Holland, London:Robert Laurie and James Whittle, second edition, 1801, p. 454)。而法国学者巴奈特(François—Xavier Bonnet)在其 2012 年的一篇文章中认为"Maroona"一名是由西班牙绘图员命名的(François — Xavier Bonnet, "Long history of PH management", *Philippine Daily Inquirer*,网址为:http://opinion. inquirer. net/42821/long — history—of—ph—management,访问时间:2014 年 5 月 22 日)。笔者倾向于前一种说法,即"Maroona"应由英国人命名的,且按照英国人通常的岛礁命名方式,该名应源自一艘船名或一位船长名。

表1. 18世纪菲律宾地图中东经118度吕宋岛西海岸海域中分布的暗礁名称汇总表

序号	地图制作年份	地图作者	地图所属国别	地图是否标出 Scarborough	地图中吕宋以西海域自上而下三个暗礁名称		
					上	中	下
1	1734	穆里略	西班牙	未标出	Galit	Panacot	Lumbay
2	1752	尼古拉斯	法国	未标出	Basse de Bulinao ou Galit	Basse de Marsingola ou Panacot	Basse de Mirabelle
3	1761	基钦	英国	未标出	Galit	Panacot	绘有暗礁但未命名
4	1775	曼纳维耶特	法国	标出 Scarboro	图中自上而下有三个暗礁,但未命名		
5	1782	匿名	普鲁士(?)	标出 Reef Scarboro	Reef Galit o Bolinao	Reef Panacot der Masingloc	Lumbay Bank
6	1787	塞耶	英国	标出 Scarboro Shoal	North Maroona	Marsingola	Lambay
7	1788	威尔逊	英国和法国	标出 Scarborough Shoal	North Maroona	South Maroona	Mariveles Shoal
8	1790	阿莫多瓦	西班牙	未标出	Bᶜᵒ de Bolinao ó Galit	Bᶜᵒ de Masingola ó Panacot	Bᶜᵒ de Mariveles ó Zumbay

续 表

序号	地图制作年份	地图作者	地图所属国别	地图是否标出 Scarborough	地图中吕宋以西海域自上而下三个暗礁名称		
					上	中	下
9	1792	阿拉斯皮纳探险队	西班牙	标出 Bajo de Masinloc o Scarborough	此处绘有三暗礁	相应位置无任何暗礁	无任何暗礁
10	1794①	—	英国	标出 the Negroes Heads or Scarborough Shoal	Galit or Bolinao Bank called also Double Headed Shot and North Maroona	Panacot or Marsingola Bank or South Maroona	Lumbay or Marveles Bank

地图来源：Three Hundred Years of Philippine Maps 1598 - 1898；Antonio T. Carpio. Historical Facts, Historical Lies, and Historical Rights in the West Philippine Sea；Historical Truths and Lies；Scarborough Shoal in Ancient Map；参见网址：

http://www.imoa.ph/historical-facts-historical-lies-historical-rights-west-philippine-sea-lecture-supreme-court-senior-associate-justice-antonio-carpio-february-21-2-4-pm-lopez-m/。

———

① 2014 年菲律宾会地图展时，该图被卡皮奥置于 1778 年序列中（见地图展第 37 图）。李孝聪先生在其文中参照地图展亦将其纳入 1778 年。不过，Three Hundred Years of Philippine Maps 1598-1898 一书，第 48 页认为该图出自 1794 年的罗伯特·卡尔（Robert Carr）之手。鉴于该图是对以往地图的集大成者，本文选取年限稍后的 1794 年作为该图的发行年代。

1794 年,英国伦敦罗伯特·劳里暨詹姆斯·维特公司(Robert Laurie & James Whittle)出版了一幅《中国海与菲律宾群岛地图》(A Chart of the China Sea and Philippine Islands)。在地图的左侧注记中,作者写到"地图是与穆里略地图作比较,及参照英国数位航海家调查的结果"。因此该图集以往地图中诸名称于一体,首次将 Panacot、Marsingola Bank 和 South Maroona 标注在同一暗礁上(见表 1)。这种"集多名称于一礁"的做法表明,绘图者认为上述三个地名是同一暗礁的不同称谓,即"一礁三名"(Panacot = Masingola = South Maroona)。

三、Masingola 系 Masingloc / Masinloc 同名异写

18 世纪西文地图中,与 Panacot、South Maroona 并存、指代同一暗礁的 Marsingola Bank,实际上指的就是 Masingloc Bank(西班牙语名称可写作 Bajo de Masingloc),即 Marsingola 是 Masingloc / Masinloc 的同名异写。理由如下:

(1)从语音学角度看,Masingloc 与 Marsingola 存在如下关系:Marsingola>Masingloc(即后者由前者衍化而来,下同)。由此,1752 年尼古拉斯地图中出现的 Basse de Marsingola 或 1794 年地图中出现的 Marsingola Bank(Shoal of Marsingola)与 Shoal of Masinloc 的关系,可以表述为:Basse de Marsingola>Shoal of Masingloc(>Masinloc),汉译为马辛洛克礁。

(2)从岛礁命名方式看,Marsingola Bank 是以沿岸城镇 Masingloc+Bank 的方式命名的,Marsingola 即为 Masingloc。大航海时代,对岛礁的命名方式,除采用船只名或船长名+岛/礁的形式外,还有一种命名方法,即采用邻近的城镇名+岛/礁的形式。例如,1734 年穆里略地图中与"Panacot"大致处于同一经度的"Galit"又被

称作"Shoal of Bolinao";"Lumbay"又被称作"Mariveles Shoal"（见表1）。前者是以吕宋岛西北角班诗兰省（Pangasinan）下辖的一座重要城镇博利瑙（Bolinao）之名＋礁（Shoal 或 Bank）命名的。后者也是以菲律宾巴坦省（Batan）下辖的一座临海城镇马里韦莱斯（Mariveles）之名①＋礁（Shoal 或 Bank）命名的。至于某些地图中出现的"Shoal of Mirabelle"，实际上也指的是马里韦莱斯礁。理由是：在达德利地图②右下角吕宋岛沿海一侧有个标记为"G di Maribellas ò Marabel"字样的地方，这意味着 Maribellas 和 Marabel 是指同一地方，其与 Mirabelle 存在如下一种关系：Maribellas＞Mirabelle 或 Marabel＞Mirabelle。而在西班牙语中，当"v"和"b"位于词中时发[?]，因此它们又存在如下关系：Maribellas＞Mirabelle＞Mariveles。由此，Mirabelle 和 Mariveles 逻辑上就建立联系了。

与上述两地名称类似，对邻近 Masingloc 镇的暗礁，也可将其以 Masingloc 镇名＋礁的方式命名为 Shoal of Masingloc 或 Masingloc Bank。而据1734年穆里略地图显示，在 Panacot 东北方向的吕宋岛西海岸即标记有一个叫作 Mafinloc 的地方。在早期航海志中，"s"通常被写作"f"，例如"sea"作"fea"；"she"作"fhe"。因此，Mafinloc 即 Masinloc。据此，1734年前后，时人完全可以将 Panacot 以邻近城镇 Masingloc 之名对之再命名。因为菲律宾时为西班牙殖民地，这种以

---

① 据悉，城镇马里韦莱斯（Mariveles）一名是为了纪念一位名叫马里韦莱斯的修女。参见 Ignacio Villanor, *Census of the Philippine Islands*, *Volume I*, *Geography*, *History and Climatology*, Manila：Bureau of Printing, 1920, p. 92。

② 1646年，意大利佛罗伦萨的英国流亡者罗伯特·达德利（Robert Dudley）出版了一套全部使用墨卡托投影法（Mecator's projection）制作的海洋地图集（atlas）——"秘海"（*L'Arcano del Mare*, *Secret of the Sea*）。负责地图印制的鲁支尼（Antonio Francesco Lucini）将地图集碎片化为众多的小图。其中，有四幅地图是关于菲律宾的。在四幅地图中，一幅题名为"马尼拉海及沿海地详图"（*Carta particolare del' mare e costa di Manilia*）的地图绘出了吕宋岛西部沿海一带的地理情况。

邻近城镇之名＋Bank/Shoal/Bajo 的命名方式应出自西班牙人之手，而有别于英国人以船只名或船长名的命名习惯。

既然 Masingola 是 Masingloc 的同名异写，且 Masingola Bank 是西班牙人的命名方式，那么依前节所述 Panacot 的另一名称 South Maroona 就不应再出自西班牙人之手（参见前节关于 Maroona 一词的注释部分）。如此，我们可以认定 Panacot、Masingola/Masingloc、South Maroona 三个名称应分别是菲律宾土著他加禄人、西班牙人和英国人所命名。

四、18 世纪图志中 Scarboro ≠（Masingola/Masingloc＝Panacot）

1748 年 9 月 12 日，英国东印度公司的一艘运茶船"斯卡伯格"（Scarborough）号在靠近吕宋岛西部的中国海触礁沉没。此后英语世界便将"斯卡伯格"号触礁地称作"斯卡伯格礁"（Scarborough Shoal），一直延续至今。在 18 世纪，Scarborough 与 Masingola/Panacot 是两个互不相同的地理存在。

1. 18 世纪地图中 Scarborough 与 Masingola/Panacot 同时并存

18 世纪西方所制菲律宾地图在吕宋岛以西中国海域不时绘出这个被称作"斯卡伯格礁"的暗礁。1775 年法国曼纳维耶特（Mannevillette）所制《中国海地图》（A Chart of the China Sea）首次标绘了 Scarboro Shoal。1782 年一幅由德语世界编绘的《新修菲律宾群岛图》（Neue berichtige und verbesserte Karte der Philippinschen Inseln），将其标注为 Reef Scarboro。1787 年由英国塞耶（Sayer）所出的《好望角、新荷兰和日本之间的印度和太平洋新地图》（A New Chart of the Indian and Pacific Oceans between the Cape of Good Hope，New Holland and Japan）标记了 Scarboro Shoal。1788 年亨瑞·威尔逊所制《帛琉群岛及其邻近海域图》则首次以 Scarborough

Shoal 之名绘出了斯卡伯格礁。1794 年英国所出地图也标注了 Scarborough Shoal(以上各名称见表 1)。

上述列举地图中,除 1775 年《中国海地图》外,其余地图在标出 Scarboro 或 Scarborough Shoal 的同时,又在与其大致同一纬度、但经度不同的右侧一方,均标出了 Panacot/ Masingola/South Maroona(见表 1)。这无疑说明,在 18 世纪人们已清晰地认识到,黄岩岛(Scarborough Shoal)与 Masingola(Masingloc)/ Panacot / South Maroona 是两个独立的地理存在。换言之,Scarborough Shoal≠Masingola(Masingloc)/ Panacot / South Maroona。

2. 18 世纪航海志中 Scarborough Shoal ≠ Masingola(Masingloc)/ Panacot

除 18 世纪西方地图将 Scarborough Shoal 与 Panacot/Masingola/ South Maroona 相互区别开来外,这一时期的西文航海志亦对两个独立的海上地物有着记录。1791 年,怀特(Gabriel Wright)与赫伯特(William Herbert)合著了《关于东印度和中国航行的新航海指南》(A New Nautical Directory for the East—India and China Navigation)一书,该书截至 1804 年已发行 7 版。书中作者对吕宋岛以西海域一带的暗礁这样记载:

> 在这些暗礁中,有三块相距不远并露出水面的岩石,它们很像尼格罗人的脑袋(Negroes heads)。"斯卡伯格"号靠近某个暗礁,也靠近三块岩石。North Maroona 或 Double — Headed Shot,西班牙人称之为 Baxa Boliana,很多报告说它几乎位于另外一个暗礁的北部,或无论怎样不超过向西 5 里格(1 里格是 3 英里,等于 4.8 公里)。这些暗礁被认为位于距离吕宋岛沿岸 25 里格处。在 South Maroona 东南 12 里格处,北纬 14°15′,还有另一个暗礁,通常称作 Baxos Mirabilis。这三个暗礁使通往吕

宋的所有通道变得异常狭窄和危险。上述所有暗礁,目前都被准确地绘于罗宾森先生的《中国海图》中。[①]

根据怀特与赫伯特的记载,吕宋以西海域至少有四个暗礁存在,且黄岩岛(斯卡伯格礁,Scarborough Shoal)与 Masingloc/Panacot/South Maroona 是纬度大致相同、经度不一的两个独立暗礁。

差不多与怀特、赫伯特一书同一时期的另一部航海志,也对吕宋岛以西海域的一些地貌及地理位置作了叙述。该书题名《东方航海家或东印度、中国和新荷兰的新指南》(The Oriental Navigator or New Directions for sailing to and from the East Indies, China, New Holland),由胡达特(Joseph Huddart)编著,初版于 1794 年,再版于 1801 年。文中对吕宋岛以西海域礁石作了如下描写:

> 这些暗礁中,最南端的暗礁叫做 Mirabella,位于北纬 14°24′,距离吕宋西海岸 14 或 15 里格;这个暗礁的北边,大约距离吕宋岛同等的距离,有个 Marsingola,英国人称之为 South Marona,位于北纬 15°;向北 20 里格处是 Bolinao 或 North Marona 的最南端;该礁位于海岸的 21 里格处,并且从北至东北延伸了约 18 里格。Scarborough Shoal,根据西班牙人的记载,位于吕宋岛西部的 66 里格处,从南到北,它延伸了 20 英里,它的最南端位于北纬 15°5′。1748 年 9 月 12 日,船长道维尼(D'Auvergne)的"斯卡伯格"号触礁沉没了。[②]

① Gabriel Wright & William Herbert, *A New Nautical Directory for the East — India and China Navigation*, London: S. Couchman, the seventh edition, 1804, p. 482.

② Joseph Huddart, *The Oriental Navigator; or New Directions for sailing to and from the East Indies, China, New Holland*, London: Robert Laurie and James Whittle, second edition, 1801, p. 454.

　　与怀特一文相比,胡达特一文关于斯卡伯格礁等四个暗礁的记载更为详细。作者既给出了四个暗礁的纬度,也给出了它们与吕宋岛近海岸的距离。相关地理水文数据与怀特一文虽有一定出入,但有一点是确定无疑的,即两文均认为黄岩岛(Scarborough Shoal)与Masingola /Panacot/ South Maroona 是两个截然不同的暗礁。

　　3. 数据估算显示 1734 年穆里略地图中 Panacot ≠ Scarborough

　　从地理位置上看,穆里略地图中 Panacot 的纬度(图中所示大约为北纬 15°28′)与黄岩岛所处纬度北纬 15°11′相差不足 20′,似属误差允许范围。然而,Panacot 经度似与黄岩岛实际经度不符合。

　　1884 年在华盛顿国际天文学家代表大会确立以英国伦敦东南格林威治的经线为本初子午线以前,西欧各国通常以本国或有代表性的天文台子午线作为本初子午线,例如,法国选定科沙裴多或巴黎,英国以伦敦,沙俄以圣彼得堡,希腊以雅典所在子午线为本初子午线。此外,西欧国家还会沿用使用千年之久的托勒密所定幸运岛为本初子午线,幸运岛即大西洋中非洲西北海岸附近的加那利群岛(Canarias Islands,北纬 28°30′,西经 14°10′),亦即利玛窦世界地图中的福岛(Fortunate Island)。1634 年 4 月,在法国巴黎由里舍利厄大主教主持的国际子午线会议,又将加那利群岛最西边的耶罗岛(Hierro Island,北纬 27°25′,西经 18°)确定为本初子午线,但与会国并没有统一采纳。①

　　早期通常使用的本初子午线,除上述几种外,还有著名的教皇子午线。1493 年,亚历山大六世颁布法令规定以佛得角(Cape Verde Islands)以西 100 里格(西经 38°)为分界线,以西所有发现岛屿归西班牙,以东归葡萄牙。1494 年 6 月 7 日,西班牙与葡萄牙签订的《托尔德西里亚斯条约》(Treaty of Tordesillas)规定,将双方分界线向西

① 参阅赵英丽:《利玛窦世界地图的本初子午线》,《说古论今》2005 年第 4 期。

移动 270 里格,即最终以佛得角以西 370 里格处为双方分界线。分界线所处位置约为西经 46°37′。[①]

经比对,穆里略地图所采用的本初子午线最有可能是教皇 1493 年所立佛得角以西 100 里格处的分界线,即西经 38°线。理由是,经过查验地图中比较突出的地点图中经度与实际经度(以格林威治为本初子午线)的关系,我们发现两者存在某种等量关系,即某地的图中经度减去实际经度均约为一常量 38°。例如,穆里略地图所示马尼拉城大致位于东经 158°40′,其实际经度为 120°58′,两者相差约 38°;地图中最上端的卡加延岛位于东经 159°10′,其实际经度为 121°29′,两者相差约 38°;地图所示 Cabo de Boxeador 约为 158°20′,其实际经度为 120°35′,两者亦相差 38°。[②] 据此可推断,穆里略地图使用的乃是格林威治子午线以西 38°的子午线,唯有 1493 年首次确定的教皇子午线符合这一标准。至于穆里略地图未使用托尔德西里亚斯条约规定的西经 46°37′为本初子午线,原因暂不明。

若上述推算方法可行且不误的话,那么我们可将穆里略地图中以 1493 年教皇子午线(即西经 38°线)为基准的 Panacot 经度,换算成以格林威治本初子午线为基准的经度:156°40′−38°=118°40′,而黄岩岛以格林威治为本初子午线的实际经度为 117°41′,两者相差达 1°。黄岩岛所在纬度为北纬 15°11′,若将其折合为以北纬 15°计算的话,那么在北纬 15°这一条纬线上,经度相差 1 度,其实际距离就相差为 107 公里[③]。倘将如此差额纳入误差范围,显然不能令人信服。尽

---

① 参阅网址:http://geography. about. com/library/weekly/aa112999a. htm,访问时间:2015 年 12 月 8 日。

② 其经度参阅 1812 年英国人阿伦·阿罗史密斯(Aaron Arrowsmith)所绘菲律宾地图,网址为:http://maps. bpl. org/id/14679,访问时间:2014 年 8 月 21 日。

③ 该数据的计算公式为:$111 \times 1 \times \cos 15^0 \approx 107$ 公里。也即,地图上经度相差 1 度,实际距离相差约 100 公里。

管前述马尼拉、卡加延岛和 Cabo de Boxeador 的实际格林威治经度与按照图示经度再换算成格林威治经度后,两者的相差分别计为:$120°58' - (158°40' - 38°) = 18'$;$121°29' - (159°10' - 38°) = 19'$;$120°35' - (158°20' - 38°) = 15'$,但三者并未达 1°的误差。相较而言,地图中 Panacot 换算成格林威治经度与黄岩岛的实际经度相差较远,这就说明 Panacot 并非是黄岩岛。虽然上述分析只是基于测算的结果,加之原始地图的数据不甚准确,可能存在误差与错讹,然而上述数据仍不失为一种参考。

经由上述分析我们可以认定,至少在 18 世纪中叶至 18 世纪末这一时期,有关描绘、记录菲律宾吕宋岛以西海域礁石的图志均表明,黄岩岛与 Masingola/Panacot 是两个彼此独立、不相混淆的暗礁。

五、18 世纪末 Panacot/Masingola 的消失与 Masingloc 之名的转移

1789 年,西班牙政府资助意大利人马拉斯皮纳(Alejandro Malaspina)率领"发现"号(Discovery)和"勇敢"号(Daring)从卡迪斯(Cadiz)出发,开始环球航行。1792 年马拉斯皮纳横越太平洋,抵达关岛和菲律宾。在菲律宾,他访问了马尼拉等港口,并对吕宋、民多洛等岛屿作了地图学调查。[①] 1794 年,"圣安纳"号(Saint Ana)和"圣华金"号(Saint Juaquin)又从吕宋岛西北角的博利瑙(Bolinao)出发,对该地以西海域地貌进行了考察。1800 年西班牙又派出"圣露西亚"号(San Lucia)等船只对 Scarborough Shoal 进行了测量。这两次

① Thomas Suarez, *Early Mapping of Southeast Asia*, 1st edition, Hong Kong: Periplus Editions Ltd., 1999, p. 247.

测绘的结果及相关航行路线被绘制于一幅名为《航海测量图》(Plano de la Navigacion)的地图中。[①]

1808年,西班牙集1792—1793年和1800年两次调查测量的结果于一体,又编绘了一幅《菲律宾总图》(Carta General de Filipinas)。该图出版时署名为鲍萨(Felipe Bauzá)。[②] 图中也绘出了两次调查船的航行路线。1812年,英国人阿伦·阿罗史密斯(Aaron Arrowsmith)参照该图及对附属岛屿的新近测量结果,编绘了一幅《菲律宾群岛图》(Chart of the Philippine Islands,from the Spanish chart 1808,the adjacent islands are added from the latest surveys)。图中给出了1794年和1800年西班牙测量船的航行路线及黄岩岛的命名情况。

1794年和1800年西班牙人的两次测绘及《航海测量图》和《菲律宾总图》显示,除Scarborough Shoal而外,在吕宋岛以西海域已不存在其他岛礁,地图"确认了斯卡伯格礁在(吕宋岛)西部的方位,证实了数十年绘制(于菲律宾地图上)中吕宋博利瑙角西部(海域)的三个大暗礁是不存在的"。[③] 也就是说,Panacot/Masingola/South Maroona,Galit/North Maroona/Bolinao,Lumbay/ Mariveles Shoal三暗礁已消失,应是被海水淹没了。[④]

三个暗礁"不存在"的记载,可能导致出现如下两种情况:

---

① 李孝聪先生一文已对地图中相关文字信息进行了释读,详述了个中原委。参见李孝聪:《从古地图看黄岩岛的归属——对菲律宾2014年地图展的反驳》,《南京大学学报(哲学·人文科学·社会科学)》2015年第4期,第81—82页。

② Three Hundred Years of Philippine Maps,p. 46.

③ Carlos Quirino & Leovino Ma. García,ed.,Philippine Cartography 1320—1899,third edition,Quezon City:Vibal Foundation,2010,p. 73.

④ 李孝聪:《从古地图看黄岩岛的归属——对菲律宾2014年地图展的反驳》,第82页。这里需要说明的是此时只是部分文字材料和地图记录或标记了三个暗礁全部消失的现象。事实上,西班牙两次调查后还有其他地图标记了博利瑙角西北部海域中"存在"的暗礁情况。19世纪也间有西班牙地图标记出博利瑙礁(Bolinao Shoal)(见表2)。

第一种情况,考虑到早期航海测量与地图绘制等技术落后原因,曾经地图中记录的三个暗礁根本就不存在,只是绘图员错误地记录了三个暗礁,而事实上只存在唯一的黄岩岛。

第二种情况,确如李孝聪先生所推测,在 18 世纪末 19 世纪初,由于海平面上升或地壳运动等地质原因,一度存在的三个暗礁此时消失了。因此 18 世纪末 19 世纪初欧洲人在相关海域测量时未"发现"三个暗礁,而将三个暗礁视作"不存在"。

笔者比较倾向于赞同第二种情况,理由有三:

首先,前节对 1734 年穆里略地图中数个地名的经度数据估算表明,地图还是相对准确地反映了菲律宾群岛的地理方位与地形地貌。文中选取的马尼拉、卡加延岛和 Cabo de Boxeador 三处图中经度,经换算后与实际格林威治经度误差不大,那么地图对 Panacot、Galit 的图中经度定位似应属客观。1734 年穆里略地图中穿过 Panacot 与 Galit 之间的大帆船贸易航线也暗示当时西班牙人应对靠近吕宋岛近海岸的海上地物比较熟悉。

其次,根据 1809 年西班牙马德里皇家印刷馆出版的《关于西班牙航海家在全球不同地点天文观测的备忘录》一书作者约瑟夫·埃斯皮诺萨·伊戴约(Josef Espinosa Y Tello)的说法,尽管 1794 年和 1801 年西班牙进行的两次航海测绘未"发现"早期图志中存在的 Bolinao/Galit,但鉴于包括西班牙海军司令卡布雷拉·布埃诺(Cabrera Bueno)在内的多名船长的实地见闻,作者还是认为该地是存在的,正如布埃诺所说,"博利瑙礁是由海水冲击而成的黑色礁石群组成的,除非离得足够近,否则是看不出来的"。[①] 既然 Bolinao/Galit 是存在的,那么与之并存的、以往亦一再为航海家所确认的

---

① Josef Espinosa Y Tello, *Memorias Sobre Las Observaciones Astronomicas*, Tomo II, Madrid en la Imprenta Real,1809, p. 49.

Panacot 也应存在。

最后,1734 年地图中出现的 Galit、Panacot 和 Lumby 均是菲律宾他加禄语。这表示三个暗礁的"发现"与"命名"是当地土著人所为。土著人对周边海域的航行与观测,应该出自于他们的实际生活经验,这就意味着他们不太可能将不存在的地物进行具体化、实在化。

根据以上三点,笔者认为 Panacot 早期是存在的,只不过至 18 世纪末消失了。现代海洋地质与地球物理实测研究也表明,在黄岩岛以东海域分布着马尼拉海沟与西吕宋海槽,而海沟与海槽之间还存在一个海底火山弧,因此 Panacot 定与此火山弧有关联,其消失也可能与此火山活动及同遭海洋环境变化密切关联。

18 世纪末 19 世纪初,西班牙的两次调查证实了吕宋岛以西海域与黄岩岛平行纬度已不存在其他暗礁。不过,这并不意味着曾经出现于 18 世纪图志中的、经西班牙调查业已被证明不存在的暗礁,与黄岩岛不再发生任何联系了。1792 年《航海测量图》和 1808 年《菲律宾总图》分别将黄岩岛标记为"Bajo Masinloc o Scarborough"和"Bajo de Masingloc ó Scarborough"。[1]参照 1808 年《菲律宾总图》、1812 年英国阿罗史密斯制《菲律宾群岛图》也将斯卡伯格礁标记为"Baxo de Masinloc ó Scarborough"。三幅地图均出现将黄岩岛标记为"Bajo de Masingloc"的情况。前文已述,Masingloc(Masingola)一名于 18 世纪被用于称呼 Panacot,西班牙新近的两次调查已证明曾经的 Panacot/Masingola 业已消失。那么为何西班牙使用一个被证实不存在的暗礁名称去命名另外一个暗礁呢?

李先生认为,"西班牙人在 1800 年前后测量菲律宾以西海域时,无法确指吕宋岛沿海浅滩,于是就把菲律宾港口 Masingloc 之名移

---

① 前者名称见菲律宾地图展图 44;后者名称参见 *Three Hundred Years of Philippine Maps*, p. 46。

植到 Scarborough 上"①。这一说法具有启发性。西班牙人极可能是将曾经图志中出现的、由自身习惯命名的、已被证实"不存在"的 Masingola/Masingloc 转移到同一纬度的黄岩岛上。其动机显然是为了使用西班牙人的命名方式(城市名＋礁),以区别于英国人的命名方式(船只号/船长名＋礁),进而"彰显"西班牙人的"发现和占领"。此后,整个 19 世纪西班牙人所制菲律宾地图中,西班牙人要么将黄岩岛并称为"巴约的马辛洛克礁"或"斯卡伯格礁"(Bajo de Masingloc or Scarborough),要么干脆直接称作"马辛洛克礁"(Bajo Masinloc)(见表 2)。

无独有偶,与西班牙人的"移名"行为相似,19 世纪初英国人也将曾经称呼 Panacot 的 South Maroona 一名"转移"到黄岩岛上,只是将其简略为 Maroona。② 李先生在其文中利用一幅 1815 年英制地图已说明了这一点。

---

① 李孝聪:《从古地图看黄岩岛的归属——对菲律宾 2014 年地图展的反驳》,第 82—83 页。

② 18 世纪末 19 世纪初英国人胡达特所出航海志曾引用"斯卡伯格"号船长道维尼(D'Auvergne)对斯卡伯格礁的记载。在胡达特引用完船长道维尼的日志后,他紧接着总结说"船长道维尼在其报告中将此礁(即斯卡伯格礁——引者注)与 Marsingola 或 South Marona 混淆了"(Note that Captain *D'Auvergne* in his account has confounded this shoal with the Marsingola or South Marona)。引文见 Joseph Huddart, *The Oriental Navigator; or New Directions for sailing to and from the East Indies, China, New Holland*, second edition, London: Robert Laurie and James Whittle, 1801, p. 454。胡达特的这句注解表明,船长道维尼是将"斯卡伯格"号触礁的地方误当作 South Maroona 或 Masingola 了。不过,当时的英国人似乎并没有受到道维尼的报告影响而将两者混淆。例如,1788 年和 1794 年由英国人参与修订的菲律宾地图,在吕宋岛以西海域均将 Scarborough Shoal 和 South Maroona 标绘出来了(见表 1)。因此,19 世纪初当部分英国人的地图将 Scarborough 同时标注为 Maroona 时,其原因不应归结为是受船长道维尼将两个地貌混淆的影响,而是另有他因,亦即本文提出的英国人采取"移花接木"的结果。

表2　19世纪黄岩岛被标记为Masinloc的地图汇总一览表

序号	年份	地图作者	地图名称	地图对黄岩岛命名	备注
1	1792	水道测量局	航海测量图	Baxo de Scarburo ó de Masinloc	博利瑙礁 Bolinao（有形状无名称）
2	1808	水道测量局	菲律宾总图	Bajo de Masinloc o Scarborough	同上
3	1820	水道测量局	菲律宾总图	Bajo de Scarburo o de Masingloc	同上
4	1852	科埃略	菲律宾地图	Bajo　Masinloc	无其他暗礁
5	1861—1865	水道测量局	印度洋圆地图	B^{oo}　Masingloc	标有 B^{oo} Bolinao
6	1862	水道测量局	菲律宾群岛总图	Bajo Masingloc o Scarborough	无其他暗礁
7	1871	水道局	印度洋总图	B^{oo}　Masingloc	标有 B^{oo} Bolinao
8	1875	水道测量局	菲律宾群岛总图	Bajo Masingloc o Scarborough	无其他暗礁
9	1897	水道测量局	太平洋总图	Bajo Masingloc o Scarborough	无其他暗礁

1820 年地图来源于：Edgardo Angara, Jose Maria Cariño and Sonia Ner, *Mapping the Philippines: The Spanish Period*, Quezon City: Rural Empowerment Assistance and Development Foundation, 2009. 其余地图均来自：Antonio T. Carpio, *Historical Facts, Historical Lies, and Historical Rights in the West Philippine Sea*; *Historical Truths and Lies: Scarborough Shoal in Ancient Map*。

18 世纪末 Panacot 等暗礁的消失，及随后西班牙人将 Masingloa/Masingloc 之名转移至黄岩岛上的行为，为后来菲律宾寻求黄岩岛主权的历史依据埋下了祸根。菲律宾独立后继承了西班牙时代对黄岩岛的称谓,即巴约的马辛洛克礁。这就是说,从 19 世纪初以来至今,黄岩岛(Scarborough Shoal)＝Bajo de Masingloc;而 18 世纪的图志中又存在着:Masingola/Masingloc＝Panacot。如此,菲律宾极有可能以 Masingloc 为媒介,故弄玄虚地将黄岩岛"归属"自身的历史追溯至首次绘出 Panacot 地图的 1734 年,以达其混淆视听的目的。2012 年菲律宾外交部发布的立场文件直接称 1734 年地图已将 Bajo de Masingloc(巴约的马辛洛克)"纳入"了三描礼士省。文件紧随其后又说 18 世纪末马拉斯皮纳调查后所绘地图也将 Bajo de Masingloc"纳入"菲律宾的事实。菲律宾将两个名为 Bajo de Masingloc 的地理存在同时并举,很容易使人们相信它们指的是同一个地理存在。事实上,Panacot 等同的 Masingloc 与 Scarborough Shoal 等同的 Masingloc 是两个互不相同的地理存在。

六、与 P. de Mandato 相对的海中暗礁＝(Galit/Bajo Bolinao/North Maroona)≠Panacot

2014 年 9 月至 2016 年 2 月,菲律宾大法官卡皮奥在其举办的地图展及系列演讲中认为,1636 年一幅德意志法兰克福出版的地图中,距离吕宋岛西海岸线不远的、位于海中的一处未命名地理存在,即是后来 1734 年穆里略地图中的 Panacot。卡皮奥又说此处地理存在靠近吕宋岛沿岸的一个地方 P. de Mandato。在地图展的图 23 注释中,卡皮奥对 P. de Mandato 作出了解释。他说:"该西班牙短语是指挥部(Point of Command)的意思——这意味着沿岸一带有一支沿海警备部队驻守。"这处未命名的地理存在于 17 世纪欧洲人所制地图中多次与"P. de Mandato"一同出现(见表 3)。

表3　17世纪未命名地理存在与"P. de Mandato"一同出现的地图汇总表

序号	年份	地图作者	地图所属国别及发行地	地图名称	图展序号
1	1636	Matthaus Merian	德意志法兰克福	China Veteribus Sinarum Regio Nunc Incolis Tame Dicta	23
2	1650	Pierre Mariette	法国巴黎	东印度及其附属岛屿总图	24
3	1662	Fredrick De Wit	荷兰阿姆斯特丹	东印度群岛图	25
4	1670	Nicholaus Visscher	荷兰阿姆斯特丹	东印度群岛总图	26
5	1676	John Speed	英国伦敦	东印度新图	27
6	1697	Philip Cluverius	荷兰莱顿	东印度群岛总图	28

资料来源：Antonio T. Carpio, *Historical Facts*, *Historical Lies*, *and Historical Rights in the West Philippine Sea*; *Historical Truths and Lies*: *Scarborough Shoal in Ancient Map*。

然而，与 P. de Mandato 相对的海中未命名暗礁，实际上并不是 Panacot，而是另有所指。地图展图26（对应于演讲稿第32页图 d）对1670年尼古拉斯所制地图的放大版表明，无论从地貌所处方位抑或从地貌特征看，与"P. de Mandato"相对的海中未命名地理存在，即为17世纪图志中的 Bolinao Shoal/Galit/North Maroona/ Double Headed Shot。该图对此地理存在的地貌描绘（两个相对的暗礁）也符合英国人后来对 Galit 的命名："双头礁。"

而有西班牙卫戍部队驻守的 P. de Mandato 实际上应是与 Galit 距离不远的吕宋岛西北重镇博利瑙（Bolinao，即中国古代史籍中的表山，玳瑁）。理由有二：首先，相关地图中 P. de Mandato 的地理方位与此镇比较吻合；其次，恰因为博利瑙镇地处要冲，天然扼守着菲律宾群岛与墨西哥之间当时西班牙开展得如火如荼的大帆船贸易航线。在此处驻军正是为了便于保护贸易航线。这从1734年穆里略地图所示航线得到验证。

该图在吕宋岛以西海域绘有一条自马尼拉通往墨西哥阿卡普尔科港（Acapulco）的大帆船贸易航线。此航线在图上的标注文字是 Derrotero Para la Nueva Efpanna Por el Cabo de Boxeador 或 Route pour la Nouvelle Espane par le Cap de Boxeador，即经过 Boxeador（西班牙语意为拳击手，即今天的巴尔戈斯）角通往新西班牙的航线。该线的具体走向是，从马尼拉港出发，出马尼拉湾，向北穿过 Galit 与 Panacot 之间水道，再折向东北，穿越 Boxeador 角，然后折向东通往墨西哥。从图上看，航线经 Galit 后转向了东北方向，显然这一航线决定了大帆船贸易时代的早期，西班牙的菲律宾当局会派驻一支军队常驻距离 Galit 不远的沿岸地 P. de Mandato，以确保贸易航线的畅通与安全。

总之，从 P. de Mandato 的含义及 18 世纪图志对 Galit 的地貌描绘看，与 P. de Mandato 相对的海中未命名暗礁或地理存在系指 18 世纪图志中的 Galit/Bajo Bolinao/North Maroona/ Double Headed Shot，而非 Panacot/Masingola/South Maroona，更不是 Scarborough Shoal（黄岩岛）。

七、结语

17 至 19 世纪西方图志文献表明，18 世纪吕宋岛以西海域的 Panacot 又被称作 Masingola 或 South Maroona。它们与黄岩岛是纬度相似、经度不同的两个地理存在。从西班牙的岛礁命名习惯（城市名＋礁）和语音学两种角度看，Masingola 应是 Mansingloc 的同名异写。

由于 18 世纪末西班牙人在吕宋以西海域进行水文测量时未发现 Panacot（Masingola），部分英国人和西班牙人遂于 19 世纪早期分别将 South Maroona 和 Bajo de Masingloc 之名转移至黄岩岛（Scarborough Shoal）上。这为后来菲律宾寻找声索黄岩岛主权的历史依据埋下了伏笔。其以 Masingloc(Masingola)为媒介，将 19 世纪的 Scarborough Shoal（黄岩岛）等同于 18 世纪的 Panacot，即 Scarborough Shoal＝ Masingloc / Masingola＝Panacot，这是 2012 年以来菲律宾将 1734 年西班牙穆里略所制地图中的 Panacot 视作当今黄岩岛的内在逻辑。事实上，18 世纪的 Masingola(Masingloc) 和 19 世纪的 Masingloc 是两个独立的、互不相同的暗礁。

而 1636 年开始出现在西方所制地图中的、与 P. de Mandato 相对的海中未命名暗礁，乃是 18 世纪图志中出现的 Galit/Bolinao/North Maroona，而非 Panacot，更不是黄岩岛（Scarborough Shoal）。由此，2012 年以来，菲律宾提出将黄岩岛归属自身的历史追溯至 1734 年，甚至更早的 1636 年的观点，不能成立。

对菲律宾"有效占领与有效管辖"黄岩岛一说的反驳——基于历史与国际法视角的分析

摘要：2012 年以来菲律宾政府和学者通过搜集、组合西班牙统治时期、美国统治时期和独立以来三个时期的不同材料，试图构建一条菲律宾对黄岩岛"有效占领与有效管辖"的完整证据链。研究表明，菲律宾搭建的这条证据链实不能成立：(1)17 至 18 世纪部分菲律宾地图中出现的与 P. de Mandato 相对的海中未命名暗礁和 Panacot 并非今天的黄岩岛(Scarborough Shoal)；(2)1792 年至 1898 年黄岩岛不属于西班牙；(3)1898 年至 1935 年西班牙与美国均不认为黄岩岛为菲律宾群岛的组成部分，也无意于占领之；(4)1937 至 1938 年美菲当局虽对黄岩岛地位进行了内部讨论，但因西班牙不享有其权利，故美菲当局无法将其依 1900 年华盛顿条约纳入菲律宾群岛，嗣后的事实上也表明其未被纳入菲律宾群岛，未将其转移给独立后的菲律宾共和国；(5)由于中国政府已于 1935 年宣称对黄岩岛主权并持续对之进行管辖，及独立后的菲律宾政府所提证据不符合"有效控制"的诸要件，且相关措施弱于中方的国家行为，因此菲律宾政府所提"有效占领与有效管辖"说不能成立；(6)出于美济礁事件后国家安全考虑，菲律宾于 1997 年首次正式提出对黄岩岛主权。由此 1997 年当视为中菲黄岩岛争端的关键日期，菲方此后对黄岩岛的相关活动不具法律效力。

关键词：黄岩岛；有效占领；有效管辖

一、前言

2012 年中菲黄岩岛[①]船只对峙事件发生后，菲律宾外交部于 4 月 18 日发布《菲律宾关于巴约的马辛洛克及其附近水域的立场》文件(下文简称《立场文件》)，阐释菲律宾对黄岩岛及其附近水域享有的权利主张。其中，菲律宾摒弃了以往以"地理邻近"或"黄岩岛位于其专属经济区"为由主张黄岩岛主权的说法，也不再依赖于美西战后规定菲律宾群岛范围的巴黎条约，而是另辟蹊径以"有效占领与有效控制"说主张菲律宾独立后对黄岩岛进行了和平、持续的管辖。在《立场文件》中，菲律宾所提证据包括：菲方认为绘出黄岩岛的几幅西班牙统治时期菲律宾地图、1792 年西班牙对黄岩岛的测量、1965 年和 1997 年菲律宾在黄岩岛的升旗活动；1965 年和 1992 年在黄岩岛上建造灯塔；菲律宾对黄岩岛附近进行科研、捕鱼活动；2009 年菲律宾新领海基线法对黄岩岛的规定。[②]《立场文件》发布后，菲律宾部分学者还撰文从国际法角度对菲律宾政府所提"有效占领与有效管辖"说进行了更为详细地论证与阐述。[③]

---

① 如无特别说明，本文使用中文"黄岩岛"一名。

② Department of Foreign Affairs, *Philippine position on Bajo de Masinloc（Scarborough Shoal）and the waters within its vicinity*, Official Gazette of the Republic of Philippines, April 18,2012.

③ Lowell Bautista, "The Philippine claim to Bajo de Masinloc in the context of the South China Sea dispute", *Journal of East Asia and International Law*, Vol. 6, No. 2, 2013, pp. 22—23; Rodel A. Taton, "The Scarborough Shoal Dispute: An Analysis of the Dispue Resolution Mechanisms under Internaitonal Law", *Internaitonal Peer Reviewed Journal*, Vol. 6, Mar. , 2013, pp. 79—80.

从《立场文件》内容看,菲律宾此时主张的是"1946 年独立以后"对黄岩岛进行了"有效占领与有效管辖",未及独立以前。除 1734 年和 1808 年菲律宾地图外,所提证据也主要集中于 1946 年之后,鲜有再涉及独立以前的证据。但自 2012 年末之后,菲律宾通过各种途径不断检索、组合美国统治时期、西班牙统治时期的资料,将其对黄岩岛的所谓管辖证据年限或管辖历史,进一步上溯到整个殖民统治时期,并最终定格于确切的 1636 年。

菲律宾所提新证据包括:2012 年末,法国学者佛朗西斯·泽维尔·巴奈特(François—Xavier Bonnet)所撰《斯卡伯格礁地缘政治》一文,以新近发现的美国国家档案馆藏岛务局档案为据提出新论,认为美菲当局于 1937 至 1938 年之际已对黄岩岛提出过主权诉求,并依 1900 年华盛顿条约已将黄岩岛纳入菲律宾群岛。① 2013 年 4 月,在菲律宾大学亚洲中心和海洋法暨海洋事务研究所联合撰写的《菲律宾视角下西菲律宾海领土与海洋管辖争端入门》小册子中,菲律宾学者又提出新证,包括 1913 年美菲当局对黄岩岛进行了救援,对救援中产生的争端还运用菲律宾国内法进行了管辖;1961 年菲律宾对黄岩岛的测量;1980 年代美菲将黄岩岛视作势力范围并作为海军训练靶场。该书还吸收了巴奈特关于 30 年代末美菲当局已将黄岩岛纳入菲律宾群岛的观点。② 更为重要

---

① François—Xavier Bonnet, "Geopolitics of Scarborough Shoal", *Irasec's Discussion Papers*, No. 14, November 2012, www. irasec. com, pp. 11—12.

② A. Baviera & J. Batongbacal, *The West Philippine Sea: The Territorial and Maritime Jurisdiction Disputes from a Filipino Perspective — A Primer*, The Asian Center and Institute for Maritime Affairs and Law of the Sea, University of the Philippines, 15 April, 2013, pp. 32—33, http://philippinesintheworld. org/sites/default/files/FINAL_West%20Phil%20Sea%20Primer_UP%20%2815%20July%202013%29. pdf(Last visited on November 30, 2015); J. Batongbacal, *Bajo de Masinloc(Scarborough Shoal): Less—known Facts VS. Published Fiction*, Speech at De La Salle University, Sep. 26, 2014, http://www. imoa. ph/bajo—de—masinloc—scarborough—shoal—less—known—facts—vs—published—fiction/(Last visited on November 30, 2015).

的是,菲律宾大法官卡皮奥(Antonio T. Carpio)于 2013 年以来通过不同场合的讲演与 2014 年举办的系列菲律宾地图展,不仅解构中国对包括黄岩岛在内的南海诸岛权利,否定中国南海九段线的合法性,而且以搜集的西班牙时代菲律宾地图为据,将菲律宾对黄岩岛的管辖历史上溯到了 17 世纪的 1636 年。[①]

因此,自 2012 年《文件立场》发布后,菲律宾通过增补美治时代的相关文本证据,挖掘更为久远的西班牙时代地图资料等,正在搭建一条较为完整的贯穿于西班牙殖民统治时期、美国殖民统治时期、独立以后直至当代,三个时期长达四百年的对黄岩岛行使"有效占领与有效管辖"的证据链,以此服务于菲律宾政府的对外政策。

菲律宾《立场文件》发布后,国内学者已从国际法角度对"有效占领与有效管辖"说进行了有理、有节地批驳。[②] 然而相关研究并未适时跟进菲方所提新证据,对之相关理由进行辨析也就无从谈起。对菲方所提涉及黄岩岛权属的重大事件,如 1937—1938 年美菲当局对黄岩岛地位的内部讨论亦未关注,而这些重要节点的事件在讨论黄岩岛归属问题时无疑具有重大意义。有鉴于此,本文拟从历史与国际法角度对菲律宾 2012 年以来所提的相关证据链进行逐一分析,以期说明其不能成立之理由。

---

① Antonio T. Carpio, *Historical Facts*, *Historical Lies*, *and Historical Rights in the West Philippine Sea*; *Historical Truths and Lies*: *Scarborough Shoal in Ancient Map*, http://www.imoa.ph/the-south-china-sea-dispute/.

② 如张磊:《加强对黄岩岛有效控制的国际法依据》,《法学》2012 年第 8 期;高健军:《从国际法角度评菲律宾对黄岩岛的主权主张》,《法学杂志》2012 年第 10 期;孔令杰:《中菲关于黄岩岛领土主权的主张和依据研究》,《南洋问题研究》2013 年第 1 期;胡德胜:《驳菲律宾对黄岩岛的主权主张——领土取得的国际法视角》,《河北法学》2014 年第 5 期;王文扬:《黄岩岛主权问题的国际法探求》,吉林大学 2015 年硕士论文。

二、西班牙统治菲律宾时期黄岩岛不属于西属菲律宾群岛

1. 17—18 世纪菲律宾地图中与 P. de Mandato 相对的海中未命名暗礁与 Panacot 非黄岩岛

2014 年 9 月以来,菲律宾大法官卡皮奥(Antonio T. Carpio)在其举办的地图展及历次演讲中均认为,17 世纪出现于多幅欧洲人所制地图中与吕宋岛西北海岸"P. de Mandato"相对的海中一未命名暗礁或地理存在(见表1),即是后来 1734 年穆里略地图中出现的暗礁"Panacot",亦即后来的黄岩岛(Scarborough Shoal)。卡皮奥的上述观点不能成立。

表1　17 世纪出现与"P. de Mandato"相对的海中未命名暗礁地图汇总一览表

序号	年份	地图作者	地图所属国别及发行地	地图名称	图展序号
1	1636	Matthaus Merian	德意志法兰克福	China Veteribus Sinarum Regio Nunc Incolis Tame Dicta	23
2	1650	Pierre Mariette	法国巴黎	东印度及其附属岛屿总图	24
3	1662	Fredrick De Wit	荷兰阿姆斯特丹	东印度群岛图	25
4	1670	Nicholaus Visscher	荷兰阿姆斯特丹	东印度群岛总图	26
5	1676	John Speed	英国伦敦	东印度新图	27
6	1697	Philip Cluverius	荷兰莱顿	东印度群岛总图	28

资料来源:Antonio T. Carpio, *Historical Facts*, *Historical Lies*, *and Historical Rights in the West Philippine Sea*; *Historical Truths and Lies*: *Scarborough Shoal in Ancient Map*。

卡皮奥在地图展图 23 的注释说明中,对"P. de Mandato"的内

涵作出了解释。他写道，"该西班牙短语是指挥点的意思——这意味着那里有一支沿海警备部队驻守"（"P. de Mandato"means the point of command— which implies there was a Spanish military garrison in that coastal place）。卡皮奥的这一说法恰恰否定了与 P. de Mandato 相对的海中未命名暗礁是黄岩岛的可能。因为与 P. de Mandato 相对的海中未命名暗礁是另有所指。地图展图 26（对应于演讲稿第 32 页图 d）对 1670 年尼古拉斯所制地图的放大版表明，无论从地貌特征抑或从地貌所处方位看，与"P. de Mandato"相对的海中未命名暗礁即为 17 世纪菲律宾地图与相关航海志中所述的 Bolinao Shoal/Galit/North Maroona/ Double Headed Shot。该图对该地貌的描绘（两个相对的暗礁）也符合英国人后来对 Galit 的命名："双头礁"。

1734 年穆里略地图在吕宋岛以西海域绘有一条自马尼拉通往墨西哥阿卡普尔科港（Acapulco）的大帆船贸易航线。该航线在地图上的标注文字是"Derrotero Para la Nueva Efpanna Por el Cabo de Boxeador"或"Route pour la Nouvelle Espane par le Cap de Boxeador"，即经过 Boxeador（西班牙语意为拳击手，即今天的巴尔戈斯）角通往新西班牙的航线。该线的具体走向是，从马尼拉港出发，出马尼拉湾，向北越过 Galit 与 Panacot 之间水道，再折向东北，穿越 Boxeador 角，然后折向东通往墨西哥。从地图上看航线于 Galit 处转向了东北方向。这说明 Galit 扼守着大帆船贸易的重要航道。Galit 的地理位置与通往墨西哥的航线，决定了大帆船贸易时代的早期，西班牙有可能派驻一支常备军队驻守 Galit，即 P. de Mandato，以保卫航线的畅通与安全。

总之，从 P. de Mandato 的含义及 18 世纪图志对 Galit 的地貌描绘看，与 P. de Mandato 相对的海中未命名暗礁或地理存在系指 Galit/Bajo Bolinao/North Maroona/ Double Headed Shot，而非

Panacot/Masingola/South Maroona,更不是黄岩岛（Scarborough Shoal）。

1734 年,西班牙耶稣会士穆里略（Pedro Murillo Velarde）编制的《菲律宾群岛水道与地理图》（Carta Hydrographical y Chorographica De Las Yslas Filipinas）[①]在吕宋岛以西海域首次绘制了一个被称作"Panacot"的暗礁。据《英 — 他词汇袖珍词典》,"panacot"一词乃是他加禄语（Tagalog）"pananakot"一词的简略式,意为"威胁"（threat）。[②] 2012 年 4 月 18 日菲律宾外交部《立场文件》认为,地图中出现的 Panacot 即为 Bajo de Masinloc,亦即黄岩岛（Scarborough Shoal）。不过,近日北京大学学者李孝聪先生已撰文从系列历史地图入手指出 Panacot 非黄岩岛（Scarborough Shoal）的结论。[③] 附录 I 也对之进行了更加详尽的分析。这里不再赘述。

2. 1792—1898 年西班牙对黄岩岛进行所谓的管辖证据

1748 年 9 月 12 日,英国东印度公司的一艘运茶船"斯卡伯格号"于南中国海东部的一处暗礁触礁沉没。该礁后来被英语世界的国家称作斯卡伯格礁（Scarborough Shoal,即黄岩岛）,辗转通行于国际社会。18 世纪末 19 世纪初,位于菲律宾群岛的西班牙当局亦对黄岩岛进行了一次调查测量,并对之进行了独具特色的命名。

1792 年,西班牙王室派遣马拉斯皮纳（Malaspina）率领船队对海外殖民地进行了一次水文地理测量,其中包括对吕宋岛以西海域黄岩岛的测绘。1800 年 4 月由马尼拉的西班牙舰队司令所遣测量船

[①] 关于 1734 年穆里略所制菲律宾地图的详细研究,请参见拙文:《1734 年菲律宾群岛地图研究》,《元史及边疆与民族研究集刊》第二十九辑,上海:上海古籍出版社,2015 年,第 163—178 页。

[②] M. Jacobo Enriquez & M. O. Guzman, *Pocket Dictionary an English — Tagalog Vocabulary*, Manila: Philippine Book Company, 1949, p. 112.

[③] 李孝聪:《从古地图看黄岩岛的归属——对菲律宾 2014 年地图展的反驳》,《南京大学学报(哲学·人文科学·社会科学)》2015 年第 4 期,第 81—82 页。

"圣露西亚"号（*Santa Lucia*）再次对黄岩岛进行了测量。① 一幅《航海测量图》（*Plano de la Navigacion*）和一幅 1808 年《菲律宾总图》（Carta General de Filipinas）反映了两次调查黄岩岛的航行路线情况。②

这两幅地图不仅使用了英国人对黄岩岛的命名方式（Scarborough Shoal），而且首次出现了西班牙人的命名方式，即用沿海城市名＋礁的形式：Bajo de Masingloc（巴约的马辛洛克）③，意为 Shoal/Reef of Masinloc，即马辛洛克的礁石。④ 马辛洛克是菲律宾吕宋岛西海岸的

---

① James Horsburgh, *Memoirs：Comprising the Navigation to and from China，by the China Sea，and through the various Straits and Channels in the Indian Archipelago*，London：C. Mercier and Co. Northumberland court，Strand，1805，p. 28.

② 参见李孝聪：《从古地图看黄岩岛的归属——对菲律宾 2014 年地图展的反驳》，《南京大学学报（哲学·人文科学·社会科学）》2015 年第 4 期，第 81—82 页。另外，《航海测量图》可参见，2014 年菲律宾历史地图展第 44 图。《菲律宾总图》可参见，*Three Hundred Years of Philippine Maps*，p. 46。

③ 19 世纪初，西班牙制菲律宾地图对斯卡伯格礁的称谓并不完全一致。例如，1820 年 4 月 15 日一幅由阿拉贡（Ildefonso de Aragon）主持绘制的菲律宾地图（Archipelago Filipino)将斯卡伯格礁标注为 Bajo Scarburo 而不是巴约的马辛洛克。参见，Michael Lim Ubac, "Scarborough belongs to PH, old maps show", *Philippine Daily Inquirer*，Website：http://globalnation. inquirer. net/34369/scarborough－belongs－to－ph－old－maps－show; *Philippine Spanish－era map Shows Scarborough Shoal under Philippine Territory*，Website：http://www. freedomwall. net/news/philippine－spanish－era－map－shows－scarborough－shoal－under－philippine－territory，上网时间：2014 年 5 月 6 日。

④ 这里使用巴奈特在《斯卡伯格礁的地缘政治》一文中作出的解释。他认为 Bajo 是一个西班牙传统水道测量术语（an old Spanish hydrographic term)，意指礁（shallows）。因此可以将 Bajo de Masingloc 翻译为 Shallows of Masingloc，即马辛洛克的礁石。参阅，François－Xavier Bonnet, *Geopolitics of Scarborough Shoal*，p. 9，note 21。另一种观点则认为 Bajo de Masingloc 应翻译为 under Masinloc，即下马辛洛克。参阅 Department of Foreign Affairs of the Republic of the Philippines, *Philippine Position on Bajo de Masinloc and Waters Within its Vicinity*，April 18，2012。不过，2012 年 4 月 26 日菲律宾《每日问询者报》刊文指出，"Bajo"是指英语中的"Shoal"或"Shallow"，而非"under"，请参阅："'Bajo' means 'shoal' in English, not 'under'"，网址：http://opinion. inquirer. net/27597/'bajo'－means－'shoal'－in－english－not－'under'（上网时间：2014－5－17）。

一座重镇。集上述两种命名法于一体的标注方式还出现在以下几幅菲律宾地图①中：

（1）1812 年由英国阿伦·阿罗史密斯（Aaron Arrowsmith）所绘菲律宾地图。② 按照图上说明，作者在绘制此图时参阅了 1808 年菲律宾地图。

（2）1862 年由西班牙水文地理局（Direccion de Hidrografia）所编菲律宾地图。③

（3）1875 年由马德里水文局（Comision Hidrografica）路古纳（J. Noguera）制菲律宾地图。

其中，后两幅地图是由西班牙政府部门制作的。据称，1875 年菲律宾地图目前藏于西班牙马德里海军博物馆（Spain's Museo Naval de Madrid）。美西战争后的 1899 年美国战争部军情处再版了这幅 1875 年菲律宾地图，现已电子化后公布于亨廷顿电子图书馆（Huntington Digital Library）网站上。④ 1852 年西班牙人科埃略（D. Francisco Coello）绘制的菲律宾地图还明确以虚线框的方式将黄岩岛（地图标注为 Bajo Masinloc）与吕宋岛圈为一体，以示构成吕

---

① 相关地图还可参见 2014 年菲律宾地图展图 50 至图 57。
② 地图标注 Baxo de Masingloc ó Scarborough。地图电子版本可参阅网址：http://maps. bpl. org/id/14679。
③ 请参阅地图，Direccion de Hidrografia，Madrid，1862，Carta General del Archiepelago Filipino，电子地图的网址为：http://phimcos. org/gallery2/main. php？g2_itemId＝ 2971。该地图的左下角有斯卡伯礁的局部放大图。
④ 请参阅地图，Carta General（en dos hojas）del Archipiélago Filipino leventada principalmente por la Comision Hidrografica al mundo del Capitan de navio D. Claudio Montero Y Gay hasta el a？o 1870 con adiciones hasta 1875，网址为：http://hdl. huntington. org/cdm/ref/collection/p15150coll4/id/10550。另参阅 Michael Lim Ubac，"Scarborough belongs to PH, old maps show"，*Philippine Daily Inquirer*，网址：http://globalnation. inquirer. net/34369/scarborough－belongs－to－ph－old－maps－show，访问时间：2014 年 5 月 6 日。

宋岛的一部分。[①]

上述零星的事实——包括 1792 年和 1800 年位于菲律宾的西班牙当局对黄岩岛的测量、整个 19 世纪对黄岩岛的西班牙式命名、19世纪中叶的"地图行政管辖"以及 1866 年西班牙当局在黄岩岛周遭海域的救援活动[②]——可能勾勒、拼凑出一幅西班牙通过"有效控制"获得了黄岩岛主权或管辖权的图景。然而,这一结论并不成立。

3. 从国际法上看黄岩岛不属于西班牙

18 世纪西班牙不享有黄岩岛主权的理由有三:

首先,依据 19 世纪的国际法西班牙是不可能占有黄岩岛的。形成于 20 世纪初的奥本海国际法规定,(20 世纪初以前)"公海是自由的,所以它的任何部分都不能成为占领的客体。公海中的礁石或沙洲也不能成为占领的客体"[③]。1792—1898 年,黄岩岛显然是处于公海之上的,因为当时一般承认的领海宽度为三海里,最多不超过六海里[④],当时西班牙也主张六海里的领海制度。领海之外即视为公海。黄岩岛远离吕宋岛沿岸 120 海里,无疑属于公海中的礁石。

所以,正如巴奈特在《斯卡伯格礁的地缘政治》一文中所说,在西班牙对黄岩岛进行测量的 1800 年至 20 世纪,"对处于公海的沙滩、暗礁、岩石和珊瑚礁进行主权宣称是不可想象的",因此,"西班牙当局对马辛洛克礁的主权宣称,如果他们心中有此打算的话,在当时的

---

① 目前该地图电子版本已公布于位于美国纽约的一家名叫地理古地图(Geographicus Antique Maps)的网站中,网址为:http://www. geographicus — archive. com/P/AntiqueMap/Philipines3— morata — 1852。另外,菲律宾地图藏家协会(*Philippine Map Collectors Society*,简称 PHIMCOS)之官网亦公布了该地图的电子版本,参阅网址:http://phimcos. org/gallery2/main. php? g2_itemId=2949。

② Annuario de la Dirrecion de Hidrografia, ano4, numero 56, Madrid, 1866, pp. 18—19, 转引自,François—Xavier Bonnet, *Geopolitics of Scarborough Shoal*, p. 9.

③ [英]劳特派特修订:《奥本海国际法》上卷《平时法》第二分册,王铁崖、陈体强译,北京:商务印书馆,1989 年,第 75—76 页。

④ 参阅《奥本海国际法》(上卷《平时法》第二分册),第 28 页注释四。

国际环境下是不可能成功的"①。也就是说,19 世纪那个时代西班牙即使宣称对黄岩岛拥有主权的话,表现为测绘、命名、救援等系列行动,但在国际社会也是得不到认可的。这一时期西欧国家所绘的菲律宾地图也恰好反映了此点。例如,1851 年英国所绘东南亚地图无任何标识表明黄岩岛属于西属菲律宾②,1861 年英国所绘菲律宾地图中更未绘出黄岩岛③;1846 年法国所绘地图也没有黄岩岛④;德语世界于 1852 年和 1855 年绘制的东南亚地图也无特别的标志表明黄岩岛属于西属菲律宾⑤。尽管上述列举的地图大多由私人制作,在可靠性及有效性上略显不足,但这些地图在说明当时西班牙对黄岩岛的"主权宣称"未获得国际社会,至少是西欧国家的普通认可方面,仍不失为一种证据。

其次,在明知他国对黄岩岛进行测量时,西班牙当局却未进行抗议。1866 年 4 月,英国"海燕号"(Swallow)测量船在怀尔德(E. Wilde)的指挥下,对黄岩岛进行了一次较为详实的调查。1879 年西班牙《多罗特奥菲律宾群岛航海指南》(Dorroteo del Archipielago Filipino)记录了英国的此次调查情况。这说明西班牙当局知晓英国人的测量活动,但没有任何材料显示,西班牙对英国的这一行动提出

---

① François—Xavier Bonnet, *Geopolitics of Scarborough Shoal*, p. 9.

② 参阅网址:https://www. raremaps. com/gallery/detail/36744/Malay_Archipelago_or_East_India_Islands/Tallis. html。

③ 参阅网址: http://phimcos. org/gallery2/main. php? g2 _ itemId = 2958&g2 _ imageViewsIndex=1。

④ 参阅网址: http://phimcos. org/gallery2/main. php? g2 _ itemId = 2914&g2 _ imageViewsIndex=1。

⑤ 参阅网址: http://www. davidrumsey. com/luna/servlet/detail/RUMSEY~8~1~244582~5513941:Die—Ostindischen—Inseln———East—Indi? qvq=q:country%3D" Philippines "; lc: RUMSEY ~ 8 ~ 1&mi = 107&trs = 126; http://www. davidrumsey. com/luna/servlet/detail/RUMSEY ~ 8 ~ 1 ~ 33522 ~ 1171008: Ostindischen— Inseln —? qvq= q:country%3D" Philippines "; lc: RUMSEY ~ 8 ~ 1&mi=103&trs=126。

了抗议。这无疑表明当时位于菲律宾的西班牙当局默认了黄岩岛不在其行政管辖下、不是其领土。

最后,西班牙将黄岩岛纳入其行政管辖下的材料不充分。除这一时期几幅地图外,菲律宾未提出其他实质性的能证明西班牙对之进行管辖的证据。而地图中最能体现西班牙对黄岩岛有"占领意图"的当属1852年地图,但实际上该地图的可靠性是值得怀疑的。尽管1852年地图将黄岩岛以虚线框纳入吕宋岛,但这并不意味着西班牙对之进行了有效管辖。因为地图同样以虚线框将中国台湾岛的南端和东沙岛(地图标注为 I. y Bajo de la Plata)纳入了菲律宾的巴坦省(Provincias de Batanes);以同样方式将北婆罗洲的大部和苏禄群岛圈入了菲律宾群岛的行政管辖范围。这无疑是一种夸大的手法。无任何资料显示,西班牙曾对这些地方,特别是台湾岛南部和东沙岛拥有主权或管辖权。由此,1852年地图的有效性值得高度怀疑。[①] 此外,西班牙对黄岩岛附近遇难船只的搜救也不能作为对之进行有效管辖的证据(此点下文还将提及)。

总之,从国际法上看,19世纪西班牙对黄岩岛进行的所谓测量、命名和救援活动,并不意味着西班牙获得了对黄岩岛的主权或管辖权。正如菲律宾《立场文件》本身所言,"至于命名和地图,在决定主权时没有根据。在涉地物所有权和主权问题的国际法案件中,命名和地图在国际法院决定主权时不作为决定性的考虑因素"[②]。既然菲律宾认为命名与地图不能作为决定领土主权的重要依据,那么菲方又怎能依此宣称西班牙时期菲律宾对黄岩岛的主权呢? 事实上,西

---

① Carlos Quirino & Leovino Ma. García ed. , *Philippine Cartography 1320—1899*, third edition, Quezon City: Vibal Foundation, 2010, p. 74.

② Department of Foreign Affairs, *Philippine position on Bajo de Masinloc (Scarborough Shoal) and the waters within its vicinity*, Official Gazette of the Republic of Philippines, April 18, 2012.

班牙不认为黄岩岛属于菲律宾群岛的组成部分,因为至美西战争后其还将黄岩岛视作"化外之地"。

三、1898—1935 年黄岩岛不属于菲律宾群岛

1. 美西战争后美西双方不认为黄岩岛属于菲律宾群岛

1898 年美西战争后通过双方签订的巴黎条约,西班牙将菲律宾群岛割让给美国。在签订条约前后西班牙不认为黄岩岛属于菲律宾群岛。第一,巴黎条约明确将菲律宾群岛的西部界限规定在东经 118 度,黄岩岛处于该界限之外。第二,1900 年美西双方签订的华盛顿条约规定:"西班牙割让给美国其在缔结巴黎条约时可能拥有的、对位于该(巴黎)条约第三款所述范围之外的属于菲律宾群岛的全部岛屿,特别是对于卡加延苏禄、锡布图岛及其属地的权利及权利主张,并同意所有这些岛屿应全部包括在所割让的群岛之中。"尽管有学者认为该条约适用的岛屿范围并不仅限于条约中提及的卡加延苏禄岛和锡布图岛,还可以适用于其他岛屿,后来 1930 年美英进行北婆罗洲沿岸一带的岛屿划定时,美方即依此条约从法理上论证其主张的合理性。[①] 但是 1900 年签订华盛顿条约之际,西班牙驻美大使阿克斯在给国内的电报中明确认为,除了卡加延苏禄岛和锡布图岛外,再无其他处于 1898 年巴黎条约之外但仍属于西班牙的岛屿。[②] 1930 年美英条约虽事实上否定了阿克斯的观点,但再次发生岛屿主权转移的区域却是位于苏禄海域,而无关吕宋岛以西海域。对吕宋岛以西海域中岛礁地位的认知,西班牙人当时并未犯错。因此,菲律宾学

---

① Cf. , United States Department of State, *Papers relating to the foreign relations of the United States*, *with the annual message of the president transmitted to Congress*, December 3, Part I, U. S. Government Printing Office, 1907, p. 542.

② *Spanish Diplomatic Correspondence and Documents 1896—1900*, p. 397.

者巴通巴克关于西班牙在美西战争之际享有对黄岩岛的"主权或宣称主权",进而美国可依 1900 年华盛顿条约将其纳入菲律宾群岛的观点,是站不住脚的。[1]

美西战后美国也不认为黄岩岛隶属于西班牙而应割让给美属菲律宾群岛。1898 年美西巴黎条约中关于转让的菲律宾群岛范围即为美方所确定。将菲律宾群岛西部界限确定为东经 118 度,说明美国不认为当时地图上出现的斯卡伯格礁或马辛洛克礁(黄岩岛)为西班牙所有。如果说 1898 年美国确定条约草本时略显仓促,而未充分调研西班牙在菲律宾群岛享有主权或管辖权的岛屿范围,那么在卡加延苏禄岛和锡布图岛引发的美西两国争端后至 1900 年美西签订华盛顿条约之际,美方已经对西属菲律宾群岛的相关情况作了较为详尽的调查研究。[2] 前文提及的 1899 年美国战争部情报处再版了一幅 1875 年西班牙水文局绘制的菲律宾地图,该图即标记了黄岩岛(地图上标记名称为 Scarborough Shoal ó Bajo de Masinloc)。作为关键性政府部门的战争部[3]对已获悉的标记有 Scarborough Shoal 的菲律宾地图,其不可能没有注意到地图中绘有 Scarborough Shoal 这一事实。而次年的 1900 年当双方签订华盛顿条约时美方却未提及该礁,这无疑说明美国此时仍不认为该礁属于西班牙应该转让给美国的地方。换言之,黄岩岛不是西班牙的领土。同样,1930 年美英签订北婆罗洲边界条约时,也未涉及黄岩岛问题。

---

[1] J. Batongbacal, *Bajo de Masinloc（Scarborough Shoal）: Less—known Facts VS. Published Fiction*, Speech at De La Salle University, Sep. 26, 2014, http://www.imoa. ph/bajo—de—masinloc—scarborough—shoal—less—known—facts—vs—published—fiction/, Last visited on December 2, 2015.
[2] *Spanish Diplomatic Correspondence and Documents 1896—1900*, p. 381.
[3] 对菲律宾群岛范围的确定工作事实上即是由军方人士负责的。参见王胜、华涛:《菲律宾条约界限的性质刍议——以条约界限的形成、演变与确立为中心》,《太平洋学报》2014 年第 12 期。

美西战争后西班牙对菲律宾群岛范围的定位与对黄岩岛地位的漠视态度也说明了 19 世纪存在的所谓西班牙对黄岩岛的命名、测量、救援等行动并不能证明黄岩岛已为西班牙所有。美国对菲律宾群岛范围的确立也表明美国不认为黄岩岛是构成西属菲律宾群岛的组成部分。20 世纪早期美国依据签订的条约在不断调整菲律宾群岛构成范围的过程中,也未表现过对黄岩岛的主权宣称意图或行动。

2. 1913—1916 年美菲当局对黄岩岛附近的船只救援不等于对之进行了有效管辖

前文提及,菲律宾认为其对黄岩岛进行有效管辖的证据之一是,1913 年美菲当局对黄岩岛附近遇难船只进行了救援,且菲律宾国内法庭对相关争端进行了审理。这一说法首见于 2013 年 4 月菲律宾大学亚洲中心和海洋法暨海洋事务研究所合著的《菲律宾视角下西菲律宾海领土与海洋管辖争端入门》一书。随后 2014 年 8 月 23 日菲律宾大学海洋法暨海洋事务研究所所长巴通巴克在马尼拉雅典耀大学作演讲时再次提及了此点。该观点之后被法国学者巴奈特在其《斯卡伯格礁的地缘政治》一文中援引。[1] 2014 年 9 月 26 日巴通巴克在德拉萨尔大学作题为《马辛洛克礁(斯卡伯格礁):真相少闻与虚构公知》[Bajo de Masinloc(Scarborough Shoal):Less-known Facts VS. Published Fiction]的讲演中又详细地阐述了这一观点。[2]

所谓的救援活动指的是:1913 年由马尼拉驶往新加坡载有椰干的挪威籍汽船"立邦号"(Nippon)于马辛洛克礁搁浅了,马尼拉航行局派遣菲律宾海岸警卫队"民多洛号"(Mindoro)小艇对该船及其船

---

① François—Xavier Bonnet, *Geopolitics of Scarborough Shoal*, p. 9.

② J. Batongbacal, *Bajo de Masinloc（Scarborough Shoal）：Less—known Facts VS. Published Fiction*, Speech at De La Salle University, Sep. 26, 2014, http://www.imoa. ph/bajo—de—masinloc—scarborough—shoal—less—known—facts—vs—published—fiction/, Last visited on December 2, 2015.

员进行了救助。当打捞公司和保险公司就打捞的椰干货物利益发生争端后,马尼拉的第一保险法庭受理了该案,并于 1916 年最终提交给了菲律宾最高法院。^①菲方认为,最高法院对争端事件的每一处重要细节都进行了讨论,因此留下了菲律宾行使不同管辖权的证据记录。该案件体现出一个国内法庭的行动具有重要的国际意义。所述的事实和案件本身表明,菲律宾绝对无拘束地行使了政府权力,并对发生于该礁的活动运用了菲律宾国内法。^②

菲律宾的这一说法看似严密,实际上存在着致命的漏洞。第一,菲律宾是对管辖标的物的变相转移。在此次发生海难前不久的 1910 年,美欧 50 余国已于布鲁塞尔签订《关于统一海上救助若干法律规则》(Convention for the Unification of Certain Rules of Law respecting Assistance and Salvage at Sea)(即《1910 年救助公约》,Salvage Convention of 1910)。公约于 1913 年 3 月 1 日起生效。^③公约对公海遇难船只实行救助予以了明确规定。其第一条"救助服务适用于海上航行,也适用于内河航行"规定:对于遇难的海船、船上财物和客货运费的救助,以及海船和内河船舶相互之间的救助,不论属于任何一种,也不论发生在何种水域,都适用下列规定。第十一条"应当施与的救助"规定:"对于在海上发现的遭遇生命危险的每

① A. Baviera & J. Batongbacal, *The West Philippine Sea: The Territorial and Maritime Jurisdiction Disputes from a Filipino Perspective — A Primer*, The Asian Center and Institute for Maritime Affairs and Law of the Sea, University of the Philippines, 15 April, 2013, pp. 32—33. http://philippinesintheworld. org/sites/default/files/FINAL_ West% 20Phil% 20Sea% 20Primer _ UP% 20% 2815% 20July% 202013%29. pdf (Last visited on November 30, 2015).

② J. Batongbacal, *Bajo de Masinloc (Scarborough Shoal): Less — known Facts VS. Published Fiction*, Speech at De La Salle University, Sep. 26, 2014, http://www. imoa. ph/bajo — de — masinloc — scarborough — shoal — less — known — facts — vs — published—fiction/, Last visited on December 2, 2015.

③ 司玉琢:《海商法》,北京:法律出版社,2007 年第 2 版,第 291 页。

一个人,即使是敌人,只要对其船舶、船员和旅客不致造成严重危险,每一船长都必须施救。"①这就是说,对公海上遇难的船只进行救助,无论是对沿岸国还是对个人或经过船只都是一项法律义务。这时黄岩岛显然是处于远离菲律宾的公海之上的,由于美国参加了 1910 年救助公约,那么作为美国殖民地的菲律宾当局也就有按照公约条例进行相关救助的义务。但这并不代表救援方所隶属国家对发生海难的岛礁本身领土及其附近水域行使了一种主权意义上的管辖权。沿海国对遇难船只及其人员的救助,其管辖的标的物是遇难事件中的船只与人员,而非发生船只遇难地区的岛礁和海域。

第二,菲律宾国内法庭与最高法院对该案进行了审理,并不能代表菲律宾政府对该礁本身及其附近海域进行了管辖。该船是一艘从马尼拉开往新加坡的货船,因遭遇台风而搁浅于黄岩岛。从救援角度看,菲律宾依照国内法派遣相关救援队伍,包括后来美方派遣海岸与大地测绘局所属船只参与救援,乃是一种人道主义的表现,海商法明确规定"多数国家依据国内条例,命令它们的军舰救助在海上遇难的任何船舶"②。而对因救助货物的偿金而引起的相关方争端,海商法也规定了国内法院的相关管辖权利:"承认要求救助偿金的权利,并且规定了一套统一的规则,以供对救助偿金诉讼案件和由于救助遇难船舶所引起的求偿案件行使管辖权的国内法院适用。"因此,马尼拉地方法院和最高法院对该案件的受理并不意味着菲律宾对黄岩岛区域的领土或海洋进行了管辖。

从国际司法实践看,美菲当局的救援活动也不能被视作对黄岩岛进行有效管辖的证据。例如,1953 年法/英曼基埃和埃克里荷斯

---

① *Convention for the Unification of Certain Rules of Law respecting Assistance and Salvage at Sea*, Brussels, 23 September 1910, http://cil. nus. edu. sg/rp/il/pdf/1910%20Assistance%20and%20Salvage%20Convention—pdf. pdf.

② 《奥本海国际法》第二分册上卷,第 115—116 页。

群岛案(The Minquiers and Ecrehos Case)中,法院认为英国提出的事实,即"1779 年泽西岛码头和港口管委会发布的一道命令——资助船只所有人使用他的船只或由其授权给在曼基埃的船员'用于帮助和拯救那些有必要的于此地船只失事的人'",并不能成为其主张曼基埃主权的理由。在法院看来:"这(对遇难船只进行救援一事)表明管委会对在曼基埃付诸此类服务感兴趣,但它很难被认为是一种对小岛行使管辖权的措施,也不能认为管委会这样做是因为将曼基埃当作了泽西岛的一部分。"而对英方进一步援引 1811 年和 1817 年泽西皇家法庭处理涉及泽西岛人参与曼基埃失事船只的救助事实来主张对曼基埃的主权时,法院认为"这些都是普通的救援案例,它不能表明如果救助发生在泽西领土之外,泽西皇家法庭就没有管辖权",即不论船只遇难是否发生于泽西领土范围内,法庭对救援都有管辖权,但这并不涉及领土主权,从而再次否决了英方的相关证据理由。[1] 与此案极其相似,对发生于黄岩岛的遇难船只进行救助,这不能表明美菲当局对黄岩岛进行了管辖,也不能认为黄岩岛已被当作菲律宾群岛的一部分。

如果美菲当局试图通过此举表达对黄岩岛占领意图的话,也是不能成立的。正如在"厄立特里亚/也门仲裁案"(第一阶段)中,仲裁庭否定了双方搜寻与救助遇难船舶的行动在"有效控制"评价过程中的法律意义,因为向遇难船只提供救助是海洋法上的一般义务。[2] 对此,在国际法院作出的判决中写到:1974 年,厄立特里亚曾试图对一艘国籍未明的遇难船只进行救助,但因恶劣天气和技术缘故导致救援未果。1990 年,在相关方船员的请求下,也门港口当局救助了一

---

[1] *The Minquiers and Ecrehos case*, *Judgment of November 17ᵗʰ*, 1953: I. C. J. Reports 1953, pp. 25—26.

[2] 谈中正:《岛礁领土取得中的"有效控制":兼论南沙群岛的法律情势》,《亚太安全与海洋研究》2015 年第 1 期。

艘在 Jabal Zuqar 海岸遇险的伊拉克船只。然而,在国际海洋法下,对任何处于困境中的个人或船只给予帮助是一项义不容辞的普遍义务,从这些事件中得不出任何寻求岛屿主权意图的合理结论。[①] 事实上,这一举措未表明美菲当局有宣称黄岩岛主权的意图,否则 30 年代末美菲当局就不会再次对其主权归属问题展开讨论了。

3. 1918 年菲律宾统计未将黄岩岛纳入菲律宾群岛

巴通巴克在其演讲中还提及出版于 1920 年的《1918 年菲律宾群岛统计》将黄岩岛列入由美菲当局搜集的菲律宾群岛(岛屿)构成的一份官方目录中,此事实进一步巩固了菲律宾对黄岩岛的管辖权和主权。

事实上,这是对书中原意的误读。在《1918 年统计》第 595 页、一份题名为"地理名称表"中,黄岩岛的名字被置于"菲律宾群岛"和"救援"的地图类别中,其地理性质(feature)被归为"暗礁"(Reef),并记有具体的经纬度。《统计》对菲律宾群岛的省况,如地理、历史与统计数据进行了详细介绍,并绘有各省详图。"地理名称表"记录了《统计》一书中出现的所有地图中的地名,包括各省份地图中的地名。然而表中黄岩岛之名并未像其他地名或岛屿名被置于不同省份地图中,而是被纳入了"菲律宾群岛"政治图和"救援"地图中。[②] 这表明黄岩岛当时并不隶属于菲律宾群岛中的任何省份,没有被纳入现今菲律宾声称的该礁处于吕宋岛三描礼士省的行政管辖下。有关三描礼士省的概况说明与地图也未出现黄岩岛的名字。[③]

---

① *Award of the Arbitral Tribunal in the First Stage of the Proceedings between Eritrea and Yemen* (*Territorial Sovereignty and Scope of the Disputes*), p. 82, paras. 284—286.

② The Census Office of the Philippine Islands, *Census of the Philippine Islands*: *Taken under the Direction of the Philippine Legislature in the Year* 1918, Volume I, Manila: Bureau of Printing, 1920, p. 67, p. 595.

③ Ibid., pp. 271—274.

　　黄岩岛出现于具有政治属性的《菲律宾地图》中,正如这一时期其他美制菲律宾地图一样[1],这并不代表其已被"纳入"菲律宾群岛、其主权已为美菲当局所享有。从地图制图学角度看,画出一国行政区划图的同时,为便于识别与参照,通常将并不属于本国的但与本国国境相邻、相近的国外地区一并绘出来,这在地图制作史上比比皆是。鲜有认为一国行政区域图中出现的地理单元都是本国领土的观点。相反,这一时期菲律宾群岛的范围已为1898年巴黎条约和1900年华盛顿条约所规定,其西部范围为东经118度,不包括黄岩岛。

　　20世纪20年代的一幅菲律宾地图也证实了这一点。1925年再版于美国纽约图书公司的贝润斯《菲律宾史》一书中收录了一幅带有巴黎条约线和后来条约界限的地图。[2] 该图右上角说明中写有"以1908年霍奇森的菲律宾地图为基础并酌以1924年政府资料修订而成"[Based on Hodgson's map of the Philippine islands (1908) with 1924 revisions based on Government source]的字样。这就是说,1925年菲律宾地图是参照1908年菲律宾地图和1924年政府最新资料重新编绘而来的。如果说1918年统计将黄岩岛纳入菲律宾群岛的话,那么何以参照1924年政府资料编绘于1925年的菲律宾地图仍将菲律宾群岛西部范围确定为东经118度呢。

　　显然,美菲当局无论于1918年统计前后,还是20年代都没有将黄岩岛纳入菲律宾群岛。而在《菲律宾群岛救援图》中出现黄岩岛之名,恰是前文所述1913年挪威籍货船遇难后美菲当局对之进行救助系列情况的客观事实反映,但这同样不意味着地图中出现的地理区

---

[1] 例如,笔者研究过的1908年霍奇森菲律宾群岛地图,即将黄岩岛明确排除在巴黎条约规定的菲律宾群岛范围之外。参见王胜、华涛:《稀见1908年菲律宾群岛地图研究——黄岩岛主权归属研究之一》,《中国边疆史地研究》2015年第1期。

[2] David P. Barrows, *History of the Philippines*, New York: World Book Company, 1925, Preface.

域均为美属菲律宾群岛的领土。

4. 1935 年菲律宾宪法所提"现政府享有管辖权的所有领土"不针对黄岩岛

巴通巴克在其演讲中提出的另一条证据是,1935 年菲律宾自治政府宪法规定,菲律宾领土不但包括 1898 年、1900 年和 1930 年三个国际条约所规定的范围,还包括"菲律宾群岛现政府享有管辖权的所有领土"。作者认为由于西班牙统治时期和 1930 年代以前美菲当局对黄岩岛进行了"有效管辖",因此黄岩岛是作为 1935 年宪法中所提的"现政府享有管辖权的所有领土"中的一部分而纳入菲律宾群岛的,而不依赖于三个国际条约。这一说法亦是对宪法原文的断章取义。事实上,1935 年宪法所提"现政府享有管辖权的所有领土"是特指棉兰老岛和苏禄群岛等穆斯林地区而非黄岩岛。

据菲律宾学者塞韦里诺在其《菲律宾在世界何处?》一书中的说法,1935 年宪法加入"国家领土"的内容,是为了明确表示"棉兰老岛和苏禄群岛是菲律宾的一部分,预防美国保留对菲律宾群岛其余部分恢复独立地位的可能,阻止它们从国家分离"①。因为 1905 年、1909 年和 1926 年美国部分官员曾建议将苏禄群岛、棉兰老岛、巴拉望岛等,即穆斯林地区与北方菲律宾相分离,而成立单独的棉兰老殖民地。例如,1909 年摩洛省代理省长霍伊特(Ralph W. Hoyt)已向上级建议,将棉兰老、苏禄和巴拉望岛与菲律宾的其他部分相分离开来,组成单独由美国控制的"棉兰老殖民地"。② 20 世纪二三十年代,某些摩洛精英极力反对北方菲律宾人提出的自治要求。相反,他们提

---

① Rodolfo C. Severino, *Where in the World is the Philippines? Debating Its National Territory*, Manila: Carlos P. Romulo Foundation, 2011, p. 22.

② Peter G. Gowing, "Moros and Indians: Commonalities of Purpose, Policy and Practice in American Government of Two Hostile Subject Peoples", *Philippine Quarterly of Culture and Society*, Vol. 8, No. 2/3 (June/September 1980), p. 146.

出了继续接受美国人而非其传统敌人——基督教菲律宾人的保护的诉求。他们向美国总统和国会提交了密集的请愿书,请求将棉兰老和苏禄并入美国领土,而不是将这些岛屿纳入独立的菲律宾。[①] 1926 年来自纽约的共和党议员贝肯(Robert Low Bacon)向美国众议院提出了一份将棉兰老岛和苏禄群岛从菲律宾群岛分离的法案。[②]

而 30 年代菲律宾的马尼拉中央政府从行政上已对穆斯林地区进行了直接管辖。1913 年威尔逊总统和哈里森总督上任后,加快实施"菲人治菲"政策的步伐,试图将南部摩洛人融合进统一的菲律宾人政治架构中。[③] 1913 年军管的摩洛省被文官治理的棉兰老和苏禄部取代。1916 年琼斯法案又创设新的非基督教部落局(Bureau of Non—Christian Tribes)监管这些省份的政府。[④] 1920 年棉兰老和苏禄部被正式废除,非基督教部落局监管下的七省份从而直接对内务部负责。上述转变开启了将棉兰老岛逐渐正式纳入菲律宾(中央政府)管辖和治理轨道的菲律宾化进程。[⑤] 变化不仅是行政上的。截至 30 年代,摩洛地区的地方事务决策权已由三宝颜转移至马尼拉,这些事务涉及教育服务、公共事业、医疗卫生、刑罚处置、农业生产和公有土地等诸多方面。[⑥] 摩洛地方的税收归马尼拉中央政府所有。同

---

① Federico V. Magdalena, "Moro—American Relations in the Philippines", *Philippine Studies*, Vol. 44, No. 3 (Third Quarter 1996), p. 433.

② Rodolfo C. Severino, *Where in the World is the Philippines*? pp. 17—18.

③ Ralston Hayden, "What Next for the Moro?" *Foreign Affairs*, Vol. 6, No. 4 (Jul. 1928), p. 639.

④ Lanny Thompson, "The Imperial Republic: A Comparison of the Insular Territories under U. S. Dominion after 1898", *Pacific Historical Review*, Vol. 71, N0. 4 (November 2002), p. 571.

⑤ Eric Casiño, "Review: Making Mindanao: Cotabato and Davao in the Formation of the Philippine Nation —State", *Philippine Studies*, Vol. 49, Vo. 1(First Quarter 2001), p. 132.

⑥ Ralston Hayden, "What Next for the Moro?" *Foreign Affairs*, Vol. 6, No. 4 (Jul. 1928), p. 640.

时,虽然摩洛地区传统的政治精英或多或少地担任了地方部门的领导岗位,但基督教菲律宾人所占领导职位的比例也呈增长趋势。

在上述背景下,1934 年制宪会议尽管在明知三个国际条约事实上已包括棉兰老岛和苏禄群岛,以至于加入"菲律宾群岛现政府享有管辖权的所有领土"字样时,不免显得重复冗杂,但为了避免美国未来分裂菲律宾,特别强调当时菲律宾中央政府已有管辖权的穆斯林地区作为"国家领土"不可分割的一部分。因此,1935 年宪法中所提"菲律宾群岛现政府享有管辖权的所有领土"是专指棉兰老岛和苏禄群岛而非黄岩岛。而巴通巴克演讲中提及的 1973 年菲律宾宪法中"享有历史性权利或合法权利"的领土,实际上指代的是菲律宾与马来西亚有争端的沙巴州,而非黄岩岛;1987 年菲律宾宪法中的"菲律宾享有主权或管辖权"的地方,除指代沙巴州之外,还有 70 年代菲律宾非法占领的南沙部分岛礁,但也绝非是黄岩岛。

一言以蔽之,1898—1935 年间,美西均不认为黄岩岛属于菲律宾群岛。1913—1916 年美菲当局对黄岩岛附近遇难船只的救援,并不代表当局对黄岩岛本身行使了管辖权;1918 年菲律宾统计未将黄岩岛纳入菲律宾群岛;1935 年菲律宾自治政府时期宪法所提"现政府享有管辖权的所有领土"不针对黄岩岛。

四、1937—1938 年美菲内部讨论未将黄岩岛纳入菲律宾群岛

2012 年 11 月,《当代东南亚研究中心讨论版》(Irasec's discussion papers)第 14 期发表一篇署名为佛朗索瓦·泽维尔·巴奈特(François－Xavier Bonnet)的文章——《斯卡伯格礁的地缘政治》(*Geopolitics of Scarborough Shoal*)。文中作者利用美国国家档案馆藏岛务局档案指出,1937—1938 年美菲当局曾对斯卡伯格礁(黄岩岛)有无可能依据 1900 年美西华盛顿条约并入菲律宾群岛进行了

内部讨论。作者试图说明美菲当局此次的内部讨论是对黄岩岛主权宣称的积极举动,且讨论后的美菲当局已将黄岩岛依 1900 年美西华盛顿条约纳入菲律宾群岛。这一历史叙事是以往海内外学界从未关注到的,更是对中国学者包括中国政府长期以来声称菲律宾对黄岩岛的主权声索首次出现于 1997 年观点的直接颠覆。[①] 那么 1937—1938 年美菲当局是如何讨论黄岩岛地位? 美菲当局是否能依 1900 年华盛顿条约将黄岩岛纳入菲律宾群岛? 他们是否亦从实践上践行了这一做法,从而颠覆了以往声称的菲律宾首次宣称黄岩岛主权于 1997 年的观点?

这份档案材料藏于美国国家档案馆,隶属于岛务局系列。岛务局是美西战争后美国政府成立的专门管辖海外殖民地古巴、波多黎各和菲律宾群岛事务的行政机关。[②] 目前国家档案馆岛务局系列收藏了众多有关上世纪早期这些地方的资料。而涉及黄岩岛的这份档案资料主要是 1937—1938 年美菲内部的一些政府官员与行政部门,如美驻菲高级专员、美驻菲海岸与大地测量局、菲自治政府总统办公室、美国国务院、战争部、商务部,对黄岩岛主权地位的讨论。[③] 巴奈特的文末附录了这份政府档案,这为我们进一步研究 20 世纪 30 年代末美菲内部关于黄岩岛[④]的地位讨论提供了可能。

---

① 例如 Zou Keyuan, "Scarborough Reef: A New Flashpoint in Sino — Philiipine Relations?" *IBRU Boundary and Security Bulletin Summer*, Vol. 7, No. 2, 1999, pp. 74—76;《黄岩岛十问》,2012 年 6 月 15 日,参见中国南海研究院官方网址:http://www. nanhai. org. cn/news_detail. asp? newsid=2545,访问时间:2014 年 6 月 23 日。

② 相关内容可参见美国国家档案馆官网:http://www. archives. gov/research/guide — fed — records/groups/350. html。

③ François—Xavier Bonnet, *Geopolitics of Scarborough Shoal*, pp. 38—42。

④ 后面引文时为保持史料原貌,涉及黄岩岛名称时使用英译名斯卡伯格礁。

1. 美菲内部关于斯卡伯格礁（黄岩岛）地位的内部讨论

据美岛务局资料显示，这场内部讨论始于一封美菲政府部门间的公函。1937 年 12 月 6 日，马尼拉的美国海岸与大地测绘局（U. S. Coast and Geodetic Survey）局长托马斯·马厄（Thomas J. Maher），收到一封来自美国驻马尼拉高级专员科伊（Wayne Coy）的公函。科伊向马厄询问："处于马尼拉—香港航线上的斯卡伯格礁（Scarborough Reef），大概位于马尼拉以北约 200 英里处。您能告诉我，它是否位于菲律宾的领海（Philippine territorial waters）之外，如果它处于领海之外，对之尚未宣称过主权吗？"[①]

接到专员科伊公函后，马厄局长于 12 月 10 日给予了答复。在回信中，马厄首先提及了测绘局迄今发现的关涉斯卡伯格礁的五份图籍资料：1836 年《印度指南》（India Directory 1836）；翻译来的 1879 年"菲律宾群岛航路"（Derrotero de Archipelago Filipino）；英国海军部出版的《中国海指南》（the China Sea Pilot）第二卷；法国水文局出版的《沿岸航海指南》）（the Coast Pilot）；一幅用条约界限绘出菲律宾群岛范围的 4200 号地图。

马厄还指出了 4200 号地图中斯卡伯格礁最东边缘距离西部条约界限 9 英里的事实，并强调条约界限的形成基础是，1898 年巴黎和约、1900 年美西华盛顿条约、1928 年海牙法院仲裁和 1930 年美英条约。不过，马厄认为："界限是由地域范围而非固定的边界决定的"（The limits are determined by extent of territory instead of by fixed

---

① Letter from Wayne Coy, Office of the U. S. High Commissioner in Manila, to Thomas J. Maher, U. S. Coast and Geodetic Survey Manila, December 6, 1937. Bureau of Insular Affairs (BIA) 907. 127 NARA . Transcriptions of some records, concerning Scarborough Shoal, in the Bureau of Insular Affairs papers (BIA) in the U. S. National Archives Records Administration (NARA). Cf. , François — Xavier Bonnet, *Geopolitics of Scarborough Shoal*, p. 38.

boundary),而且"两次变动(意指 1928 年和 1930 年两次岛屿变更——引者注)表明界限是有可变动的(flexibility)"。

在扼要叙述了条约界限的形成过程,与表达自己对界限的定性后,马厄转向论述有关菲律宾地图中吕宋岛西部海域的岛屿问题。他指出,现代菲律宾地图(大概指 19 世纪后半叶以后的地图)与旧地图(指西班牙占领菲律宾后至 19 世纪前期的菲律宾地图——引者注)中吕宋岛西部海域岛屿位置存在差异性,即旧地图中吕宋岛西部有与斯卡伯格礁大致同一纬度、但比斯卡伯格礁更靠近吕宋沿岸的岛屿,岛屿名称不同的旧地图前后也相异;而现代菲律宾地图中吕宋岛西部海域只有斯卡伯格礁。马厄认为,这是一个半世纪以前航海技术造就的结果,即测量点附着于船体上,这易于获得精确的纬度,而经度则不然。接着,马厄提到了当前有些商人,希望赶赴斯卡伯格礁附近海域采捕奇异珍珠的现实意愿,但往往因为周遭海域风力强劲的恶劣环境,导致这一计划落空。

在介绍斯卡伯格礁历史与现实的情况后,马厄转向了根本性的问题——斯卡伯格礁的主权归属。马厄敏锐地指出了,1933 年 3 月发生于南海南沙群岛的中法九小岛事件。他认为,"那些'搜寻'(scouring)太平洋部分岛屿(主权)的人可能忽视了对斯卡伯格礁的权利宣称",因此"需要向国务院询问,其是否掌握拥有该礁所有权的确切信息"。不过尽管如此,马厄认为对该礁的归属问题作出意见已超出测绘局的职限范围。对斯卡伯格礁的所有权问题,测绘局仅能提供如下的数据或文献资料以供(权力部门)参考:

(1)1748 年《沿岸航海指南》记录了斯卡伯格礁的情况;(2)旧地图表明以前对"斯卡伯格礁"的发现或知识(Old charts indicating prior discovery or knowledge);(3)(档案材料)提到 1800 年 4 月马尼拉的西班牙舰队司令派出一艘测量船对该礁进行了调查。

不过,马厄在信中还是给出了自己的建议:"如果这一调查(指

1800 年 4 月西班牙测量船对斯卡伯格礁的调查测量——引者注）能够授予西班牙权利，或是对西班牙（享有该礁）主权的一种承认，或主权声称没有引发抗议，那么根据 1900 年 11 月 7 日的条约，该礁明显应该作为西班牙领土的一部分而转让美国。"

信件的最后，马厄还建议在斯卡伯格礁上，"建立一个无人看守的钢质骨架的灯塔"。①

马厄的备忘录以及向高级专员的建议，后来被提交给菲律宾自治政府。② 经商讨后，1938 年 3 月 31 日，菲律宾自治政府总统秘书瓦尔加斯（Jorge B. Vargas），经高级专员科伊转交给美国国务院一份关于斯卡伯格礁所有权问题的信函。信中表示"自治政府打算研究在礁上设立航空导航系统基地的可能价值"，因此"需要国务院探究掌握该礁主权的有价值信息"，"如果该礁存在建设航空或航海导航系统的价值，那么自治政府打算宣称主权，这一行动应该不会遭致美国政府的反对"③。

在接到菲律宾政府的公函后，美国国务院经研究后给出了答复。答复反映在 1938 年 7 月 27 日国务卿赫尔（Cordell Hull）给战争部长武德林（Harry H. Woodring）的一份信函中。赫尔直截了当地表示，"国务院缺少针对斯卡伯格礁所有权的信息"。但"该礁位于 1898

---

① Cf. , Letter of Thomas J. Maher, Director of Coast Surveys to Wayne Coy, Office of the U. S. High Commissioner in Manila, December 10, 1937, Bureau of Insular Affairs (BIA) 907. 127 NARA. 转引自 François—Xavier Bonnet, *Geopolitics of Scarborough Shoal*, pp. 38—39。

② Memorandum from Antonio G. Perez, Chief Administrative Officer from the USC&GS Manila to Jesus Cuenco, Secretary of Public Works and Communications, January 18, 1938, Confidential. BIA 907. 127 NARA. 转引自 François — Xavier Bonnet, *Geopolitics of Scarborough Shoal*, p. 11。

③ Letter of Jorge B. Vargas, Office of the President of the Philippines, to Wayne Coy, Office of the U. S. High Commissioner in Manila, March 31, 1938, (BIA) 907. 127 NARA. 转引自 François—Xavier Bonnet, *Geopolitics of Scarborough Shoal*, p. 40。

年 12 月 10 日美西条约第三款所描述的菲律宾群岛界限之外,**在无任何其他政府的合理主权声称下**,该礁似乎应该纳入依据 1900 年 11 月 7 日美西条约转让美国的岛屿中。"这一意见只有在下述几点考虑下方能保证:

(1)1800 年 4 月由马尼拉的西班牙舰队司令所遣船只对该礁进行的调查记录;(2)该礁位于菲律宾群岛通常区域范围内以及距离最近的土地是吕宋岛,约 120 英里的事实;(3)无其他政府对该礁宣称主权的任何材料。

在缺乏其他国家对斯卡伯格礁拥有最高主权主张的证据下,国务院对自治政府研究将该礁作为海空导航辅助基地的建议并无异议。[1]

随即,战争部于 1938 年 8 月 1 日,向海军部下达了一份关于斯卡伯格礁国际地位的公函。海军部执行部长弗朗(W. R. Furlong),于 1938 年 8 月 27 日给战争部执行部长约翰逊(Louis Johnson)的信中表示,该部门对"自治政府的意见无异议"[2]。商业部长弗里泽尔(Paul Frizzel)于 1938 年 10 月 19 日给战争部的信件中亦表示对此无异议。[3]

上述是为 1937—1938 年美菲当局关于斯卡伯格礁(黄岩岛)地位的内部讨论过程。从中我们可以看出,美方实际上并未明确指出可以将黄岩岛依据 1900 年美西华盛顿条约纳入菲律宾群岛。国务院作出的乃是一种措辞相当严谨、附有三个前提条件的指示。在表示美国国务院的态度时,赫尔反复强调对黄岩岛的主权声称,应建立

---

[1] Letter of State Secretary Cordell Hull to the Secretary of War, Harry H. Woodring, July 27,1938, (BIA) 907. 127 NARA. 转引自 François—Xavier Bonnet, *Geopolitics of Scarborough Shoal*, p. 41。

[2] Letter from W. R. Furlong, Acting Secretary of the Navy to Louis Johnson, Acting Secretary of War, August 27, 1938. 转引自 François—Xavier Bonnet, *Geopolitics of Scarborough Shoal*, p. 40。

[3] Letter of Paul Frizzel, Secretary of Commerce, to the Secretary of War, October 19, 1938. 转引自 François—Xavier Bonnet, *Geopolitics of Scarborough Shoal*, p. 11。

在特定的基础之上,即"没有其他国家的声索,根据 1900 年 11 月 7 日美西条约,该礁应该包括进让与美国的岛屿之中……在缺乏其他国家对黄岩岛拥有最高主权主张的证据下,国务院对自治政府研究将斯卡伯格礁作为海空导航辅助基地的建议并无异议"。那么美国国务院所提作为主张黄岩岛权利的三个条件是否充分呢?

2. 美国国务院相关证据的不成立

美国国务院所提三个条件在宣称黄岩岛主权时都是不充分或是站不住脚的。

首先,中国政府已于 1935 年公开主张了对包括黄岩岛在内的南海诸岛的主权。美国国务院声称并无有关黄岩岛地位的资料讯息,这充其量只能说是其对中国的主张不知情、疏忽,但绝不代表中国政府对黄岩岛宣称主权的行动是未公开的、秘密的。

即便退步讲,中国无法提供足够的 1935 年以前资料证明已对黄岩岛实行了有效控制和管辖,那么对前文已述 1935 年以前未被西班牙和美国占领或宣称主权的黄岩岛,中国这时也完全可以通过"先占"方式获得其主权。国际法上,先占是指国家有意识地对无主地实行占领以求得领土的活动。这一行动需要满足以下四项条件:(1)占领对象是无主地;(2)先占行为必须以主权国家的名义实施;(3)实行占领;(4)先占行为必须是公开的。其中,第一项条件是构成先占的前提。而根据 1931 年克利伯顿岛仲裁案(Clipperton Islands Case)和 1933 年东格陵兰岛法律地位案(Legal Status of Eastern Greenland)中法院作出的判决,对于无人居住或不适合人类居住的陆地领土,尤其是岛屿,战前国际法并不以实际占领作为有效控制的必要条件。①

---

① "Arbitral Award on the Subject of the Difference Relative to the Sovereignty over Clipperton Island", *The American Journal of International Law*, Vol. 26, No. 2 (Apr., 1932), p. 394; "The Legal Status of Eastern Greenland", *The Geographical Journal*, Vol. 82, No. 2 (Aug., 1933), p. 153.

　　对照上述四项条件,1935 年中国政府对黄岩岛的主权主张完全符合。20 世纪 30 年代之前黄岩岛不为西班牙和美国占有,也不为其他任何国家所有,因此属于"无主地";水陆地图审查委员会对外公布的《中国沿海各岛屿华英名对照表》①和《中国南海诸岛图》②属于一种公开的国家行动,符合国际法上历来主张的"以主权名义"(à titre de souverain)的行为;而黄岩岛的地貌属性并不适合人类居住,这也符合"不以实际占领作为有效控制的必要条件"。因此,纵使中国尚无足够的 1935 年以前证据证明已对黄岩岛实行了有效控制和管辖,那么 1935 年中国政府也可以通过"先占"方式取得其主权。

　　至于黄岩岛的地貌特征能否被占领,虽然当时的国际法、乃至今天的国际法并无明确的规定,但既然 1937—1938 年美菲内部对黄岩岛主权归属进行了讨论,这说明当时美方认为黄岩岛是可以成为被占领的对象的,那么当时的中国政府完全也可以对之实行占领。实际上,黄岩岛"如果是无主地或无主物,按照那时的时际法,中国当然有权取得对这些水下地理特征的领土主权或所有权。如果属于尚没有国际法规范的情况,一种观点认为这种情况应该适用国际法的隐存的或是残余的法律规范,凡是在缺乏已定法律规则的地方,国家就有行动自由。另一种观点认为该事项上没有任何法律规范可以遵循,这种空白是绝对的空白。但按照哪种学说,中国都有权取得水下地理特征"③。

　　其次,美方提出的"该礁位于菲律宾群岛通常区域范围内以及距离最近的土地是吕宋岛,约 120 英里的事实",实际上是在领土取得方式上一种"地理邻近论"的表现,这种观点向来不为国际社会所认

① 《水陆地图审查委员会会刊》第 1 期,第 62 页。
② 《水陆地图审查委员会会刊》第 2 期,第 68—69 页。
③ 王军敏:《中国在南海的权利主张符合国际法——评美国国务院发表的〈海洋界限——中国在南海的海洋主张〉研究报告》,《法治研究》2015 年第 4 期。

可。最后,美方所提 19 世纪西班牙对黄岩岛的命名、测量、救援等活动,前文已述这并不意味着西班牙享有黄岩岛的主权。

因此,美国所提三个条件是不充分的或站不住脚的,由此美国也就不能依据 1900 年华盛顿条约将黄岩岛纳入菲律宾群岛。

3. 美菲内部讨论后菲律宾群岛未包括黄岩岛

1937—1938 年美菲内部讨论后的历史事实,也证实了黄岩岛未被纳入菲律宾群岛,主要表现为以下两方面:

(1) 1938 年美制菲律宾地图未将黄岩岛纳入菲律宾群岛。

1938 年 5 月 20 日,美国出版的《菲律宾事务联合筹备委员会报告书》(Joint Preparatory Committee on Philippine Affairs Report of May 20,1938)附录 X 中收录了一幅《菲律宾地图》。该图展示了菲律宾事务联合委员会于 1937 年 8 月至 10 月在菲律宾群岛的考察路线(Itinerary of the Joint Committee on Philippine Affairs, August — October 1937)。该幅地图的特别之处在于,图中绘有一条注记为"国际条约界限"(International Treaty Limits)的线框。①

该线框以双点画线的方式绘制,线框北部位于巴士海峡,南部位于北纬 5 度附近,东西线框大致分别位于东经 127 度和 118 度。在线框的左下角还有一些方向不一的折线,这些折线的附近分布着巴拉巴克海峡、海龟群岛、锡布图岛、塔威塔威岛等字样。在右下角线框以内邻近棉兰老岛的东南侧,地图还用双点画线的圆圈圈定了帕尔马斯岛,并写有荷兰的字样。

通过上述对线框的位置、走向和经纬度的描述,此"国际条约界限"无疑就是"菲律宾条约界限"。而其西侧界限的经度位于 118 度,说明此时联合委员会考察之际的菲律宾群岛范围经过美菲内部讨论

---

① *Joint Preparatory Committee on Philippine Affairs*, *Report of May 20*, *1938*, Volume I, Washington: United States Government Printing Office, 1938, p. 215.

后没有发生变动,未将黄岩岛纳入菲律宾群岛。

(2) 1943—1944 年美国军用地图未将黄岩岛纳入菲律宾群岛

二战期间,美军出版的更为精确的军用地图也显示菲律宾群岛的范围由菲律宾条约界限(国际条约界限)圈定。首版于 1943 年、次版于 1944 年的美军制图局(U. S. Army Map Service)所制 1:500,000 比例尺的菲律宾群岛系列地图(Topographic Maps, Series S401)中,有一条标记为"国际条约界限"(International Treaty Limits)字样的线框。地图清晰地表明了菲律宾群岛的范围。系列图中有一幅地图展示了菲律宾南部巴拉巴克海峡(Balabac Strait, Philippine Islands,编号为:N600—E11600/200)的位置分布情况。

该图在标题部位指出地图仅限于战争和海军部门使用,而不能用于出售或传播(For use by War and Navy Department Agencies only not for sale or distribution)。地图还说明了绘制时的材料来源或数据编辑的依据,计有美国海道测绘局 1921 年 4309 号地图;1940 年 4326 号地图;1936 年 4720 号地图;美国 1938 年 2119 号水文地图;北婆罗洲地图;北婆罗洲西海岸和内陆地图;1928—1939 年不同比例的北婆罗洲地区图;1940 年菲律宾自治政府的调查统计;1943 年情报部门的数据。[①] 可见,在地图旁征博引的资料中,既有 20 年代的地图,也有新近的(40 年代)地图;既有菲律宾自身的地图,也

---

① 关于地图的参考材料,其原文为:Prepared under the direction of the Chief of Engineers, U. S. Army, by the Army Map Service(AM), U. S. Army, Washington, D. C. , 1944. Compiled from: USC&GS Charts 4309, 1921; 4326, 1940; 4720, 1936; U. S. Hydrographic Chart 2119, 1938. North Borneo, 1: 380, 160, GSGS 4311, 1942, reprint of LSD, East and West Sheets, 1941. Kudat and Marudu Bay, 1:126,000; West Coast and Interior of North Borneo, 1: 126, 000; District Maps of North Borneo, Varous Scales, 1928—1939. Environs of Kudat, 1: 34,290, Survey of North Borneo, Sheet Bronei and Sarawak; WDGS, 1943. Vols. I & V, Commission of the Census, Commonwealth of the Philippines, 1940. Intelligence Data, 1943。

有北婆罗洲政区地图。显而易见,作为军用地图,其可靠性是毋庸置疑的。

地图的特别之处是,其使用双点画线绘出了菲律宾南部巴拉巴克海峡一带与英属北婆罗洲的边界(地图中线条标记为 International Treaty Limits 的同时,还使用了 Boundary 一词)。分界线穿过了该海域的南北茫西岛(North and South Mangsee Island)、茫西大礁(Mangsee Great Reef)。显然,这是 1930 年美英华盛顿条约对双方两属地所作的边界划分,展示的是茫西岛的分割情况。系列图中的另一幅名为"山打根"的地图中(Sandakan,North Borneo,编号:N400−E11800/200),也有一条"国际条约界限",它给出了山打根至锡布图岛的地理分布情况。

尽管上述两幅地图展示的是菲律宾南部与北婆罗洲的边界分布情况,只是部分地显示了菲律宾群岛的范围,但根据图中的"国际条约界限"名称和线条走向,我们仍可推断出这条界限即为"菲律宾条约界限"。由于 30 年代末美菲内部关于黄岩岛归属的讨论没有以签订国际条约作为解决方案,因此这里的"国际条约"就是指的 1898 年巴黎和平条约、1900 年美西华盛顿条约和 1930 年美英条约。

地图中"国际条约界限"的出现表明菲律宾条约界限未发生变动。1937—1938 年美菲内部关于黄岩岛地位的讨论后,美菲当局最终未将其纳入菲律宾群岛。

从国际法角度看,1937—1938 年美菲当局对黄岩岛的主权宣称活动,也构不成以"先占"方式取得黄岩岛。理由有二:

第一,中国政府已于 1935 年正式宣称了对黄岩岛的占领,因而至 1937—1938 年之际黄岩岛已非"无主地",美菲政府此时不能对中国已宣称过的领土再次宣称主权,否则即是对中国领土的一种非法侵占。

第二,正如巴奈特在其文中所说,当时可能是为了避免引起日本的注意,美国政府关于黄岩岛地位的讨论自始至终都以政府内部之间的讨论为主基调,从未公开发表过一份政府声明。[1] 也就是说,美菲内部讨论是一种以秘密的、未公开的方式进行的,也无怪乎对此历史事件很久以来少有人问津了。但从国际法角度看,作为一种秘密的、未公开的主权宣称活动,这无论如何都不能满足国际法上任何一种领土取得方式的条件。公开性是主张意图的另一基本要求。声索国只有公开其主张意图后,潜在的原主权国才有可能、有必要对声索国的相关行为作出回应。若声索国一直以秘密或掩饰的方式实施主权行为,则原主权国的沉默当被认为是"不知情"而非"默认"。[2]

不可否认的是,1937—1938年美菲对黄岩岛地位的内部讨论,涉及了美菲对黄岩岛主权的宣称,尽管其是以秘密的、未公开的方式进行的。但这是否意味着是菲律宾首次对黄岩岛的主权宣称呢?回答是否定的。因为1937—1938年之际,菲律宾仍处于美国的统治管辖下,从国际法上看,此时菲律宾自治政府不能作为"具有完全的国际法律人格者地位"独立自主地处理其内外事务。因此,这时美菲政府对黄岩岛的主权宣称只属于美国政府,而不属于菲律宾自治政府,更不属于独立以后的菲律宾共和国政府。"1946年7月4日,菲律宾政府自该日起才具有了关于国家间关系的国际法(国际公法)上的行为能力"[3],因此菲律宾对黄岩岛进行主权宣称活动还是1997年的事情。

---

[1] François—Xavier Bonnet, *Geopolitics of Scarborough Shoal*, p. 11.

[2] 谈中正:《岛礁领土取得中的"有效控制":兼论南沙群岛的法律态势》,《亚太安全与海洋研究》2015年第1期。

[3] 胡德胜:《驳菲律宾对黄岩岛的主权主张——领土取得的国际法视角》,《河北法学》2014年第5期。

五、1946 年独立后菲律宾"有效占领与有效管辖"说不合法

1. 菲律宾所提独立后对黄岩岛"有效占领与有效管辖"证据及理由

前文分析了菲律宾所谓的西班牙统治时期和美国统治时期殖民当局对黄岩岛进行"有效管辖"的证据或殖民时代黄岩岛已隶属菲律宾群岛的历史事实,已不能成立。那么菲律宾所提独立之后的相关证据效力又如何呢?

根据 2014 年菲律宾外交部《立场文件》和 2013 年菲律宾大学所撰《菲律宾视角下西菲律宾海领土与海洋管辖争端入门》一书,以及部分菲律宾学者新提证据,我们可将菲律宾所提独立后对黄岩岛行使"有效管辖"的证据或事实,列表如下。

菲律宾主张独立后对黄岩岛进行"有效占领与有效管辖"的证据

时间	"有效占领与有效管辖"的具体措施、表现
1961 年	菲律宾海岸与大地测量局进行了一次水文测量
1963 年	菲空军轰炸了黄岩岛上的非法设施与仓库;美菲联合救助了一艘法国船只①
1965 年	菲律宾于黄岩岛上建造灯塔,并竖立国旗
1980 年代	黄岩岛作为美菲海军射击训练靶场
1991 年	菲律宾于黄岩岛上重建灯塔,且向国际海事组织报备
1997 年	菲律宾众议员竖立国旗

① J. Batongbacal, *Bajo de Masinloc (Scarborough Shoal): Less－known Facts VS. Published Fiction*, Speech at De La Salle University, Sep. 26, 2014, http://www.imoa. ph/bajo－de－masinloc－scarborough－shoal－less－known－facts－vs－published－fiction/,访问时间:2015 年 12 月 4 日。

续　表

时间	"有效占领与有效管辖"的具体措施、表现
20世纪60年代	对黄岩岛及其附近海域进行了深洋地质、海洋科考;渔民的捕鱼之所
2009年	菲律宾新领海基线法,以群岛制度为据将其纳入菲律宾群岛

资料来源:Department of Foreign Affairs, "Philippine position on Bajo de Masinloc (Scarborough Shoal) and the waters within its vicinity", *Official Gazette of the Republic of Philippines*, Apr. 18, 2012; A. Baviera & J. Batongbacal, *The West Philippine Sea: The Territorial and Maritime Jurisdiction Disputes from a Filipino Perspective — A Primer*, The Asian Center and Institute for Maritime Affairs and Law of the Sea, University of the Philippines, 15 April, 2013, pp. 32—33. http://philippinesintheworld. org/sites/default/files/FINAL _ West% 20Phil% 20Sea% 20Primer _ UP% 20% 2815% 20July%202013%29. pdf (Last visited on November 30, 2015); Jay L. Batongbacal, *The Philippine Security Interests in Panatag Shoal*, University of the Philippines College of Law, 17 July. 2012, p. 5, http://www. upvanguard. org/wp—content/uploads/2012/10/ Panatag—Shoal—Lecture—Rapporteurs—Report. pdf (Last visited on November 30, 2015)。

在《斯卡伯格礁争端:基于国际法争端解决机制的分析》一文中,菲律宾圣托马斯大学法学教授罗德尔·泰顿(Rodel A. Taton),又以"菲律宾有行使主权意图"为中心思想,论证菲律宾自独立之后即对黄岩岛行使了持续、和平、无他国抗议的占领与管辖。他写道:帕尔马斯岛仲裁案表明,对某一领土的获取需要国家对之有效控制。基于同样的理由,新近的2002年在马来西亚与印度尼西亚关于利吉丹岛和西巴丹岛主权归属案中,国际法院支持马来西亚而未采纳印度尼西亚的主张。法院运用的证明证据是"相关活动表明了一种真实、持续的对岛屿行使了权威,也就是说,有行使主权的目的与意志(the intention and will to act as sovereign)"。研究发现,马来西亚对该岛实行的常态化国家活动"揭示了行使国家权威的意图",而未受到印度尼西亚的反对。

这一情势适用于菲律宾对斯卡伯格礁的主权声索。上述所述菲律宾实行的常态化国家活动能够清晰地揭示对该岛（原文如此）"行使国家权威的意图"。国家活动最为重要，特别是行政管辖。占领并不意味着设有定居点和实体设施。涉及国家占有的证据和合法权威的展示，只要比其他声索国的证据和主权展示更有效、更有说服力，简言之，具有更高权利即可。必须有一些体现行使主权目的和意志的"意图占有"（*animus occupandi*）的证据，以及此种权威的一些实际展示或行使。这种行动首先必须是国家层面上的，而非经授权的私人或法人的。菲律宾的相关行动无疑符合这一情况。显然，对黄岩岛区域的国家活动是对"意图占有"的展示，以及事实上一种主权权威的展示和实际体现。菲律宾对黄岩岛的主权主张来源于国际法上的一般原则，它的基础是对黄岩岛有目的的有效占领和有效行使管辖权和主权。[①]

　　另一位菲律宾裔澳大利亚学者鲍蒂斯塔也撰文附和菲外交部"有效占领与有效管辖"的论点。文章写道：直到 80 年代，菲律宾对马辛洛克礁（黄岩岛）主权权利的行使是和平的、未被打断的，也未获得其他国家的挑战。在国际法上，对某一领土的主权宣称，有效控制的行使是不可或缺的、重要的条件。有效占领并不一定等同于占有，管辖权的行使和国家职能的持续、和平行使依赖于特定的具体环境。其至高无上的重要性不依赖于数量与质量的多寡，而在于发生争端的关键日期时"持续、和平的展示"权利的行动。[②]

　　纵观菲律宾外交部的《立场文件》和菲律宾学者的相关论点，菲

[①] Rodel A. Taton, "The Scarborough Shoal Dispute: An Analysis of the Dispue Resolution Mechanisms under Internaitonal Law", *Internaitonal Peer Reviewed Journal*, Vol. 6, Mar., 2013, pp. 79—80.

[②] Lowell Bautista, "The Philippine claim to Bajo de Masinloc in the context of the South China Sea dispute", *Journal of East Asia and International Law*, Vol. 6, No. 2, 2013, pp. 22—23.

律宾以"有效占领与有效管辖"为由宣称对黄岩岛的主权,主要体现在:(1)菲律宾的相关证据体现了菲律宾政府对黄岩岛的"意图占有";(2)相关活动或事实是和平的、持续的权利展示;(3)无他国的反对。其中,特别强调菲律宾政府的"意图占有"及"和平、持续的国家行为展示"。

在有关领土争端的国际司法判决中菲律宾强调的这两个因素确实已成为法院裁决时的重要参考依据。例如,在 1933 年"东格陵兰案"中常设国际法院表示:"当一国的主权主张不是基于某种特定的行为或权利,如割让条约,而是完全基于连续的权威展示时,就必须证明以下两个要素都存在:作为主权者行事的目的和意愿,以及对此种权威的某种实际行使或展示。"需要强调的是,权威展示的要件体现在"国家行为的展现",但事实上这并不意味着行使行政控制,而是很大程度上通过表达对未占地区坚定的国家主张。[1]

概言之,"有效控制"的构成要件包括权威行使的主体资格,以及权威行使所应证实的两个因素:一是主观因素:"以主权者身份行为的意图意愿";二是客观因素:"此种权威的实际行使或展示。"[2]那么菲律宾的上述说法是否符合上述要件呢?

2. 对菲律宾相关证据或理由的辨析

根据学者已有研究成果,因 2009 年菲律宾通过的领海基线法令发生于两国明朗化的争端之后(即争端的关键日期之后,此点下文将作分析),应被排除在外。故这里只对菲律宾列举的 1946 年至 1997

---

[1] *Legal Status of Eastern Greenland*, *Judgment of April 5th*, 1933, P. C. I. J., Series A/B, No. 53, pp. 45—46; Charles Cheney Hyde, "The Case Concerning the Legal Status of Eastern Greenland", *The American Journal of International Law*, Vol. 27, No. 4 (Oct., 1933), p. 736.

[2] 谈中正:《岛礁领土取得中的"有效控制":兼论南沙群岛的法律情势》,《亚太安全与海洋研究》2015 年第 1 期。

年的相关证据作出辨析。

　　在菲律宾所提相关依据中最能体现出其"意图占有"的要属 1960 年代对黄岩岛的几次活动。不过，对菲律宾所提 1961 年至 1965 年的数份证据，我们应将其作为一个整体来分析其是否体现了"意图占领"。且看巴奈特在其文中对 20 世纪 60 年代黄岩岛的一些陈述：

　　　　60 年代，见诸报端的斯卡伯格礁名字大多与位于甲美地省和国外辛迪加的走私活动有关。例如，1963 年 10 月，菲律宾海军发现该礁被台湾渔民用作走私来自澳门的货物（香烟等）基地。据报道，国际辛迪加在礁上建造了两座酒窖和一些防波堤设施。来自菲律宾的渔民们为菲律宾一方的辛迪加服务，将货物装载于他们的船上，并分运至吕宋各地。这些有组织的国际私人活动仅仅是利用了这一时期海洋法的漏洞。公海上的暗礁地位还不清楚。菲律宾海军逮捕了菲律宾渔民，并根据国防部长佩拉尔塔（Macario Peralta）的命令，炸毁了辛迪加在礁石上建造的设施。这一轰炸任务由菲律宾空军执行。随着没收大约 680 箱香烟和一些武器，菲律宾海军总司令胡安·马格卢彦（Juan B. Magluyan）准将请求政府增加 8 艘新船，以便更有效地巡逻菲律宾沿海地带，并且摧毁于斯卡伯格礁和南沙群岛设立的走私者们的中转站。

　　　　斯卡伯格礁也被菲律宾武装部队的情报官员视作一处可能的安全风险地带。例如，1964 年 3 月，参议院蓝带委员会（Blue Ribbon Committee）对涉嫌走私活动的菲律宾高层政客展开调查。在听证会期间，武装部队总参谋长桑托斯（A. Santos）将军指出，从 1961 年开始，武装部队的情报部门已发现了一些菲律宾走私活动与共产主义中国有联系的证据。1961 年 8 月，对新比斯开省 Dupax 菲律宾共产党的一次突袭期间，包括地图在内的一些文件被截获。由情报部门破译的这些地图表明,对菲律宾的走私航路来自中国大陆、澳门和香港地区,斯卡伯格礁是走私货物进入菲律宾的中转站之一。走私者仅仅是商人抑或是致力于颠覆菲律宾的特工? 无论现实是什么,我们的观点是,尽管菲律宾海军有种种困难,但不时要巡逻该礁,并进行抓捕。当有必要时,该区域被菲律宾空军严密监视。而且,菲律宾武装部队的情报部门已经意识到通过该礁存在一种潜在的颠覆活动的危险。很可能是这一原因,伴随着这些调查,一面菲律宾国旗被竖于 8.3 米高的旗杆上,同时政府建造并运作了一座小型灯塔。①

巴奈特一文对黄岩岛 60 年代一些历史事件的描述,为我们分析菲律宾所提 60 年代相关证据其背后的意图奠定了基础。通过上文历史事实的回顾,我们与其相信菲律宾展示的 60 年代证据是菲律宾对黄岩岛的"意图占领"或相关主权的展示,还不如将其理解成是为了避免可能发生的"政权颠覆"而采取的系列紧急措施。恰如巴奈特所言,菲律宾进行水文测量、竖立国旗、轰炸基础设施及建造灯塔,应是为了防止黄岩岛成为一处潜在的进行颠覆活动的基地。而作为一种规避可能存在的颠覆活动所采取的相关措施,在国际法上是不能作为展示国家对相关领土进行管辖或占领意图的。

例如,在"厄立特里亚与也门仲裁案"(第一阶段)中,关于埃塞俄比亚海军在争议岛屿附近的巡航以及对渔船的制止、检查及抓捕行为,仲裁庭认定其主要目的在于镇压叛乱而非渔业执法:"这一时期埃塞俄比亚军事行动的主要目的是为了镇压埃塞俄比亚提格雷人民解放阵线(TPLF)在该岛及其附近的活动,避免该岛为叛军用作从厄立特里亚沿岸攻击埃塞俄比亚的中间站,要么避免使之成为叛军的

---

① François—Xavier Bonnet, *Geopolitics of Scarborough Shoal*, pp. 19—20.

供应基地和战略要塞。当他们制止和检查渔船时,埃塞俄比亚海军军官确实也行使了警察权。这一行动的主要目的是镇压叛乱。很多情况下,海军部门的任务部分是制止所有的渔船,并对之许可证和货物进行检查。丹卡利(Dankali)渔民被怀疑与叛军合作通过红海走私武器,军火和其他军需品。埃塞俄比亚海军对岛屿附近定期巡逻的主要功能在于'检查渔船或商船',但其巡逻的主要目的是渔业执法并不明显。"①

在 2002 年印度尼西亚和马来西亚关于"利吉丹岛和西巴坦岛主权案"中,印度尼西亚认为荷兰和印尼海军对两岛附近海域的巡逻、对两岛上空域的飞越,及水文测量活动,表明两岛已被纳入印尼领土范围。对此,国际法院判定,这些行动是为了搜集情报从而打击婆罗洲附近水域的海盗。从印度尼西亚提供的涉及海军监视和巡逻活动的资料中,法院得不出荷兰或印尼海军部门将利吉丹岛和西巴坦岛及其附近海域视作其领土的结论。因此,印尼所提证据构不成反映目的和意愿的主权者的主权行为。②

与埃塞俄比亚和印尼海军部门的相关措施类似,菲律宾政府 60 年代在黄岩岛附近的水文调查、对黄岩岛上基础设施的轰炸以及竖立国旗等系列措施,其背后的目的显然是为了避免一场可能存在的颠覆活动(与打击海盗行为具有异曲同工之处),而不是为了捍卫领土完整或实行"意图占领"的行为。涉及走私的商人和渔民被菲律宾政府视作可能与颠覆活动有关,对其实施抓捕,并轰炸基础设施,海

---

① *Award of the Arbitral Tribunal in the First Stage of the Proceedings between Eritrea and Yemen* (*Territorial Sovereignty and Scope of the Disputes*), dated 3 October 1996, p. 78, paras. 265—268. http://www. worldcourts. com/pca/eng/decisions/ 1998. 10. 09_Eritrea_v_Yemen. pdf.

② *Sovereignty over Pulau Ligitan and Pulau Sipadan* (*Indonesia/Malaysia*), *Judgment*, I. C. J. *Reports* 2002, p. 683, paras. 138—141.

军进行巡逻,其主要目的是渔业执法并不明显。因此,这些措施是符合主张意图的阻却事由范畴的,其不能成为论证菲律宾"意图占领"或展示主权行为的证据。

而1963年美菲联合救助了一艘于黄岩岛附近遇难的法国船只及其人员于马尼拉和1992年菲律宾再次修建一座灯塔,并向国际海事组织通报备案,无疑也隶属于主张意图的阻却事由范畴,即目的的无关性。因为救援和修建灯塔是基于一种法律义务,而非为了主张对其领土的"意图占领"。正如菲律宾学者所说:"毕竟作为一处船只失事的地方,确实,负责监测该礁并确保将其明显的标记为一处航行障碍的义务就自然落到了菲律宾的身上。正是这个原因后来的1960年代在该礁上建造了一座灯塔。其作为一处航行障碍物的地位一直没有改变过,在航海时代的早期由于恶劣的天气,在这里发生了几次船只失事事故,甚至直到数年以前,菲律宾海岸警卫队还救助了在此处遇险的船员。"[1]

对于微型岛屿上建造的灯塔等航行辅助设施是否能视作国家权威的展示,国际司法判决有着不同的说法。1953年法国/英国的"曼基埃和埃克里荷斯群岛案"中,灯塔和航行辅助设施曾不被视作国家权威的展示。不过在2001年卡塔尔/巴林"海洋划界与领土争端案"中,法院认为:"对微型岛屿而言,建造航行辅助设施具有法律上的相关性。"在2002年印度尼西亚/马来西亚关于"利吉丹岛和西巴坦岛主权案"中,国际法院亦采纳了卡塔尔/巴林一案中的立场,[2]即认为

---

[1] Jay L. Batongbacal, *The Philippine Security Interests in Panatag Shoal*, University of the Philippines College of Law, 17 July, 2012, p. 5, http://www.upvanguard.org/wp—content/uploads/2012/10/Panatag—Shoal—Lecture—Rapporteurs—Report.pdf (Last visited on November 30, 2015).

[2] *Sovereignty over Pulau Ligitan and Pulau Sipadan* (*Indonesia/Malaysia*), *Judgment*, I. C. J. Reports 2002, p. 685, para. 147.

灯塔设施可以作为与国家权威的展示有关联的综合因素之一。

具体至黄岩岛一案,笔者认为,1965 年和 1991 年菲律宾于其上建造灯塔的行为不能视作国家权威的展示。理由是,菲律宾两次建造灯塔的目的均很明确,即为了便于往来船只的航行,避免发生事故。正如菲律宾所言,1965 年建造灯塔前的 1963 年一艘法国船只于此发生了事故;而 1991 年建造灯塔后菲律宾亦向国际海事组织做了报备。黄岩岛向来是船难高频发地,这一定位决定了菲律宾对之建造灯塔甚至进行救援乃是一项法律义务,而绝非为国家主权行为的一种展示。这一情况当与 2001 年卡塔尔/巴林案和 2002 年印度尼西亚/马来西亚案不可同日而语。更为重要的是,如菲律宾在其《立场文件》中所言,灯塔已停止运行,若将其作为"国家权威的展示"的话,那么在双方发生争端以前菲律宾也应对之进行后续的管理与完善,但事实上菲方并未有相应的举措。

至于菲律宾所提海洋科研等活动、美菲海军将其作为训练靶场和渔民渔猎之所,因这些行为本身并不能视为行使主权的表现,通常只能作为需要考虑的补充事项。[①] 根据已为大众接受的国际法学,只有有关行使国家职责的行为才有证据的价值,例如,立法、行政管辖、司法。[②] 而前文对菲律宾那些最有可能体现"行政管辖和司法"行动的分析,我们得不出菲律宾对黄岩岛行使有效管辖的结论,因此这些属于"补充事项"范畴的行动更不能增加菲律宾相关证据的权重。

总之,以通常国际法院对领土争端中体现的"主权者行事的目的

[①] 对菲律宾此类行为不能作为其对黄岩岛进行有效管辖的证据,中国学界已有充分研究。请参阅高健军:《从国际法角度评菲律宾对黄岩岛的主权主张》,《法学杂志》2012 年第 10 期;孔令杰:《中菲关于黄岩岛领土主权的主张和依据研究》,《南洋问题研究》2013 年第 1 期;胡德胜:《驳菲律宾对黄岩岛的主权主张——领土取得的国际法视角》,《河北法学》2014 年第 5 期。

[②] *Maritime Delimitation and Territorial Questions between Qatar and Bahrain*, *Merit*, *Judgment*, I. C. J. Reports 2001, p. 87, para. 156.

和意愿"和"此种权威的实际行使或展示"两要素分析菲律宾的相关主张,我们不能得出菲律宾相关证据具有充分法律效力的结论。

3. 两种竞争性主张下中方证据强于菲方证据

在 2002 年印度尼西亚/马来西亚关于"利吉丹岛和西巴坦岛主权案"中,通过援引"东格陵兰案"中的说明,法院重申了对发生争议的领土作出判决时需要充分考虑竞争性主张的存在及其程度。"任何法庭,在对一个特定地区的权利主张作出判决时,必须加以考虑的另一情况是:其他国家主张主权的程度。在关于领土主权的案件中,在另一方不能提出更充分的证据之前,法院不太可能会考察一方提出的能够证明其实施了主权行为的微乎其微的证据。在对很少有人居住或无人居住的地区土地提出主权要求的场合尤其如此。特别是,在无人居住或无人永久居住的小岛场合——就像利吉丹岛和西巴坦岛一直以来(至少直到最近)没什么经济意义,有效管理行为事实上通常很少见。"[1]由于黄岩岛不适合人类居住,上述情势应适用于此案,为此我们需要对两种竞争性主张及其程度作出辨别,以进一步厘清两种主张孰优孰劣。菲律宾一方的证据已如前所述,下文将重点论述中国方面的相关证据(所列证据截止到双方争端发生的 1997 年)。

(1)中国对黄岩岛实行有效管辖的证据。

如果从 1935 年中国政府将黄岩岛纳入领土范围起算的话,中国对黄岩岛进行有效管辖的证据至少体现在以下方面:

① 行政管辖:1947 年 12 月中国政府内政部审定公布了《南海诸岛新旧名称对照表》,其中将黄岩岛以"民主礁"之名纳入中沙群岛范围。1947 年底内政部方域司绘制、1948 年 2 月公开出版的《南海诸

---

[1] *Sovereignty over Pulau Ligitan and Pulau Sipadan (Indonesia/Malaysia)*, *Judgment*, I. C. J. *Reports* 2002, p. 682, para. 134; Legal Status of Eastern Greenland, Judgment of April 5th, 1933, P. C. I. J., Series A/B, No. 53, p. 46.

岛位置图》,又将其纳入中国版图。① 1949 年 5 月,包括黄岩岛在内的南海诸岛被置于海南特区。② 1959 年 3 月海南行政区在西沙群岛的永兴岛建置"西、南、中沙群岛办事处"。1969 年 3 月,该办事处改成广东省西沙、中沙、南沙群岛革命委员会。1981 年 10 月,经国务院批准在永兴岛设立西沙群岛、南沙群岛和中沙群岛办事处(相当于县级),作为广东省人民政府的派出机构,由海南行政区直接领导。③ 1983 年 4 月 24 日,中国地名委员会授权公布的《我国南海诸岛部分标准地名》,包括"黄岩岛(民主礁)""南岩""北岩"。④ 1984 年第六届全国人民代表大会第二次会议决定设立海南行政区,统一管辖的地区包括西沙群岛、南沙群岛、中沙群岛的岛礁及其海域。1988 年第七届全国人民代表大会第一次会议又决定设立海南省,撤销海南行政区,管辖区域包括西沙群岛、南沙群岛、中沙群岛的岛礁及其海域。⑤

② 立法:1958 年 9 月《中国政府关于领海的声明》规定中国领土包括黄岩岛在内的南海诸岛。1992 年第七届全国人民代表大会常务委员会第二十四次会议通过《中华人民共和国领海及毗邻区法》包括东沙群岛、西沙群岛、中沙群岛、南沙群岛等。⑥

③ 科研活动:1977 年 10 月和 1978 年 6 月,中国科学院南海海洋研究所的科研人员两次登岛进行科研活动。1985 年 4 月,中国国家海洋局南海分局组织考察队登上黄岩岛实施综合考察。1994 年中国南海科考队抵达该岛进行考察,并建立水泥纪念碑。中国政府

---

① 韩振华主编:《我国南海诸岛史料汇编》,北京:东方出版社,1988 年,第 363 页。
② 吴士存主编:《南海问题文献汇编》,海口:海南出版社,2000 年,第 37—38 页。
③ 广东省地名委员会编:《南海诸岛地名资料汇编》,广州:广东省地图出版社,1987 年,第163 页。
④《南海诸岛地名资料汇编》,第 19 页。
⑤《南海问题文献汇编》,第 134、145 页。
⑥《南海问题文献汇编》,第 51、157 页。

有关部门还于 1994、1995、1997 和 2007 年批准无线电爱好者登岛进行无线电探险活动。[1]

④ 声明与抗议:1951 年 8 月 15 日,周恩来外长关于美英对日和约草案及旧金山会议的声明中重申包括中沙群岛在内的南海诸岛属于中国。1956 年对菲律宾外长"南海上包括太平岛和南威岛在内的的一群岛屿'理应'属于菲律宾"的言论再次声明南海诸岛向为中国领土。此后,1974 年、1976 年、1978 年、1979 年、1980 年、1987 年、1989 年,中国政府多次发表了类似的领土声明或抗议。[2]

(2) 1997 年前菲律宾不认为黄岩岛是其领土。

1997 年前,菲律宾有关领土立法、政府官员言论、官方绘制的菲律宾地图均未将黄岩岛纳入菲律宾领土。

1946 年独立后至 1997 年期间,在数次谈及领土问题的过程中,菲律宾政府均未明确涉及黄岩岛问题,无意于对其宣称主权。

① 独立不足一月的 1946 年 7 月 23 日,菲律宾外长即以国防安全为由表达意图对我南沙群岛的部分岛礁主张权利。[3] 这是菲律宾独立后首次提及领土问题,尤其是南海中的领土问题。在这次谈话中菲律宾未提及黄岩岛。

② 1950 年 5 月 17 日,菲律宾总统基里诺在记者招待会上表示:"在国际法之下,团沙群岛(即我南沙群岛)应属于最接近之国家菲律宾。"1956 年 5 月 19 日,菲律宾副总统兼外长加西亚(Carlos Garcia)在一次记者招待会上说:"南中国海上包括太平岛和南威岛在内的一

---

① 《黄岩岛十问》,2012 年 6 月 15 日。

② 《南海问题文献汇编》,第 43—153 页。

③ 俞宽赐、陈鸿瑜主编:《"外交部"南海诸岛档案汇编》(上册),第 II(2):166 号档案,"查复新南群岛是否即系南沙群岛"(民国三十五年七月二十日 第二十二号),台北:"外交部"研究设计委员会,1995 年,第 412 页。

群岛,'理应'属于菲律宾,理由是它们距离菲律宾最近。"①菲律宾未提及黄岩岛。

③ 1961 年 6 月 17 日菲关于领海基线的第 3046 号法令和 1968年菲关于领海基线的修正令,明文规定了菲律宾领土范围,领海基点和基线均未包括黄岩岛。②

④ 1978 年菲律宾第 1596 号总统关于"卡拉延群岛"的法令未包括黄岩岛。③

⑤ 1973 年和 1987 年菲律宾宪法也未明确提及其领土包括黄岩岛。④

菲律宾不但在涉及领土问题的场合未明确提及黄岩岛,反而明确地将其排除在菲律宾领土之外。1981 年、1984 年菲律宾出版的地图都将黄岩岛标绘在菲领土范围之外。即使 1997 年菲律宾首次提出对黄岩岛享有主权以后的 2006 年、2008 年、2009 年、2010 年甚至2011 年,菲律宾官方出版的地图仍将黄岩岛标绘在菲领土之外。⑤

菲律宾官方也一直明确表示,黄岩岛不在菲领土主权范围以内。1950 年"菲总统对记者称各该群岛(即南海诸岛)虽影响菲国安全,但主权属于中国政府"⑥。在 1990 年 2 月 5 日,致德国无线电爱好者

① 程爱勤:《解析菲律宾在南沙群岛主权归属上的"邻近原则"——评菲律宾对南沙群岛的主权主张》,《中国边疆史地研究》2002 年第 4 期。
② 海洋国际问题研究会编:《中国沿海领国海洋法规和协定选编》,北京:海洋出版社,1984年,第 61—73 页。
③ Zou Keyuan, "Scarborough Reef: A New Flashpoint in Sino－Philiipine Relations?" *IBRU Boundary and Security Bulletin Summer*, Vol. 7, No. 2, 1999, p. 75.
④ Rodolfo C. Severino, *Where in the World is the Philippines? Debating Its National Territory*, p. 20.
⑤ "菲律宾地图从未包括黄岩岛",《中国日报网》,2012 年 6 月 12 日。参见中华人民共和国驻菲律宾共和国大使馆官网:http://www.fmprc.gov.cn/ce/ceph/chn/zgxw/t940660.htm,访问时间:2015 年 5 月 24 日。
⑥《"外交部"南海诸岛档案汇编》(下册),III(2):017,"菲对我撤守南沙之反应",第804 页。

的信中,时任菲驻德国大使明确表示"据菲国家地图和资源信息部,黄岩岛不在菲领土主权范围以内"。在 1994 年 10 月 18 日菲国家地图和资源信息部及 1994 年 11 月 18 日菲业余无线电协会向美国业余无线电协会出具的文件中,均确认"菲领土边界和主权是由 1898年 12 月 10 日巴黎条约第三款所规定,黄岩岛位于菲领土边界之外"①。

（3）中国对黄岩岛的主权获得了第三国的承认。

1956 年 8 月 24 日,台湾"外交部"称美国驻华（台湾地区）大使馆提出请求"美空军人员六人拟搭乘美舰 Estero 前往我南海诸岛屿探访:约于本年 9 月 2 日抵中沙群岛民主礁（Scarborough Shoal）,9 月 3 日抵南沙群岛双子礁"等语。这一请求获得了台"国防部"参谋总长陆军二级上将彭孟缉的批准。1957 年 2 月,美国当局又请求在南中国海一带实施空中照相测制地图事,"所开各工作基点之位置,系在中国领土之南沙群岛及中沙群岛范围以内。美军实施测量一节,业经外交部洽准有关机关同意"②。这表明,当时美国政府承认了包括黄岩岛在内的南海诸岛主权属于中国。

1967 年和 1973 年苏联测绘总局出版的《菲律宾地图》还明确将黄岩岛（时称民主礁）标注为中国所有。1963 年美国出版的乌尔麦克《各国百科全书》（亚洲与澳洲册）、1971 年出版的《世界各国区划百科全书》亦将包括中沙群岛在内的南海诸岛划属中国。③

东南亚周边国家亦承认包括中沙群岛在内的南海诸岛归属中

---

① "黄岩岛主权属中国",2012 年 6 月 8 日,参见中华人民共和国驻菲律宾共和国大使馆官网 http://www.fmprc.gov.cn/ce/ceph/chn/zgxw/t939693.htm,访问时间:2015 年11 月 29 日。
② 《"外交部"南海诸岛档案汇编》（下册）,第 III（9）:002 号档案,"美空军人员前往中南沙群岛探访由",第 III（9）:005 号档案,"密（节略美国大使馆第 37 号备忘录）",第 1164—1166 页。
③ 《我国南海诸岛史料汇编》,第 641、607—608 页。

国。例如,1974 年 1 月 21 日位于今马来西亚槟城的《光华日报》,发表社论称:"无可否认的,无论从历史或地图条件说,在中国海这四个群岛,均属于中国领土的一部分,乃不可争论的事实,过去因中国忙于应付各种内乱外患问题,本身没有强大的海军力量,而这些岛屿又没有经济价值,遂变成鞭长莫及,任令其荒废不管,不过,在官方文件与民间生活及地图上,一向都确定这些岛屿在版图之内。"①一语道破了包括中沙群岛在内的南海诸岛为中国所有,并且承认即便中国曾经对这些岛屿废止不管,但官方从未宣称放弃对之主权。

显然,与菲律宾所提相关证据相比,中国对黄岩岛行使权利的证据更为全面多样,包括行政管辖、实施科研考察、立法管理,对他国相关行动进行了抗议,历经 1946 至 1997 年整个时期而未中断,并一直持续至今,还获得了包括美国在内的世界多国的承认,菲律宾自身又多次声明其不属于本国领土。因此,这些国家行为满足"对某领土确立的初步主权须经该国后续的实际控制和管辖活动方转化为完整的主权",而强于菲律宾的相关主张。

综上所述,菲律宾不能依据"有效占领和有效管辖"对黄岩岛主张主权,正如台湾学者陈鸿瑜在一篇报道中所说:对南沙群岛和黄岩岛,无论菲律宾提出何种合法主张,其(菲律宾西部一侧)领土范围均不能超出 1898 年的巴黎条约。巴黎条约是国际上承认的,且在南海长期得以实行。如果菲律宾以"有效管辖"的托词侵吞黄岩岛和南沙群岛,那将因明目张胆地占领其他国家领土而犯罪。②

---

① 《我国南海诸岛史料汇编》,第 583 页。
② Chen Hurng — yu(陈鸿瑜), translated by Julian Clegg, "Scarborough Shoal not Philippines'," *Taipei Times*, Apr. 28, 2012, 参见网址:http://www.taipeitimes.com/News/editorials/archives/2012/04/28/2003531445,访问时间:2015 年 11 月 29 日。

六、1997 年菲律宾首次正式对黄岩岛提出主权主张

1997 年菲律宾对黄岩岛提出领土主权的主张(起初以该岛位于菲专属经济区为由,后改称为对黄岩岛这一陆地本身属于菲领土一部分,但未说明以何种理由①)有着深刻的时代背景。这还得从 1995 年中菲之间的美济礁事件谈起。

1995 年 1 月底,一艘菲律宾渔船船长向菲政府报告说,他和他的船员在美济礁被中国军队扣押了数天。2 月 2 日,菲通过侦察机证实了在美济礁上存在中国人的设施。此外还发现 8 艘中国海军船只在该礁附近游弋。时任菲总统拉莫斯谴责中国的行动是"违反国际法和 1992 年马尼拉东盟会议有关南中国海宣言的精神与要旨",他的政府将这次"入侵"看成是"对国家安全的一次严重威胁"。② 据悉,通过美济礁事件,菲律宾的目的主要是"企图借之使参议院通过三军现代化方案、使南沙问题进一步国际化、为美军加强在东南亚地区的军事部署做舆论准备"。③ 年底事件暂告一段落。8 月双方签订行为准则,同意避免将来发生类似事件,并致力于增加双方在南海的双边合作。

菲律宾对美济礁事件表示高度紧张,主要有两方面的原因:一是出于国防安全的考虑。自独立以来,菲律宾一直以"国防安全"为由声索并最终占领邻近其巴拉望岛的部分南沙群岛岛礁。④ 1988 年中

---

① 胡德胜:《驳菲律宾对黄岩岛的主权主张——领土取得的国际法视角》,《河北法学》2014 年第 5 期。
② 李金明:《美济礁事件的前前后后》,《南洋问题研究》2000 年第 1 期。
③ 丁传英:《菲律宾渲染"美济礁事件"的背景和原因》,《国际资料信息》1995 年第 4 期。
④ 参阅程爱勤:《菲律宾在南沙群岛主权问题上的"安全原则"——菲律宾政府对南沙群岛政策研究之二》,《东南亚研究》2002 年第 4 期。

越南沙海战后,菲律宾虽噤若寒蝉,但更加关注中国在与自身利益密切相关的"卡拉延群岛"的活动,尤其是那些距离菲律宾群岛较近的岛礁时,更是如此。二是经济利益的考量。海洋法会议召开后,特别是《联合国海洋法公约》签署并生效后,菲律宾又以"经济安全"为由,主张菲律宾对南海的海洋权利和岛礁主权权利。以"侵害"本国专属经济区利益为托词,菲律宾反对中国在南海靠近其本岛的岛礁上进行一切活动。出于以上两方面的考虑,菲律宾对美济礁事件反应强烈。

眼看于距离巴拉望岛 135 海里的美济礁上建立起中国的相关设施已成既定事实,菲律宾却无计可施。这时,双方在美济礁的紧张关系并未因签订行为准则而稍有缓和。1996 年 1 月,中菲军舰之间又爆发了小规模的摩擦,同年 3 至 5 月间,据报道称美济礁上的设施已经进一步升级。1997 年 4 月,当 8 艘中国海军船只出现于美济礁附近,并在一处暗礁——该礁距离位于东北方向菲律宾掌控的 kota 岛 6 英里——上发现了新的建筑设施时,双方间的紧张局势再次发生了。[①]

正是在这样的背景下,即中国在美济礁的设施建造已成既定事实,菲律宾已无力改变,且双方于该礁附近的摩擦、冲突仍然不断,菲律宾深感自身面临"外部威胁"的情况下,双方又于黄岩岛爆发了冲突。因此,当 1997 年中国政府批准一些中外无线电业余爱好者在黄岩岛进行一次登岛广播活动时,菲律宾认为其找到了一次强硬回击中国的机会。为避免重蹈美济礁的覆辙,菲律宾趁机提出了对黄岩岛的主权主张。

---

① Ian James Storey, "Creeping Assertiveness: China, the Philippines and the South China Sea Dispute", *Contemporary Southeast Asia*, Vol. 21, No. 1 (April 1999), pp. 97—98; Daojiong Zha & Mark J. Valencia, "Mischief Reef: Geopolitics and Implications", *Journal of Contemporary Asia*, Vol. 31, No. 1 (2001), pp. 88—89.

可以说,菲律宾于 1997 年骚扰中国船只运载人员于黄岩岛上的活动,进而提出对黄岩岛的主权主张,无疑是其对 1995 年美济礁事件后的一种心有余悸的应急反应,其目的是基于国际关系领域中所谓的"安全困境"状态下维护自身国家安全的考虑。此后菲律宾议员登岛,并于岛上举行升旗仪式,其出发点均离不开这一点。通过对黄岩岛提出主权主张,菲律宾企图阻止中国在"占领"美济礁后,进一步实控邻近其国家的南海岛礁而对菲律宾国家产生的"安全威胁"。正是这一原因促使菲律宾于是年正式提出对黄岩岛的主权主张。因此 1997 年理所当然应该被视作中菲两国关于黄岩岛争端明朗化的日期,具体至 6 月 5 日菲律宾外交部长西亚松(Domingo Siazon)在众议院外交与国防委员会的听证会上所发表的声明,"我们坚持黄岩岛是我们领土的一部分"。[①]

由此从国际法角度看 1997 年即应被视作中菲争端的"关键日期"。对"关键日期"的确定,其重要性在于"区分那些原则上与评估和证实有效控制目的有关的以主权名义的行为和那些在该关键日期之后发生的,由一个法律争端的当事国完全为了支持其主张而实施的行为——就上述目的而言,它们一般没有意义。这样,关键日期将是分界线,而各方此后的行为与评估实施行为的价值这一目的无关"[②]。据此,菲律宾于 1997 年之后所采取的系列行动,特别是 2009 年颁布的"新领海基线法"以《联合国海洋法公约》中的"岛屿制度"方式将黄岩岛和卡拉延群岛纳入菲律宾群岛的行为,显然就是一种"为了加强依赖该行为一方的法律立场",而不应该被接受为实施行为的证据。

---

① Zou Keyuan, "Scarborough Reef: A New Flashpoint in Sino − Philiipine Relations?" *IBRU Boundary and Security Bulletin Summer*, 1999, p. 74.

② 高健军:《从国际法角度评菲律宾对黄岩岛的主权主张》,《法学杂志》2012 年第 10 期。

七、结语

17 至 18 世纪部分地图中出现的与 P. de Mandato 相对的海中未命名暗礁和 Panacot 并非今天的黄岩岛（Scarborough Shoal）。1792 年至 1898 年间位于菲律宾群岛的西班牙当局对黄岩岛进行的所谓测量、命名与附近救援活动，从国际法角度看不符合领土取得的"先占"方式，因为按照当时的国际法处于公海的礁石不能成为占领的"客体"，西班牙这时也未反对他国的相关测量活动，反而于美西战争后认为其非为菲律宾群岛的组成部分。

1898 年至 1935 年间美西双方均无意于将黄岩岛纳入菲律宾群岛；美国主导的国际条约也未涉及黄岩岛；1913—1916 年美菲当局对黄岩岛附近的救援，在国际法上属于沿岸国的一项法律义务，而不代表对岛礁本身领土的管辖；《1918 年菲律宾统计》未将黄岩岛纳入菲律宾群岛；1935 年菲律宾自治政府宪法中有关菲领土包括"菲律宾群岛现政府享有管辖权的所有领土"的表述，是指向特定的棉兰老岛和苏禄群岛而非黄岩岛。1937—1938 年美菲当局对斯卡伯格礁（黄岩岛）的地位讨论，因黄岩岛不属于西班牙，故美国不能依据 1900 年美西华盛顿条约将其纳入菲律宾群岛。从国际法上看，美菲当局既未对外公开占领意图，也未造成事实上的有效占领。1946 年菲律宾独立之际，相关法律文件亦未说明美国将黄岩岛作为菲律宾群岛一部分转移给菲律宾共和国。

由于 1930 年代以前黄岩岛不属于西班牙和美国，它们亦未宣称对黄岩岛的主权，黄岩岛事实上还处于一种"无主地"状态，因此即便中国政府不能提供足够的 1935 年以前对黄岩岛有效控制的证据，那么中国政府也可以于 1935 年以"先占"方式取得黄岩岛。鉴于 1935 年以后中国政府对黄岩岛进行了持续、和平的有效管辖，1946 年至

1997 年菲律宾政府对黄岩岛进行的所谓升旗、建造灯塔、救援、反私等活动,既未能体现"有效控制"要件中的主观因素"以主权者身份行为的意图意愿",也不符合客观因素"此种权威的实际行使或展示",这些举措也不强于中国的国家行为,且这一时期菲律宾所制官方地图存在将黄岩岛置于其领土范围之外的事实,因此菲律宾所提"有效占领与有效管辖"说从法理上讲不能成立。1995 年美济礁事件后,出于"国家安全"的考虑,菲律宾政府于 1997 年首次正式提出了对黄岩岛的主权要求。

综上所述,菲律宾搭建的这条贯穿于西班牙统治时期、美国统治时期和独立以后三个时期对黄岩岛"有效占领与有效管辖"的完整证据链不成立。1997 年当视为中菲黄岩岛争端的关键日期,菲方此后对黄岩岛的相关活动不具备法律效力。

附录 III

美国岛务局涉条约界限可变性问题
档案原文节选

材料一:①

Letter from Wayne Coy, Office of the U. S. High Commissioner in Manila, to Thomas J. Maher, U. S. Coast and Geodetic Survey Manila, December 6, 1937(Reference: BIA 907. 127 NARA)

Dear Captain Maher,

Scarborough Reef (Shoal) lies some 200 miles north of Manila almost on the Manila — Hong Kong air line. Can you tell me whether or not it is outside of Philippine territorial waters, and if it is outside of Philippine territorial waters, is it unclaimed?

Cordially yours,

Wayne Coy

---

① 节选档案均摘自 François — Xavier Bonnet, "Geopolitics of Scarborough Shoal", *Irasec's Discussion Papers*, No. 14, November 2012, pp. 38—42。

材料二:

Letter of Thomas J. Maher, Director of Coast Surveys to Wayne Coy, Office of the U. S. High Commissioner in Manila, December 10, 1937 (Reference: BIA 907. 127 NARA)

Dear Mr. Coy,

In reply to your letter dated December 6, 1937, I am forwarding you the following:

a) Extract from India Directory 1836

b) One extract from "Derrotero de Archipelago Filipino" dated 1879, with translation

c) One extract from the China Sea Pilot, Vol II, British Admiralty

d) One extract from the Coast Pilot, French Hydrographic Office

e) One copy of Chart n° 4200 on which are outlined the treaty limits of the Philippine Islands

You will note that the eastern limit of Scarborough Shoal is about 9 miles west of the treaty limits outlined on chart 4200.

We have not carried our surveys, in this section, to the treaty limits as outlined. The location of Scarborough Shoal or Reef has not been determined by this organization.

The limits as shown are based on:

— The Treaty of Paris, December 10, 1898

— Supplemental treaty dated November 7, 1900

— Arbitral award, Permanent Court of Arbitration at the Hague, April 4, 1928

— Presidential proclamation, January 2, 1930 based on a convention between the United States and Great Britain.

The Treaty of Paris might be interpreted as setting the limits of jurisdiction within certain specified boundaries. The supplemental treaty removed any possible ambiguity as to jurisdiction extending to all Spanish territory in the Philippine Archipelago. The Arbitral award of April 4, 1928 recognized the jurisdiction of the Netherlands over Palmas Island which is situated approximately twenty five miles westward of the eastern limits as defined by the Treaty of Paris or twenty five miles within those limits. The Convention as set forth in the proclamation dated January 2, 1930 extended the original Treaty of Paris limits in the southwest area. The limits are determined by extent of territory instead of by fixed boundaries. These two changes show the flexibility of the limits: in one case, favorable in so far an extension was concerned; in the other unfavorable, in so far as the result was a loss of territory within boundaries described in the Treaty of Paris.

It may be of interest to note that modern charts show Scarborough Shoal or Reef as the closest to Luzon in that latitude. However, there are areas between Luzon and Scarborough Shoal or Reef which have not been surveyed.

Copies of charts on file in this office, the originals apparently dating back to 1727 indicate that there is a strong possibility of Scarborough Shoal or Reef having been known prior to the grounding on it of the Scarborough, as they show a shoal in the same latitude as Scarborough but differing in longitude, in the direction in which navigation in those days was most weak.

These old charts show several shoals off the west coast of Luzon. One is listed as Bco de Masingolo O' Panacot. Other charts show a similar shoal with the name somewhat modified. All are in practically the same latitude as Scarborough Reef or Shoal, but situated closer to Luzon, yet Scarborough Reef or Shoal, is today the closest known reef or shoal to Luzon in that latitude. The technique of navigation a century and a half and more ago was such that, from shipboard, latitude could be determined with the necessary accuracy, but the determinations of longitudes were often accompanied by marked uncertainties if not inaccuracies. This great variation in longitude, even with respect to this one shoal, is shown on a chart of the China Sea believed to have been published or compiled about 1770 and contained in a volume believe to be solely the Oriental Neptune, though this map may have been compiled by Dalrymple. Three different locations of Scarborough Shoal apparently by different navigators are noted. All are practically in the same latitude but with an extreme difference in an east and west direction of about 140 miles. "B" location is about 80 miles west of the location most nearly agreeing with the accepted position. Location "A" is about 60 miles west of location "B" (Distances subject to correction as units of latitude were used as an approximate scale without investigation of chart distortion).

Remarks intended as illustration of errors in location only.

While conversing with the Commanding officer of the British ship Herald regarding surveys of Asiatic waters, I asked him if he had been to Scarborough Shoal and if on account of the grounding of the Scarborough it were considered British. He did not answer my question, but said that it was no good. Acceptance of that statement, in its fullest meaning, would require some information as to the basis of his point of view. From necessity, not from choice, I have ridden out a typhoon within Apo Reef, a place which could not be called good, either.

Mr. Maynard, in charge of one of the Divisions of this office, informed me that a trader stated to him that he and some others organized a party which visited Scarborough Shoal; that excellent pearls could be obtained there and that there was a considerable quantity of pearls shells, but that rough weather was experienced and nothing was accomplished.

You probably have in your files news clippings (Bulletin July 27, 1933; La Vanguardia August 22, 1933) regarding the occupancy of certain islands in the vicinity of the Great Danger Reef. Under date of July 26, 1933 the Consul General of China requested information regarding the 9 islands west of the Philippines reported as having been taken over by the French government. I doubt that the possibility of laying claim to Scarborough Shoal or Reef had been overlooked by those scouring this section of the Pacific. Inquiry might therefore be made of the State Department as to whether they have information regarding definite ownership.

An expression of opinion as to ownership or what constitutes ownership will not be made by this office. Only the data, or references thereto on file in this office are submitted for consideration, viz:

1) Coast Pilot records of grounding of the Scarborough, 1748

2) Old charts indicating prior discovery or knowledge

3) Reference to survey in April 1800 by a Frigate sent by the Spanish Admiral from Manila.

If this survey would confer title on Spain or be a recognition of sovereignty, or a claim for same without protest, the Reef would apparently be considered as part of Spanish territory the transfer of which would be governed by the treaty of November 7, 1900.

A survey of the shoal is desirable for several reasons (see paragraph 3). If the survey shows an atoll or a rim enclosing deep water, it should be visited during both monsoons, for the purpose of observing the turbulence of the sea within.

Consideration might be given to the establishment of an unwatched skeleton steel frame light and to a determination of its feasibility.

I am also referring you to the Commandant, Navy Yard, Cavite, Bureau of Insular Affairs and the State Department.

Respectfully,
Thomas J. Maher

材料三：

Letter of Jorge B. Vargas, Office of the President of the Philippines, to Wayne Coy, Office of the U. S High Commissioner in Manila, March 31, 1938 (Reference: BIA 907. 127. NARA)

Sir,

I have the honor to enclose herewith for transmission to the Department of State, Washington, D. C, papers relative to the Scarborough Shoal.

The Commonwealth Government desires to study the possibilities of the reef, particularly as to its value as an aid to air navigation. It is requested, therefore, that inquiry be made of the State Department as to what information is available regarding its ownership. In case it should appear that the reef is of value to air or ocean navigation, the Commonwealth Government may desire to claim title thereto, should there be no objection on the part of the United States Government to such action.

Very respectfully,

Jorge B. Vargas

材料四：

Letter of State Secretary Cordell Hull to the Secretary of War, Harry H. Woodring, July 27, 1938 (Reference: BIA 907. 127. NARA)

My dear Mr. Secretary:

The receipt is acknowledged of the War Department's letter of May 24, 1938, transmitting correspondence received from the United Sates High Commissioner relative to Scarborough Shoal, and to a desire of the Government of the Commonwealth of the Philippines to study the possibilities of this shoal, particularly with respect to its value as an aid to air navigation. With the intention of possibly laying claim thereto if no objection be interposed on the part of the Government of the United States, the Commonwealth Government inquires as to what information the Department of State may have on the subject of the ownership of the shoal.

This Department has no information in regard to the ownership of the shoal other than that which appears in the file attached to the letter under reference. While the shoal appears outside the limits of the Philippine Archipelago as described in article III of the American—Spanish Treaty of December 10, 1898, it would seem that, in the absence of a valid claim by any other government, the shoal should be regarded as included among the islands ceded to the United States by the American—Spanish Treaty of November 7, 1900. This view would appear to be warranted by the following considerations:

1) The record of a survey of the shoal made in April 1900 by a ship sent out by the Spanish Admiral at Manila (see page 3 of letter of December 10, 1937 from the Director of Coast Surveys to the Office of the United States High Commissioner).

2) The fact that the shoal is in the general region of the Philippine Archipelago and that the nearest land is the island of Luzon, approximately 120 miles distant.

3) The absence of any evidence of any claim to the shoal by any other government.

Accordingly, in the absence of evidence of a superior claim to Scarborough Shoal by any other government, the Department of State would interpose no objection to the proposal of the Commonwealth Government to study the possibilities of the shoal as an aid to air and ocean navigation, provided that the Navy Department and the Department of Commerce, which are interested in air and ocean navigation in the Far East, are informed and have expressed no objection to the course of action contemplated by the Commonwealth Government.

The enclosures with your Department's letter of May 24 are returned herewith.

Sincerely yours,

Cordell Hull

材料五:

Letter from W. R. Furlong, Acting Secretary of the Navy to Louis Johnson, Acting Secretary of War, August 27, 1938 (Reference: BIA 907. 127. NARA)

Sir,

Receipt is acknowledged of your letter of 1 August 1938 and the accompanying papers, with reference to the international status of Scarborough Shoal.

It is noted that the Commonwealth Government of the Philippine Islands desires to study the possibilities of this reef, particularly as to its value as an aid to air navigation and with the possibility of later claiming title thereto should there be no objection on the part of the United States Government to the such action.

The papers accompanying your letter, which are returned herewith, have been carefully considered and this Department has no objection to the course of action contemplated by the Commonwealth Government.

Respectfully,

W. R. Furlong

参考文献

一、英文资料

(一) 档案汇编

A Treaty of Peace between the United States and Spain, Washington: Government Printing Office, 1899.

Memorandum on the Philippine Claim to North Borneo, Manila, Department of Foreign Affairs of Republic of the Philippines: 1968.

Lotilla, Raphael Perpetuo M., ed., *The Philippine National Territory: A Collection of Related Documents*, Quezon City: Institute of International Legal Studies, University of the Philippines Law Center, and Manila: Foreign Service Institute, Department of Foreign Affairs, 1995.

The Minister of State of Spain, *Spanish Diplomatic Correspondence and Documents 1896 - 1900*, Washington: Government Printing Office, 1905.

(二) 美国国家档案馆藏岛务局档案

Some Records Concerning Scarborough Shoal in the Bureau of Insular Affairs Papers (BIA) in the U. S. National Archives Records Administration (NARA).

Letter from Wayne Coy, Office of the U. S. High Commissioner in Manila, to Thomas J. Maher, U. S. Coast and Geodetic Survey Manila, December 6, 1937 (Reference: BIA 907. 127 NARA).

Letter of Thomas J. Maher, Director of Coast Surveys to Wayne Coy, Office of the U. S. High Commissioner in Manila, December 10,1937 (Reference: BIA 907. 127 NARA).

Letter of Jorge B. Vargas, Office of the President of the Philippines, to Wayne

Coy，Office of the U. S. High Commissioner in Manila，March 31,1938
（Reference：BIA 907. 127 NARA）.

Letter of State Secretary Cordell Hull to the Secretary of War，Harry H.
Woodring，July 27,1938（Reference：BIA 907. 127 NARA）.

Letter from W. R. Furlong，Acting Secretary of the Navy to Louis Johnson，
Acting Secretary of War，August 27，1938（Reference：BIA 907. 127
NARA）.

（三）美国对外关系文件集

Department of State，*Papers relating to the foreign relations of the United
States，with the annual message of the president transmitted to Congress*，
Washington：U. S. Government Printing Office，December 5,1898.

Department of State，*Papers relating to the foreign relations of the United
States，with the annual message of the president transmitted to Congress*，
December 3，Part I，Washington：U. S. Government Printing Office，1907.

Department of State，*Papers relating to the foreign relations of the United
States*，Volume II，Washington：U. S. Government Printing Office，1925.

Department of State，*Papers relating to the foreign relations of the United
States*，Volume III，Washington：U. S. Government Printing Office，1929.

（四）地图集

Angara，Edgardo J. ，*Mapping the Philippines the Spanish period*，Quezon
City：Rural Empowerment Assistance and Development Foundation，2009.

Philippine-Spanish Friendship Day Exhibit，*Three Hundred Years of Philippine
Maps 1598－1898*，Manila：Metropolitan Museum of Manila，2012.

Suarez，Thomas，*Early Mapping of Southeast Asia*，Hongkong：Periplus Editions
Ltd. 1st edition，N,1999.

（五）调查报告、统计汇编

Bureau of Insular Affairs of War Department，*a Pronouncing Gazetteer and
Geographical Dictionary of the Philippine Islands，with Maps，Charts，
and Illustrations*，Washington：Government Printing Office，1902.

Bureau of Insular Affairs of War Department，*Reports of the Philippine Commission
（1900－1903）*，Washington：Government Printing Office，1904.

Department of Commerce U. S. Coast and Geodetic Survey，*Supplement to*

United States Coast Pilot Philippine Islands, Part I, *Luzon*, *Mindoro*, *and Visayas*, Washington: Government Printing Office, 1925.

Department of State, *Joint Preparatory Committee on Philippine Affairs*, *Report of May 20*, *1938*, Volume I, Washington: Government Printing Office, 1938.

Division of Insular Affairs of War Department, *Public Laws and Resolutions passed by the United States Philippine Commission*, Washington: Government Printing Office, 1901.

Villamor, Ignacio ed. , *Census of the Philippine Islands*, *Taken under the Direction of the Philippine Legislature in the Year 1918*, Volume I, Manila: the Census Office of the Philippine Islands, 1920.

(六) 其他资料汇编

Bevans, Charles I. , *Treaties and Other International Agreements of the United States of American 1776 – 1949*, Volume 12, Washington: Government Printing Office, 1974.

Dahlhoff, Guenther, *International Court of Justice*, *Digest of Judgments and Advisory Opinions*, *Canon and Case Law 1946 – 2012*, Leiden: Martinus Nijhoff Publishers, 2012.

Douglas, Edward M. , *Boundaries*, *Areas*, *Geographic Centers and Altitudes of the United States and the Several States*, Washington: United States Government Printing Office, 1930.

Nielsen, Fred K. , *The island of Palmas arbitration before the Permanent court of arbitration at the Hague under the special agreement concluded between the United States of America and the Netherlands January 23*, *1925*, Washington: Government Printing Office, 1925.

Permanent Court of Arbitration, *Award of the Tribunal*, *The Island of Palmas Case (or Miangas)*, *United States of America V. The Netherlands*, The Hague, 4 April 1928.

(七) 著作

Abinales, Patricio N. , *Making Mindanao: Cotabato and Davao in the Formation of the Philippine Nation-State*, Manila: Ateneo de Manila University Press, 2000.

Alfonso, Oscar M. , *Theodore Roosevelt and the Philippines 1897 – 1909*, New

York: Oriole Editions Inc. , 1970.

Barrows, David P. , *A History of the Philippines*, New York: World Book Company, 1914.

Benitez, Conrado, *History of the Philippines*, revised edition, Manila: Ginn and Company, 1954.

Benton, Elbert J. , *International Law and Diplomacy of the Spanish-American War*, Baltimore: The Johns Hopkins Press, 1908.

Blair, E. H. & Robertson, J. H. , *The Philippine Islands, 1493 - 1898*, Vol. 3, Cleveland: The Arthur H. Clark Co. , 1903.

Blake, Frank R. , *a Grammar of the Tagálog Language: the Chief Native Idiom of the Philippine Islands*, New Haven: American Oriental Society, 1925.

Brückner, Martin, ed. , *American Cartographies*, Chapel Hill: University of North Carolina Press, 2011.

Buschmann, Rainer F. , *Navigating the Spanish Lake: the Pacific in the Iberian World, 1521 - 1898*, Honolulu: University of Hawai'i Press, 2014.

Buzan, Barry, *Regions and Powers: The Structure of International Security*, Cambridge: Cambridge University Press, 2004.

Christie, Emerson Brewer, *The Subanuns of Sindangan Bay*, Bureau of Science Division of Ethnology Publications, Volume VI, Parts I, Manila: Bureau of Printing, 1909.

Collins, Alan, *Security and Southeast Asia: Domestic, Regional, and Global Issues*, Colorado: Lynne Rienner Publishers, 2003.

Conant, Carlos Everett, *"F" and "V" in Philippine Languages*, Bureau of Science Division of Ethnology Publications, Volume V, Parts I and II, Manila: Bureau of Printing, 1908.

Constantino, Renato, *A History of the Philippines: from the Spanish Colonization to the Second World War*, New York & London: Monthly Review Press, 1975.

Constantino, Renato, *The Philippines: A Past Revisited*, Manila: Tala Publish Services, 1975.

Enriquez, M. Jacobo & Guzman, M. O. , *Pocket Dictionary an English-Tagalog Vocabulary*, Manila: Philippine Book Company, 1949.

Gowing, Peter G. , *Muslim Filipinos — Heritage and Horizon*, Quezon City: New Day Publishers, 1979.

Horsburgh, James, *Memoirs: Comprising the Navigation to and from China*, by the China Sea, and through the various Straits and Channels in the Indian Archipelago, London: C. Mercier and Co. Northumberland court, Strand, 1805.

Huddart, Joseph, *The Oriental Navigator; or New Directions for sailing to and from the East Indies, China, New Holland*, Second edition, London: Robert Laurie and James Whittle, 1801.

Mahajani, Usha, *Philippine Nationalism: External Challenge and Filipino Response, 1565 – 1946*, St. Lucia: University of Queensland Press, 1971.

Miller, Edward Y. , *The Bataks of Palawan, Department of the Interior, Ethnological Survey Publications*, Volume II, Parts II and III, Manila: Bureau of Public Printing, 1905.

Morison, Samuel Eliot, *The Liberation of the Philippines: Lozon, Mindanao, the Visayas 1944 – 1945*, Boston: Little, Brown and Company, 1959.

Paredes, Oona, *A Mountain of Difference: The Lumad in Early Colonial Mindanao*, New York: Cornell University Press, 2013.

Phelan, John Leddy, *The Hispanization of the Philippines: Spanish Aims and Filipino Respones 1565 – 1700*, Madison: The University of Wisconsin Press, 1959.

Quirino, Carlos &. García, Leovino Ma. , ed. , *Philippine Cartography 1320 – 1899*, third edition, Quezon City: Vibal Foundation, 2010.

Saleeby, Najeeb M. , *The History of Sulu*, Bureau of Science Division of Ethnology Publications Volume IV, Part II, Manila: Bureau of Printing, 1908.

Setsuho, Ikehata &. Jose, Ricardo T. ed. , *The Philippines under Japan: Occupation Policy and Reaction*, Manila: Ateneo de Manila University Press, 1999.

Severino, Rodolfo C. , *Where in the World is the Philippines? Debating its National Territory*, Singapore: Institute of Southeast Asian Studies, 2011.

Trask, David F. , *The War with Spain in 1898*, New York: Macmillan Publishing Co. , 1981.

Treacher, W. H. &. M. A. Oxon. , *British Borneo: Sketches of Brunai, Sarawak, Labuan, and North Borneo*, Singapore: The Government Printing Department, 1891.

Wright, Gabriel &. Herbert, William, *A New Nautical Directory for the East-India and China Navigation*, seventh edition, London: Printed by S.

Couchman, 1804.

Wright, L. R., *The Origins of British Borneo*, Hongkong: HongKong University Press, 1988.

Zha Daojiong & Hu Weixing, *Building a Neighborly Community: Post-Cold War China, Japan and Southeast Asia*, Manchester: Manchester University Press, 2006.

(八) 期刊论文

American Geographical Society, "New Maps", *Bulletin of the American Geographical Society*, Vol. 41, No. 11, 1909.

Bames, Kathleen, "Spratly Seizure Revives Conflicting Claims", *Far Eastern Survey*, Vol. 8, No. 9, April 26, 1939.

Bautista, Lowell B., "The Historical Context and Legal Basis of the Philippine Treaty Limits", *Asian-Pacific Law & Policy Journal*, Vol. 10, No. 1, 2008.

——, "Archeology and Patriotism: Long Term Chinese Strategies in the South China Sea", Paper presented at the Southeast Asia Sea Conference, Ateneo Law Center, Makati City, Mar. 27, 2015.

——, "The Historical Background, Geographical Extent and Legal Bases of the Philippine Territorial Water Claim", *Journal of Comparative Asian Development*, Vol. 8, No. 2, 2009.

——, "The legal status of the Philippine Treaty Limits in international law", *Aegean Review Law Sea*, Vol. 1: 2010.

——, "The Philippine Treaty Limits and Territorial Waters Claim in International Law", *Social Science Diliman*, Vol. 5, No. 1-2, 2009.

——, "Philippine Territorial Boundaries: Internal Tensions, Colonial Baggage, Ambivalent Conformity", *Journal of Southeast Asian Studies*, Vol. 16, December 2011.

Bonnet, François-Xavier, "Geopolitics of Scarborough Shoal", *Irasec's Discussion Papers*, No. 14, 2012.

Coletta, Paolo E., "Mckinley, the Peace Negotiations, and the Acquisition of the Philippines", *Pacific Historical Review*, Vol. 30, No. 4, Nov., 1961.

Federspiel, Howard M., "Islam and Muslims in the Southern Territories of the Philippine Islands during the American Colonial Period (1898 to 1946)", *Journal of Southeast Asian Studies*, Vol. 29, No. 2, Sep., 1998.

Friend, Theodore A., "Philippine Interests and the Mission for Independence,

1929 - 1932", *Philippine Studies*, Vol. 12, No. 1, January, 1964.

Fry, Howard T. , "The Bacon Bill of 1926: New Light on an Exercise in Divide-and Rule", *Philippine Studies*, Vol. 26, No. 3, Third Quarter, 1978.

Gannett, Henry, "The Philippine Census", *Bulletin of the American Geographical Society*, Vol. 37, No. 5,1905.

Glazer, Sidney, "The Moros as a Political Factor in Philippine Independence", *Pacific Affairs*, Vol. 14, No. 1, Mar. , 1941.

Gowing, Peter G. , "Moros and Indians: Commonalities of Purpose, Policy and Practice in American Government of Two Hostile Subject Peoples", *Philippine Quarterly of Culture and Society*, Vol. 8, No. 2/3, June/September, 1980.

Hayden, Joseph Ralston, "The Philippines at the Threshold of Independence", *Annals of the American Academy of Political and Social Science*, Vol. 215, May, 1941.

Hitchcock, Charles B. , "Obituary: William A. Briesemeister (1895 - 1967)", *Geographical Review*, Vol. 57, No. 4, Oct. , 1967.

Hutterer, Karl L. , "Dean C. Worcester and Philippine Anthropology", *Philippine Quarterly of Culture and Society*, Vol. 6, No. 3, September, 1978.

Johnson, Adam Nieves, "A Bilateral Analysis of the South China Sea Dispute: China, the Philippines, and the Scarborough Shoal", (2012), FIU Electronic Theses and Dissertations, Paper 661, http://digitalcommons. fiu. edu/etd/661.

Ku, Charlotte, "*The Archipelagic States Concept and Regional Stability in Southeast Asia*", *Case Western Reserve Journal of International Law*, 1991.

Lampe, F. , "Map of the Philippine Islands by Caspar W. Hodgson; A. Briesemeister", *Geographische Zeitschrift*, 18. Jahrg. , 6,1912.

Liu Yingsheng, "The Taiwan Strait between the Twelfth and Sixteenth Centuries and the Maritime Route to Lozon", Claudius Müller and Roderich Patak co-ed. , *Journal of Asian History*, Vol. 46,2012.

Magdalena, Federico V. , "Moro-American Relations in the Philippines", *Philippine Studies*, Vol. 44, No. 3, Third Quarter, 1996.

Majul, Cesar Adib, "Moro Struggle in the Philippines", *Third World Quarterly*, Vol. 10, No. 2, Apr. , 1988.

Meadows, Martin, "The Philippine Claim to North Borneo", *Political Science*

Quarterly, Vol. 77, No. 3, Sep. , 1962.

Milne, R. S., "The Uniqueness of Philippine Nationalism", *Journal of Southeast Asian History*, Vol. 4, No. 1, Mar. , 1963.

Santos, Vicente Abad & Lennhoff, Charles D. T. , "The Taganak Island Lighthouse Dispute", *The American Journal of International Law*, Vol. 45, No. 4, Oct. , 1951.

Schult, Volker, "Mindoro — A Naval Base for the German Kaiser?" *Philippine Quarterly of Culture and Society*, Vol. 39, No. 1, March, 2011.

Schult, Volker, "Revolutionaries and Admirals: The German East Asia Squadron in Manila Bay", *Philippine Studies*, Vol. 50, No. 4, Fourth Quarter, 2002.

Schult, Volker, "Sulu and Germany in the Late Nineteenth Century", *Philippine Studies*, Vol. 48, No. 1, 2000.

Shippee, Lester Burrell, "Germany and the Spanish-American War", *The American Historical Review*, Vol. 30, No. 4, Jul. , 1925.

Vicedo, Christian O & Almase, Ananda Devi D, "Testing in Waters: The Strategic Implications of an Idealist Approach in the South China Sea Dispute", *NDCP Policy Brief*, No. 3, Mar. , 2014.

Wright, Leigh R. , "Historical Notes on the North Borneo Dispute", *The Journal of Asian Studies*, Vol. 25, No. 3, May, 1966.

二、中文文献资料
（一）档案、文献汇编
陈鸿瑜编译：《东南亚各国海域法律及条约汇编》，台南：暨南国际大学东南亚研究中心，1997 年

田涛主编：《清朝条约全集》（第二册），哈尔滨：黑龙江人民出版社，1996 年

吴士存主编：《南海问题文献汇编》，海口：海南出版社，2001 年

杨生茂、冯承柏、李元良主编：《美西战争资料选辑》，上海：上海人民出版社，1981 年

（二）报刊杂志
陈碧涛：《菲律宾问题的研究》，《女子月刊》1935 年第 3 卷第 9 期

郭后觉：《北婆罗洲概况》，《南洋研究》1930 年第 3 卷第 1 期

何簧庵：《菲律宾群岛述略》，《地学杂志》1916 年第 7 卷第 8 期

洪启翔：《日本南进政策与菲律宾》，《华侨先锋》1939 年第 1 卷第 6—7 期

姜季辛：《日本南侵政策下的菲律宾》，《东方杂志》1941 年第 38 卷第 9 期

矫汉治：《菲律宾群岛》，《政治生活》1944 年第 1 卷第 5 期

梁治荀：《英属北婆罗洲概况》，《中外评论》1930 年第 29、31 期

林云谷：《日本南侵与菲律宾》，《民族杂志》1934 年第 2 卷第 7—12 期

P. J. Wester 原著：《苏禄群岛》，赵鉴光译，《史地学报》1923 年第 2 卷第 4 期

《婆罗洲志》，《禹贡》1937 年第 6 卷第 8—9 期

[日]鹤间祐辅著：《菲律宾概略》，白养浩译，《侨学杂志》1919 年第 1 卷第 1 期

苏鸿宾：《英属婆罗洲之概述》，《南洋研究》1936 年第 6 卷第 3 期

唐雄中：《中国与菲律宾》，《外交月报》1936 年第 8 卷第 1 期

文公直：《菲律宾之史地调查》，《新亚细亚》1930 年第 1 卷第 2 期

吴春熙：《菲律宾群岛经济地理概观》，《新亚细亚》1934 年第 8 卷第 2 期

《英属婆罗洲》，《侨务月报》1936 年四周年纪念专号

张星烺：《三百年前至菲律宾群岛》，《南洋研究》1928 年第 1 卷第 4 期

周汇潇：《菲律宾之地理与气候》，《南洋研究》1937 年第 7 卷第 2 期

（三）著作

高事恒：《南洋论》，上海：南洋经济研究所，1948 年

郭渊：《晚清时期中国南海疆域研究》，哈尔滨：黑龙江教育出版社，2010 年

黄栩园：《南洋》，上海：中华书局，1924 年

金应熙主编：《菲律宾史》，郑州：河南人民出版社，1990 年

李金明：《南海争端与国际海洋法》，北京：海洋出版社，2003 年

梁志明主编：《殖民主义史（东南亚卷）》，北京：北京大学出版社，1999 年

刘绪贻、韩铁、李存训：《美国通史》（第 4 卷），北京：人民出版社，2001 年

刘迎胜：《海路与陆路：中古时代东西交流研究》，北京：北京大学出版社，
    2011 年

马燕冰、黄莺：《菲律宾》，北京：社会科学文献出版社，2007 年

邱普艳：《西属菲律宾前期殖民统治制度研究：从征服到 17 世纪中期》，昆明：
    云南美术出版社，2013 年

邱致中编著：《南洋概况》，南京：正中书局，1937 年

沈厥成、刘士林编著：《南洋地理》，上海：商务印书馆，1937 年

沈予：《日本大陆政策史》，北京：社会科学文献出版社，2005 年

吴俊才：《东南亚史》，台北：正中书局，1977 年版

严中平：《老殖民主义史话选》，北京：北京出版社，1984 年

张燮著、谢方点校：《东西洋考》，北京：中华书局，1981 年

赵理海：《海洋法问题研究》，北京：北京大学出版社，1996 年

（四）译著

［菲］格雷戈里奥·F·赛迪著：《菲律宾革命》，林启森译，李永锡校订，广州：广
　东人民出版社，1979年

［菲］格雷戈里奥·F·赛义德著：《菲律宾共和国：历史、政府与文明》（上下
　册），温锡增译，北京：商务印书馆，1979年

［马来］芭芭拉·沃森·安达娅、伦纳德·安达娅著：《马来西亚史》，黄秋迪译，
　北京：中国大百科全书出版社，2010年

［美］B. R. Pearn 著：《东南亚史导论》，张奕善译，台北：台湾学生书局，1975年

［美］J. 布鲁姆等著：《美国的历程》下册，杨国标等译，北京：商务印书馆，
　1988年

［美］威廉·J. 本内特著：《美国通史》上册，刘军等译，南昌：江西人民出版社，
　2009年

［日］服部卓四郎著：《大东亚战争全史》第三册，张玉祥、赵宝库译校，北京：商
　务印书馆，1984年

［英］劳特派特修订：《奥本海国际法》，王铁崖、陈体强译，北京：商务印书馆，
　1989年

（五）论文

陈华、朱炎生：《论国家对国际条约的继承——兼谈1997年后我国涉及香港的
　国际条约继承问题》，《南昌大学学报（社会科学版）》1995年第4期

程爱勤：《解析菲律宾在南沙群岛主权归属上的"邻近原则"——评菲律宾对南
　沙群岛的主权主张》，《中国边疆史地研究》2002年第4期

李金明：《从历史与国际海洋法看黄岩岛的主权归属》，《中国边疆史地研究》
　2001年第4期

李金明：《菲律宾国家领土界限评述》，《史学集刊》2003年第3期

李明俊：《从国际法观点看菲律宾的海权主张》，《东南亚季刊》1996年第1卷第
　2期

李毓中：《遗落在东亚的美洲岛屿：西属菲律宾殖民地的形成与变迁》，《历史月
　刊》2002年12月号

蒲国庆：《菲律宾领域主张之演进》，《台湾国际法季刊》2012年第9卷第2期

宛冠宇：《论国家的条约继承问题》，中国政法大学硕士学位论文，2007年

王可菊：《时际法与领土的取得——基于解决领土争端中的理论与实践》，《太平
　洋学报》2012年第5期

后记

　　本书是在个人的博士学术论文基础上修改而成。

　　2013 年我有幸考入南京大学元史研究室/民族与边疆研究中心,拜入边疆民族问题研究权威华涛教授门下,攻读边疆学专业。鉴于硕士研究生期间本人在世界史专业的学习经历,又时值南京大学组建的国家首批"2011 计划"中国南海研究协同创新中心成立不久,中心亟需对南海问题展开学理研究,因此入学后的首个学期末,在征询本人意见后,华老师即建议我选择当时与中国在南海争端中表现甚为活跃的菲律宾这一国别作为研究对象。寒假末我们又迅速商定以"菲律宾现代疆土的形成"为博士论文选题。选题的迅速敲定,为我接下来心平气和地将研究推向纵深奠定了基础。

　　2014 年春夏之交,在华老师直接支持与鼓励下,我曾短暂飞赴菲律宾首都马尼拉,在菲律宾大学、圣托马斯大学、菲外交部、菲国家图书馆等处搜集史料,结交学术友人。华老师为我创造的这次马尼拉之行,着实增添了我对菲律宾许多的感性认识。诚然,学术研究大抵都离不开一线的观察与接触,人文学科莫能外。回国后,华老师又鼓励我将有关体会、心得集成的论文提交学术会议,向国内学术前辈、同行虚心请教,以资砥砺进步。进入博士论文正式写作阶段,先生不辞劬劳,草创之,讨论之,修饰之,润色之,刊落文字,补苴罅漏,方始成今样。尤其在论文进入最后修改、定稿之际，老师更是对文章的结语进行了反复的推敲思索，升华拔高，无微不至，甚是苦心。

在华老师悉心指导下，再假以个人努力，读博期间我先后发表了数篇学术论文，因此在 2016 年 6 月我如期参加了博士论文答辩，顺利取得了历史学博士研究生学位。三年后又顺利获批了一项以博士论文为基础的国家社会科学基金后期资助项目。当听闻中标结果后，华老师也颇为高兴，还热情地为我介绍出版社与联络人！不过由于种种俗务，七担八挪，结项以及出版事宜迟迟未能进行，直到 2021 年底项目方才结束。在此期间华老师也曾不断地予以各种指导与帮忙。毋庸置疑，在博士论文选题确定、论文答辩顺利进行、研究课题成功立项以及结项出版这一系列事件中，华老师给予我的支持是最大的。所以在这里我首先需要感激的非华老师莫属了。今年恰逢华老师七十大寿，因故未能亲临现场祝贺，殊为遗憾！在此也一并祝华老师生日快乐，身体健康，学术之树长青！

在此成果出版前后，我还得到了一些长辈、同侪、老师们的大力帮助。元史研究室的重量级人物刘迎胜老师，一直以来对我勉励有佳。刘老师深谙我国传统考据之学，又习得肇兴于近代西方、首创于中国的审音勘同之术，加之通晓多门外语，水平之高、造诣之深，仰之弥高，令人叹服。正因为此，学术不湛的我往往忌于向刘老师请教问题，唯恐说些不着边际、不符身份的话来。然而虽我有此顾虑，刘老师也不曾对我另眼相待，反而多次勉励我要积极向上，时刻追求进步，努力做到"打铁还需自身硬"。在博士论文写作期间，刘老师不但给出很多切实可行的修缮方案，而且爽快地赠予爱作，以资参考，让我及时徜徉在其业已建构的浩瀚知识海洋中，沐浴着他卷帙浩繁式的甘露之作。元史室的杨晓春老师，不仅利用在美国的便利条件，不辞辛苦，为鄙人查询相关资料，而且前后往返邮件几十条，给予本人文章中一些宝贵的修改意见与建议，在此敬表谢忱！在成果写作和修缮过程中,我还得到了我的硕导、现任江苏师范大学历史学院院长张文德老师的多次鼓励与帮助。每当与张老师见面或电话时,他总会抽出一定时间专门与我畅谈学术之道,劝我积极上进,追求更高的学术目标。

在此书稿付梓之际,我还要特别感谢南京大学沈固朝教授。沈老师在我读博期间曾在学术上给予我很多宝贵的指导和帮助,其很多想法都对我有所启发。元史室的特木勒老师、陈波老师和于磊老师,暨南大学的郭渊老师和代帆老师,也曾给予我诸多指导和关爱。读博期间,我的师兄师姐刘亮张光燕夫妇、同窗好友刘兵、室友祝太文、唐智佳都曾以种种方式关心和帮助我,在此致以诚挚的谢意!我还要感谢淮阴师范学院历史文化旅游学院的领导和同事们,早这几年工作中对我的各种帮忙和支持!

哀哀父母,生我劬劳!哀哀父母,生我劳瘁!感谢父母对我三十多年的养育,对我二十年求学生涯中的关爱,正是您们的支持与鼓励为我提供了踏实无虑的亲情港湾与大后方。感谢妻子几年来对我默默无闻的支持!去年犬子的降生,为我们家带来了无尽的欢乐笑语,同时也给我带来了更大的前进动力!岳父母大人,也时儿前来帮忙纾困,给我提供了不少自由活动空间。因此,我想借用西方学人惯常的做法,将此成果献给我的家人、我的犬子!

感谢上海三联出版社的领导和编辑老师,特别是郑秀艳女士,感谢她在书稿出版和编校过程中付出的诸多努力!本书的顺利出版离不开你们的大力支持和细致认真的工作。书中疏误和不足均为本人学术修为不够所致,由个人负责,书稿出版后诚挚欢迎各位专家和读者批评指正。唯愿未来以更加勤奋的努力和佳绩回馈各方关爱。

吾生也有涯,而知也无涯。学术之路,注定不会平坦,祝愿自己未来能够这条大道上一直坚定不移地走下去!

图书在版编目(CIP)数据

美国殖民统治时期菲律宾边界史研究:1898—1946/王胜
著.—上海:上海三联书店,2024.8
(南京大学民族与边疆研究丛书)
ISBN 978-7-5426-7981-9

Ⅰ.①美…　Ⅱ.①王…　Ⅲ.①边界问题-研究-菲律宾-
1898-1946　Ⅳ.①D834.131

中国版本图书馆 CIP 数据核字(2022)第 246363 号

美国殖民统治时期菲律宾边界史研究(1898—1946)

著　　者 / 王　胜

责任编辑 / 郑秀艳
装帧设计 / 一本好书
监　　制 / 姚　军
责任校对 / 王凌霄

出版发行 / 上海三联书店
　　　　　(200041)中国上海市静安区威海路 755 号 30 楼
邮　　箱 / sdxsanlian@sina.com
联系电话 / 编辑部：021-22895517
　　　　　发行部：021-22895559
印　　刷 / 上海惠敦印务科技有限公司

版　　次 / 2024 年 8 月第 1 版
印　　次 / 2024 年 8 月第 1 次印刷
开　　本 / 890 mm × 1240 mm　1/32
字　　数 / 260 千字
印　　张 / 10.875
书　　号 / ISBN 978-7-5426-7981-9/D · 566
定　　价 / 78.00 元

敬启读者,如发现本书有印装质量问题,请与印刷厂联系 021-63779028